布谷

女神、娼妓、妻子与女奴

西方古典时代女性的社会生活

Goddesses, Whores, Wives, and Slaves

Women in Classical Antiquity

[美] 萨拉·波默罗伊 著
吕厚量 译

上海社会科学院出版社
SHANGHAI ACADEMY OF SOCIAL SCIENCES PRESS

图书在版编目（CIP）数据

女神、娼妓、妻子与女奴：西方古典时代女性的社会生活 / (美) 萨拉·波默罗伊著；吕厚量译. -- 上海：上海社会科学院出版社，2025. -- ISBN 978-7-5520-4723-3

Ⅰ. D750.868

中国国家版本馆 CIP 数据核字第 2025PY8489 号

女神、娼妓、妻子与女奴：西方古典时代女性的社会生活

著　　者：[美] 萨拉·波默罗伊
译　　者：吕厚量
责任编辑：周　霈
策划编辑：杜　思
封面设计：汐　和　几　迟 at compus studio
出版发行：上海社会科学院出版社
上海顺昌路 622 号　邮编 200025
电话总机 021-63315947　销售热线 021-53063735
https://cbs.sass.org.cn　E-mail:sassp@sassp.cn
印　　刷：北京中科印刷有限公司
开　　本：880 毫米 × 1230 毫米　1/32
印　　张：12.5
字　　数：257 千
版　　次：2025 年 8 月第 1 版　　2025 年 10 月第 2 次印刷

ISBN 978-7-5520-4723-3/D · 774　　定价：69.80 元

目 录

推荐序

看见她们

“光荣属于希腊，伟大属于罗马。”爱伦·坡的诗句是西方古典时代的一张绝佳名片。古希腊罗马文明的灿烂辉煌毋庸赘言，从哲学到政治、文学到法律、艺术到建筑，无数男性留下赫赫之名。可若是对古典社会的全貌感兴趣，便绕不过下面的问题：在男性的背后，当时的女性在做什么？

西方古典学和古代史学界的传统答案长期遵循“男主外女主内”的角色定位，笼统地认为女性主要负责家庭领域的事务。然而，当今的研究者们很清楚，女性群体的构成多样、生活经历复杂多元。在论及古典女性的角色、地位和影响时，既要关注女性群体内部的阶层差异，也要关照同一社会阶层内部的两性差异。只不过这种分类分层、尊重女性群体多样性和复杂性的研究方法与态度，在本书问世之前，远未形成共识。

一

《女神、娼妓、妻子与女奴：西方古典时代女性的社会生活》

于1975年首次出版，甫一问世，便受到广泛关注，并迅速成为古典女性研究领域内的标杆作品。因其广泛且深远的学术影响于20年后再版，被誉为“二十世纪五大改变范式的书籍之一”。

本书成书之际正值学术界和社会对女性角色和地位重新评价的关键时期。20世纪中后期，随着女性主义运动的深入和性别研究的发展，学界开始更加关注女性在历史和社会中的角色。与此同时，在20世纪史学变革的浪潮中，西方古典学与古代史的研究者们也在不断更新研究视角、扩展研究范围，从传统的政治、军事史转向更为多元的社会文化史研究。本书将焦点放在历史上经常被忽视和边缘化的群体——女性——身上，不仅反映了社会文化观念的转变，也对相关研究领域有开拓之功。

本书作者萨拉·波默罗伊，1938年生于美国纽约，高中毕业后在巴纳德学院学习古典语言，同时在哥伦比亚大学修习古典学本科和研究生课程，后于1961年从哥伦比亚大学获得博士学位。波默罗伊在哥伦比亚大学就读时，古典学系没有女性教员；她在得克萨斯大学奥斯汀分校开始第一份教职工作时，是所在系中唯一的女性；受聘于纽约市立大学后，她亲身经历了因性别原因而受到不公正待遇的现实。在这些经历之上，波默罗伊成长为在古典学界享有盛誉的学者，成为古典女性研究领域的先驱人物。她的学术生涯与古典时期的女性研究交织缠绕，研究内容涵盖从家庭生活到社会参与、从教育到宗教实践的众多方面。通过深入探讨古希腊罗马女性的生活状况和社会处境，为我们呈现出立体真实的古代女性群像。

波默罗伊的研究突破了西方古典学和古代史研究中以男性为中心的传统，重新定义了女性在古代社会中的地位。女性不仅是家庭的一部分，也是社会生活的重要参与者。古典时代的女性不仅拥有多重身份角色，在不同的社会文化背景下，其生活处境和社会地位也呈现出丰富多样的形态。

二

《女神、娼妓、妻子与女奴：西方古典时代女性的社会生活》以一种独特的方式，将历史的连续性与对特定时期女性的深度分析相结合。章节安排遵循历史发展的脉络，从青铜时代的希腊神话讲起，经过黑暗时代、古风时代、古典时代和希腊化时期，直至罗马共和国和帝国时期。每个章节针对特定主题或历史时期进行集中讨论，结合可资利用的各类文献记载、艺术作品、考古发现等古代史料，对不同类别的女性进行细致描绘。既展现历时性变化，也探讨同一时空背景下不同阶层女性的差异和特点。

书名中的“女神、娼妓、妻子、女奴”四类女性，构成了作者探究西方古典时代女性群体的广阔空间。这一空间上至神界、下至凡间，容纳上层贵妇、下层女奴，包含良家人妻、贱业妓女。除了关注女性群体内部的差异，作者也特别注意不同地理空间和不同历史时代中女性的差异，并对以精英为中心的历史书写方式保持警惕，尽力讲述全体女性的历史。

书中的文字，不仅充满了史实细节，也闪烁着思辨批判的智慧光芒，展现了一位杰出学者治学时的严谨细致和实事求是。比如，作者指出：“我们的零散信息来自于地理区域分布广泛的不同史源。但对于每个城市而言，我们对贵族都要比对下层阶级更加了解。在这些一鳞半爪的证据基础上，后人最多只能得出一些非常粗浅的试探性结论，进一步的努力无异于莽撞。但不同城市贵族的行为之间确实存在着引人注目的相似性。”对于古典文献中的性别偏见，作者也指出了如何寻找女性的真实声音——“学者们不能仅仅以悲剧所提供的信息为基础，去判断现实状态中女性的生活。只有在悲剧所反映的观念得到了其他类型古代史料支持的情况下，我们才能明确承认它适用于现实生活。”毫无疑问，各种形式的史料提供了宝贵的信息。然而，这些信息意味着什么，如何理解和解读，是否承袭过往观点，都是对一位学者的智识、眼光与气魄的真正考验。

在专业性之外，作者在行文中也照顾到了更广泛的读者群体的阅读体验。借由她的研究与叙述，古典时代女性的故事得以跨越时空，在更广阔的范围内被看见、被理解。

三

在传统的古典学和古代史研究中，女性群体长期没有得到充分关注。本书的出版标志着古典时代女性研究新时代的开启，在问世后的数十年间影响了一代又一代学者。这部著作促进了古典学、女性研究、历史学和社会学等多个研究领域的交叉融合，为古典学界引入了新的视角和方法，也为后来的学者提供了宝贵的研究基础和灵感来源。在本书之后，越来越多的研究开始关注古代社会中女性的多样性和复杂性，从不同角度探讨她们的生活、角色和影响。

本书是对古代社会性别关系的一次回顾，也是对现代社会中两性关系问题的一种历史阐释。作者强调了认识古代女性对于理解现代世界的重要性。尽管古代与现代存在巨大差异，但以何种态度看待女性仍然至关重要。

本书中译本的出版，不仅再次肯定了原著的价值，也对我国的西方古典女性研究起到重要的推动作用。译者学养深厚，译文通达顺畅。跨越语言文字的障碍，中文世界的广大读者得以看见西方古典时代女性的生活实境，也能以之为镜，反观和思考我们这个时代的性别问题。

上海师范大学人文学院世界史系　温珊珊

再版序

当《女神、娼妓、妻子与女奴：西方古典时代女性的社会生活》（以下简称《女神》）于20年前付梓之际，我并未料想到它的持久生命力和引起的反响。这部著作一经问世，便被《选择》（*Choice*）描述为“英语世界关于该主题的第一部，也是仅有的一部学术著作”。大众媒体与学术刊物发表了关于这本书的大量书评。《女神》也被译为意大利文、德文和西班牙文出版发行。[1]

《女神》出版于妇女史成长为一个严肃的研究领域之初，并为后来的古代妇女史研究提供了准绳。该书的整体年代体系关注了不同时代女性生活的变化，得到了大多数从事专题研究或共时性研究的学者们的青睐。以阶级和社会地位为标准的分类方式已被广泛使用——它强调了妻子与妓女、女奴之间的差异，并在同一社会阶层内部再进行社会性别划分（如托勒密王室的王后与她们当上了国王的兄弟，以及罗马贵妇和上层阶级

---

1 意大利文译本：Einaudi, 1978; 德文译本：Alfred Kröner, 1985; 西班牙文译本：Editorial Akal, 1987。

中的罗马男性）。用“良家妇女（respectable）”和“非良家妇女（nonrespectable）”的头衔来形容女性已成为家常便饭。而最后一项重要范畴——地缘差异（它在希腊女性与罗马女性的区别中显而易见）——如今已成为女性史领域颠扑不破的准则，并逐渐得到家庭史领域的认可。[1]今天，对女性之间差异性的密切关注已成为女性研究中的一项基本原则。尤其关键的是本书所建立的年代体系，它使我们更容易将妇女史融入到传统历史中去。

自1975年以来，对古代女性的研究已成为古典学与古代史领域中的显学之一，许多关于希腊罗马女性的重要著作业已问世。这些作品的研究对象包括女性艺术家和作家，希腊化时期的埃及妇女，妇女性史，妇女的经济贡献，古典晚期的多神教和基督教妇女，文学与造型艺术中的妇女形象。这些成果的例子在本书的增补书目之中，以及这篇序言的注释中均有所体现。这些晚近研究既采用了传统的史学和艺术史方法，又引入了更新的女性研究

---

1 古代妇女史课程教学中通行的类似的年代、等级、性别与地理空间编排模式，在很大程度上要归因于Sarah B. Pomeroy, Helene Foley, Natalie Kampen, et al., “Women in Classical Antiquity: Four Curricular Modules” (Hunter College, New York, 1983, 复印件)的影响。后者反映了《女神》一书的编纂体例。关于近年来试图挑战该模式（但并不成功）的一种尝试，参见Pauline Schmitt Pantel, ed., *A History of Women in the West*, vol. 1, trans. A. Goldhammer (Cambridge: Belknap Press of Harvard University Press, 1992)。相关书评参见Eva Keuls, *Journal of Women's History* 5 (1994): 156-58; Mary Beard, “What Is a Goddess?” *Times Literary Supplement* (June 19, 1992): 12-13; and Sarah B. Pomeroy, *American Historical Review* 98 (1993): 478-79。

理论、文学理论和性别研究视角。[1]

尽管我考虑过要修订《女神》一书，并跟同事们讨论过相关事宜，我最终还是决定保留《女神》的原始文本。我并未改变对书中任何核心主题的看法；当然，我在今天出示相关材料的做法会有些许变化。如赫拉克利特（Heraclitus）所言："万物处于变化之中，没有什么可以静止不动。"在将现实世界比作一条河流时，他说："没有人能两次踏入同一条河流。"[2]

如今，我更加难以相信，希腊世界中曾经存在过一个女性地位高于男性或与后者不相上下的史前社会。如果可以重写关于母权制的讨论，我将强调它作为一则神话对于希腊社会和文化史的重要意义。当然，一名以女王身份君临天下的女子可以享受至高无上的地位，但她的地位并不会赋予其女性臣民任何力量。正如较晚的史料丰富的时代所反映的那样，女王也可以在一个父权制社会中进行统治。在研读了阿瑟·伊文斯爵士（Sir Arthur Evans）对克诺索斯的"米诺斯王宫（Palace of Minos）"——被视为母权制社会和母神崇拜统治地位首要证据来源的遗址——的发掘工作的相关报告后，我对史前时代与青铜时代母权制的存在产生了更为严重的怀疑。[3] 显然，伊文斯形成了先入为主的关于母权制和母

1 然而，《女神》一书并未过时。在芭芭拉·麦克马努斯（Barbara McManus）为本领域新作 E. Fantham, H. P. Foley, N. Kampen, S. B. Pomeroy, and H. A. Shapiro, *Women in the Classical World* (New York: Oxford University Press, 1994) 所写的预出版书评中，她仍建议将这本书同《女神》结合起来阅读。

2 Fragment 214 (Kirk, Raven, and Schofield), quoted by Plato, *Cratylus* 402A.

3 参见 *Goddesses*, pp. 14-15。

神的观念，这促使他重组了一些考古证据，调整了自己的报告，以便迁就他自己的理论。[1] 对克里特岛和希腊本土青铜时代线形文字 B 文书的进一步研究也并未显示任何母权制存在过的迹象。这些文书只不过记录了一些只知其母不知其父的儿童从母姓的起名方式。他们的母亲可能是处于依附地位的女奴。这些文书反映了与日后希腊社会相同的劳动性别分工：妇女承担着纺织、磨面的工作，担任浴室服务人员等。[2] 这些文书还表明，与后世希腊社会一样，青铜时代的一些妇女在宗教事务中扮演着重要角色。最后，近年来的人类学家和社会史家往往会利用来自希腊以外各社会的史料指出，母权制只是一种文化建构，而非历史事实。

此外，我们需要重新审视的不仅是自己对史前女性地位的看法，还有古风时代的雅典女性。因为我们手头有了另一种可供选择的历史剧本。克里斯提尼民主改革（公元前 508 年）之前庞大

---

1 Sarab B. Pomeroy, “Selected Bibliography on Women in Classical Antiquity: Part II”, in *Women in the Ancient World: The Arethusa Papers*, ed. J. Peradotto and J. P. Sullivan (Albany: SUNY Press, 1984), pp. 343-72, esp. pp. 348-53; 参见 Kevin Butcher and David W.J. Gill, “The Director, the Dealer, the Goddess, and Her Champions: The Acquisition of the Fitzwillian Goddess”, *American Journal* of *Archaeology* 97 (1993): 383-401。

2 *Goddesses*, p. 30. 参见 Jon-Christian Billigmeier and Judy A. Turner, “The Socio-Economic Roles of Women in Mycenaean Greece: A Brief Survey from Evidence of the Linear B Tablets”, in *Reflections of Women in Antiquity*, ed. H. Foley (London: Gordon & Breach, 1981), pp. 1-18。

“氏族（*gene*）”的普遍存在已遭到质疑。[1] 人们从前相信，这些氏族提供了一种环境，使得妇女们可以参与关于大量亲属及其财产命运的讨论。如前所述，倘若氏族并不构成古风社会的基础，那么妇女的权威以及她们同远房亲戚的互动，必然会较我们此前所认为的更加受限，而与她们在古典时代的活动水平更为近似。此外，女性亲属对家族公共葬礼的参与程度可能也是有限的，即便在梭伦改革之前也是如此。在很大程度上，梭伦的法令只是反映而非限制了丧亲家庭中女性扮演的角色。

当然，尽管人们对于《女神》一书所讨论的主题已经写了很多，并且还会继续写下去，我们手头的相关古代史料库在近 20 年内并未得到显著扩充。不过，一些原始材料已通过妇女史的视角得到了重新审视，被译成英文，并添加了详细的注解。其中最重要的是《希波克拉底文集》以及更晚的医学文本中关于妇科学问的论述。[2] 关于妇科的研究构成了这批文本中体量最为庞大的分

---

1 参见 *Goddesses*, esp. p. 80. 修正主义式观点参见 F. Bourriot, *Recherches sur la nalure du genos: Étude d'histoire sociale athénienne: Périodes archaïque et classique*, Thèse de Lille (Paris: Champion, 1976), and Denis Roussel, *Tribu et Cité*, Annales Littéraires de l'Université de Besançon, 23 (Paris, 1976). 关于妇女史研究中修正主义式观点的意义，参见 Sarah B. Pomeroy, “Women's Identity and the Family in the Classical Polis”, in *Women in Antiquity: New Assessments*, ed. Richard Hawley and Barbara Levick (London: Routledge, 待刊)。

2 参见 Lesley Ann Dean-Jones, *Women's Bodies in Classical Greek Science* (Oxford: Clarendon Press, 1994); Ann Ellis Hanson, “Continuity and Change: Three Case Studies in Hippocratic Gynecological Therapy and Theory”, in *Women's History and Ancient History*, ed. Sarah B. Pomeroy (Chapel Hill: University of North Carolina Press, 1991), pp. 73-110; and *Herophilus: The Art of Medicine in Early Alexandria*, trans. Heinrich von Staden (Cambridge: Cambridge University Press, 1989)。

支。这些文本的作者并非不偏不倚的科学家。他们承载着盛行于其他古代文学体裁中关于女性、性别与生育的观念。关于妇科学问的文本内容随着时代的变迁而发生着演变，即便在很短的时间内也不是千篇一律的。关于母亲对胎儿的贡献、婴儿是男是女的原因、贞操和独身对女性健康的影响，以及医生是否可以引导流产等话题，这些作者彼此之间也会争论不休。在大部分情况下，这些探讨妇科学问的文本进一步确认了传统的意识形态，基本上只将女性定义为流血和养育幼儿的动物。

由于我在《女神》中讨论了杀婴这一主题，学者们围绕是否有过、在多大程度上存在杀婴行为展开了热烈讨论。[1]我一再回归该话题，梳理了不同时代、不同族群与不同地理空间内的差异性。例如，与希腊化世界的其他地区相比，托勒密王朝统治下的埃及流传下来的杀害女婴的史料极其稀少。然而，罗马统治时期的埃及却拥有这方面的坚实文献证据。狄奥多鲁斯（Diodorus Siculus）、塔西佗等的古代史料声称，犹太人、埃及人和日耳曼部落都没有杀婴习俗。这一独特风俗成为区分他们与希腊人、罗马人的一项标准。马克·戈登（Mark Golden）认为，雅典的杀害女婴率为20%。[2]尽管希腊世界的人口统计数据十分稀少，进行概括是非常危险的，但他提出的假说仍颇具说服力。似乎显而易见的是，女性的健康状况要比同一社会经济阶层内的男性更差，预

---

1 最新成果参见 William V. Harris, “Child-Exposure in the Roman Empire”, *Journal of Roman Studies*, 待刊。

2 “The Exposure of Girls at Athens”, *Phoenix* 35 (1981): 316-31.

期寿命也更短。

古代人口研究者劳伦斯·安吉尔（J. Lawrence Angel）的前沿成果所勾勒出的基本人口结构图景——女性的平均寿命要比男性短5—10年——迄今依旧是几乎不可动摇的。[1] 迟至数年之前，一些研究古典世界人口数据的史学家们仍声称，这个世界的性别比例过于失衡，与任何已知社会或人口模型都相去甚远。如今，我们在同时代的一些国家和地区中找到了相似的案例。由于杀害和轻视女婴，这些地方也呈现出性别比例的严重失衡。由于一些国家重男轻女的历史，今天的世界可能缺少了一亿本应活着的女性。[2]

由于母系社会可能充当过人类演化历史中一个阶段的设想已被抛弃，由于古风时代氏族中女性话语权的存在只能存疑，由于对医学文本和杀害女婴问题的人口统计数据的最新研究，我们今天所能勾勒出的希腊罗马女性生活图景要比1975年更为黯淡。

萨拉·波默罗伊

1994年7月22日

---

1 参见 *Goddesses*, p. 68。另参见萨拉·比塞尔（Sara C. Bisel）在 Wilfried K. Kovasovics, *Kerameikos XIV: Die Eckterrasse an der Gräberstrasse des Kerameikos* (Berlin, 1990), pp. 151-59 中对61具骸骨的讨论。

2 Nicholas, D. Kristof, "Stark Data on Women: 100 Million Are Missing", *The New York Times* (November 5, 1991): C1, C12.

序 言

在构思本书时，我曾追问自己，当男性活跃于古典学者们在传统上强调的所有领域时，女性究竟在做什么。古代与现代对政治军事史的特别青睐，再加上当前对文化史的痴迷，使得记载那些因性别或阶层而被排斥在其社会的政治、文化生活之外的人物史料遭到了埋没。

“古典时代雅典的荣耀”是一种十分常见的传统希腊史研究路径。雅典的文化与艺术成就着实令人目眩。但一个社会的文化成就与女性对该文化的参与程度的反差也是极其突出的。苏格拉底的妻子克珊西佩（Xanthippe）真的聆听过丈夫关于美与真的对话吗？有多少女性读过希罗多德和修昔底德的史书呢？女性又做了哪些事情？最重要的问题在于，雅典人为何必须设置男性文化与女性文化之间的鸿沟？既然在他们那里，多神教体系下的女神可以同男性神祇一样强大，那么为何凡人社会的女性地位却如此低下呢？

“罗马的伟大”是古代史研究中的另一条根本信念。罗马史的关注重点通常也是男性社会的政治活动——记载他们如何赢得并统治帝国。事实上，罗马的女性并未像希腊女性那样，被严格限制参与社会、政治与文化生活。但至少认为一些罗马女性已获得解放的流行学术观点同样有待修正。与雅典女性相比，一些罗马女性似乎是相当自由的。但罗马社会从未鼓励过女性去参与属于本社会阶层男性的那些活动。

这本书的时间跨度长达1500余年。希腊部分始于与特洛伊陷落（传统上认为发生于公元前1184年）有关的青铜时代的神话与传说，历经黑暗时代与古风时代来到公元前5世纪的古典世界，最后抵达希腊化时代。罗马部分涵盖了罗马共和国与公元前31年奥古斯都君临天下后向帝国的转变，搁笔于公元337年君士坦丁的驾崩，但将重心放在共和晚期与帝国早期。我的目标是写出一部纵贯希腊罗马世界数百年的妇女社会生活史。英语世界当时还没有关于该主题的大部头专著。

在确定适合本项研究使用的古代史料时，我不得不做出一些艰难的决定。可资利用的史料包括考古材料与文献史料两大部分。

文献史料给社会史学者带来了棘手难题。女性的身影几乎出现于每一种古典文学体裁之中。但作者的偏见往往会扭曲相关信息。除了几首抒情诗残篇外，古典时代的现存正式文学作品都是由男性撰写的。此外，厌女（misogyny）心态也扭曲了许多古代文学作品。对于社会史学者而言，不同古代诗歌体裁的可靠性参差不齐。一位现代史学家能在多大程度上将讽刺诗人或求爱遭拒的情人在哀歌体诗篇中抛向女性的愤激之语视为可靠证据呢？我确信也有必要避免从希腊悲剧对青铜时代女英雄的描述中，提炼关于希腊女性的结论的做法。学者们已经通过悲剧去观察具体诗人对待女性的态度——诗人在这些悲剧中揭示了自己关于女性的理想与幻想。但悲剧不能被视作关于普通女性生活的独立史料。另一方面，古典与希腊化时代的希腊喜剧描绘的则是普通人，而非男女英雄，它们可以成为社会史学者更可靠的史料来源。

散文作家、古代史家、传记作家和演说家的作品提供了关于女性最坚实、最丰富的史料。尽管希罗多德和修昔底德并非记载希腊女性生活的重要史料来源，但后来的史家与传记作家却经常痴迷于描写著名女性的活动与人格魅力。许多古代史家受自身理想中的女性形象的影响，会对他们所描述的现实女性予以强烈谴责。古代世界流传下来的大量演说词也提供了关于女性角色和法律地位的丰富材料；当然，演说家们的偏见往往十分露骨。最后，古代哲学家们的作品也派得上用场。他们大多会记述植根于那个时代的关于女性的道德观念，无论自己是否认同这些看法。除了史学、传记、演说术和哲学之外，罗马时代的史料还包括丰富的法律文本和法学家评注汇编。在拉丁散文文学中，西塞罗和小普林尼的书信为后人了解他们那个社会阶层中的女性私人生活提供了丰富史料。

在很大程度上，古代史研究的对象是统治阶级。我们从常规古代文献中了解到的女性，主要是那些属于或与这些富人、知识精英等社会群体打交道的女性。我们还必须认识到，著名女性留下的信息更为丰富——无论她们拥有的是好名声还是骂名。我认为自己有义务研究全体女性的历史，并避免过分强调上层阶级和关于她们的史料。可资利用的材料并不算多，但在写作罗马史部分时，将女性和下层阶级纳入研究范围的史学家们新近出版的几部学术著作为我提供了很大帮助。

来自雕塑、陶瓶画、壁画、马赛克等高雅艺术的证据，墓碑和钱币上描绘的女性形象，以及女性的日用品——装饰、厨房用具、织布机和家具——对于重构女性的私人生活都非常有用。并不属于常规文学范畴的文字材料可从古代建筑上的涂鸦，以及古代纪念物上的铭文里找到。书写在纸草上的文本材料是我们研究希腊化与罗马时代女性经济、法律与社会生活方面的重要原始资料。由于大部分现存纸草来自埃及，这些文本记录的是生活在该国度的希腊人、罗马人与埃及人的活动。纸草文献中包括了由女性写就，或为女性而写的书信、法律文书、祈祷词和符咒。这些文本相当于后世女性的私人信函和日记，这些信件和日记已被证明是研究后世女性生活的核心史料。

现在，到了该讲述古代女性故事的时候了。不仅因为它是社会史理所应当的研究方面之一，还因为过去有助于解释当下男性与女性的关系问题。即便科学技术和宗教观的发展已使得古代文化和现代文化截然不同，认识西方社会中千百年来对待女性的某种态度与女性所扮演的角色的一致性仍然是至关重要的。

按照最初的计划，本书应当写成一部更具权威性与确定性的作品。但在开始写作之后，我日益明确地意识到，古典学领域的大部分标准参考书根本未将女性纳入它们的视野。例如，社会史家罗斯托夫采夫（M.I. Rostovtzeff）的主要作品（《罗马帝国社会经济史》和《希腊化世界社会经济史》）附有十分详细的索引，但却没有设置“女性”这一条目。他对女性的彻底无视使之得出了若干荒谬的结论。例如，罗斯托夫采夫仅仅辨认出了希腊世界中两个未获公民权的阶层：客籍民和奴隶。[1] 这条结论出现在了一部希腊简史中，并在比克曼（E.J. Bickerman）于1962年修订该书时被原封不动地保留了下来。想在一本书里填补古代妇女史的全部空白显然是不可能的。事实上，那样的尝试无异于对该主题的贬低。

古代史中少有确定的结论。我们只是在试图完成一幅缺少许多零件的拼图。对于一个男性的历史尚且晦暗不明的时代而言，关于女性生活的记载当然是更加零散的。在处理那些存在广泛争论的话题时，如古典时代雅典女性的社会地位问题，我试图出示史料证据，以及其他学者的各种解释。我还会尝试指出导致这些意见分歧的原因。但对于那些在我看来证据尚不足以支撑我拥护某一观点而摒弃另一观点的问题，我通常不会表明自己的偏好并为之辩护。因此，本书中的许多结论较一些读者希望看到的更具试探性意味。

我试图为那些并非古典学家，但对妇女史感兴趣的读者提供若干指南。我尽量将注释的数目压至最低。但为了方便古典学家们查验，书中保留了若干争议问题的少数文献出处。除注明其他

1 M. I. Rostovtzeff, *Greece*, p. 176.

译者的情况外，所有的译文都是我自己完成的。如果有读者想要参考摘录选文的完整古代文本，可以在哈佛大学出版社出版的“洛布古典丛书（Loeb Classical Library）”找到大部分希腊与拉丁作家的译文文本。在适宜的情况下，“洛布古典丛书”也会标注希腊语或拉丁语文本的章节号与行数。对此感兴趣的读者可以借助洛布版的章节号、行数为线索，通过参考古典作家们的注疏版本进行深入研究。

本书的写作始于我在亨特学院（Hunter College）主讲的一门本科生课程。我非常感谢自己的学生们。在许多年里，我从他们那里获得了大量有帮助的批评意见。他们促使我不断对许多话题进行重新思考。

我理应感谢美国博雅学会理事会（the American Council of Learned Societies）、福特基金会（the Ford Foundation）、人文科学国家捐赠会（the National Endowment for the Humanities）与亨特学院的努尼基金会（the Nooney Fund of Hunter College）提供的经济支持，这些支持为本书的完成扫清了障碍。我还要感谢哈尔特古典研究基金会（Fondation Hardt pour l'Etude de l'Antiquité classique）在1974年夏季的款待。但本书的结论、观点和其他表述都由作者全权负责。

本书的研究涵盖了漫长的历史时期与相当广泛的主题。幸运的是，我有机会同其他学者讨论其中的一部分主题，但这并不意味着他们必然认可我的全部观点。我要感谢通读了全书初稿的苏利文（J.P. Sullivan），阅读了神话、宗教与雅典文学等相关章节的弗洛玛·泽特林（Froma Zeitlin），阅读了关于希腊女性各章节的威廉·哈里斯（William V. Harris）、拉克伊（W.K. Lacey）和马丁·奥斯特瓦尔德（Martin Ostwald），阅读了第9章的苏珊·特雷吉亚里（Susan Treggiari），以及阅读了罗马部分各章节的罗伯特·帕尔默（Robert E.A. Palmer）。我还有幸参阅了同事克莱雷沃·格兰茹安（Claireve Grandjouan）无与伦比的宝贵藏书。我还要衷心感谢朱迪特·佩勒·哈莱特（Judith Peller Hallett）、玛瑞林·阿瑟（Marylin Arthur）、弗洛拉·勒文（Flora Levin）和罗伯特·罗兰（Robert Rowland）帮忙翻译了书中的一部分文本。审校文稿的贝弗利·科尔曼（Beverly Colman）和克里斯托弗·库皮格（Christopher Kuppig）也确实为我提供了许多帮助。

最后，我必须感谢我丈夫和孩子们的帮助。如果没有他们，学者的人生将会无比孤独。

萨拉·波默罗伊

年 表

（许多年份仅为约数）

以下所有年份均为公元前，特殊标注除外

青铜时代	3000		**希　腊**
	1200		
		1184	传说中的特洛伊陷落之年 迈锡尼衰落
黑暗时代		1000—900	原始几何陶
		900—700	几何陶
	800		腓尼基字母出现
			荷马
		700	赫西俄德
古风时代			塞蒙尼德斯
			萨福
		594	梭伦出任雅典执政官
		545—510	庇西特拉图僭政
	500		
		490—479	希波战争
		458	埃斯库罗斯创作《奥瑞斯提亚》
		451/450	伯里克利的公民权法案颁布
		441	索福克勒斯创作《安提戈涅》
			阿斯帕西娅

		431—404	伯罗奔尼撒战争
		411	阿里斯托芬的《吕西斯特拉特》
古典时代		405	欧里庇得斯去世
		459—380	吕西亚斯
		427—347	柏拉图
		428—354	色诺芬
			德摩斯梯尼，亚里士多德
		359—336	马其顿的腓力二世在位
			普拉克希特勒斯创作克尼多斯的阿佛洛狄忒像
		336—323	亚历山大在位
	323		
希腊化时代		316	奥林匹娅斯去世
		270	阿尔西诺伊二世去世
		30	克利奥帕特拉七世去世
	30		

罗　马

古风时代	753	753	传说中罗慕路斯建造罗马之年
	509	509	驱逐国王，共和国建立
		493	阿文丁山上设立谷物女神崇拜
		451—450	传说中《十二铜表法》颁布之年
共和时代		264—241	第一次布匿战争
		234—149	大加图
		218—201	第二次布匿战争
		195	《奥庇乌斯法》被撤销
		169	《沃科尼亚法》
	133	133	提比略·格拉古出任保民官，百年内乱开始

	106—43	西塞罗
	95—46	小加图
共和晚期	84—54	卡图卢斯
	70—19	维吉尔
		普罗佩提乌斯，提布鲁斯，苏尔庇奇娅，李维
	44	尤利乌斯·恺撒遇刺
	公元前 43 年—公元 17 年	奥维德
	42	霍滕西娅的演说
	31	安东尼与克利奥帕特拉在亚克兴战败
27	公元前 27 年—公元 14 年	奥古斯都的统治
	公元 14 年	

以下所有年份均为公元后

14—37	提比略的统治
29	奥古斯都·瓦勒里乌斯·马克西穆斯的遗孀里维娅去世
37—41	盖约（卡里古拉）的统治
41—54	克劳狄乌斯的统治
50—120	普鲁塔克
54—68	尼禄的统治
59	尼禄的母亲阿格里皮娜遭到暗杀
61—112	小普林尼
69—79	韦伯芗的统治
79—81	提图斯的统治
79	庞贝城与赫库兰尼姆被毁
81—96	图密善的统治
	塔西佗

帝国时代		朱文纳尔
	96—98	涅尔瓦的统治
	98—117	图拉真的统治
		索拉努斯
	117—138	哈德良的统治（他的妻子为萨比娜）
	138—161	安东尼·庇护的（他的妻子为大福斯蒂娜）
		奥鲁斯·盖利乌斯
	161—180	马可·奥勒留（他的妻子为小福斯蒂娜）
	180—192	康茂德的统治
	193—211	塞普提米乌斯·塞维鲁的统治
	211—217	卡拉卡拉的统治
	217	尤利娅·多姆娜去世
	218—222	埃拉伽巴鲁斯的统治
	222	尤利娅·索埃米亚丝去世
	222—235	塞维鲁·亚历山大的统治
	226	尤利娅·麦莎去世
	284—305	戴克里先的统治
	306—337	君士坦丁的统治
	527—565	查士丁尼的统治

第 1 章

女神和男神

古典神话为我们提供了观察希腊文明中男女性别关系的最早 1
机会。神话并非谎言，而是人类试图为他们身处的宇宙建立一套象征性秩序的尝试。一些神话十分古老，以至于无法确定其年代。我们也难以回答女性是否参与构建了这些神话。后来，这些神话以及其他从真实历史事件中提炼的记忆被诗人们重新讲述并系统编排。对神话如何兴起以及神话与外部事实、世人心理上的真实想法的研究，乃是女性史研究的一项核心准备工作。因为从前的神话决定了思想更为复杂的后人的态度，并保证了社会秩序的延续性。[1]因此，我们就从关于女性——无论是凡人还是神祇——的神话开始。

---

1 关于神话的研究主题十分广泛，可从许多或恪守传统、或破旧立新的视角去加以解读。关于神话文学的一部十分宝贵的指南为 John Peradotto, *Classical Mythology*。关于对其中若干主题有可能进行的心理分析解读模式，参见 Philip Slater, *The Glory of Hera*。

神话里的厌女思想

由于现存作品最早的希腊诗人荷马并未用较长篇幅讨论过宙斯之前的诸神谱系，我们只能依赖一位年代略晚于荷马的诗人——赫西俄德——的作品去了解它们的信息。赫西俄德生活在公元前700年左右的彼奥提亚，是一名思想阴暗、尖酸刻薄的诗人和农夫。他关于诸神和人类的观点不仅塑造了世人的思想，很
2 可能也与当时的普遍观念相通。因此，他的《神谱》成了关于诸神来龙去脉的标准希腊版本。赫西俄德详细叙述了奥林波斯山神明王权演变的历史，从以自然、土生和感性为特征的女性主导世系，转向宙斯主导的更高级、理性的统治世系。至于这些传说是否对应着从崇拜女性神祇到崇拜男性神祇的历史变迁，目前尚不清楚。我们会在后文再次谈到此类崇拜存在的可能性。对女性的仇恨极有可能是促使赫西俄德设计出前几代阴暗、邪恶的神祇形象及其骇人后裔的若干原因之一。这些早期的神祇及后代终将被开化的宙斯推翻。

盖亚（Gaea）是最早统治大地的女神。她的儿女们主要代表了自然界特征的神格化；她的孙辈则包括了若干神话中最可怕的怪物。盖亚的丈夫乌拉诺斯（Ouranos, 也是她的儿子）痛恨他的孩子们，因此把他们深藏在盖亚体内。随后，盖亚说服了她的儿子克洛诺斯（Cronus），后者用一把镰刀阉割了他的父亲。

这个故事在下一代诸神中再次上演：天王克洛诺斯吞噬了盖亚之女瑞亚（Rhea）为自己生的儿女们。最终，在盖亚的支持

下，瑞亚帮助她的儿子宙斯推翻了他的父亲。

宙斯终于结束了妻子和儿子们反复推翻天王统治的循环。他在奥林波斯山上建立了父权制统治，并通过生育时序、命运、缪斯与美惠三女神建立了道德秩序和文化。但他拒绝给予女性权力，甚至还剥夺了她们作为儿女生育者的地位——从他的头里生出了雅典娜（Athena），从他的大腿里生出了狄俄尼索斯（Dionysus）。

因此，宙斯贬抑女性权力的传说将赫西俄德本人的厌女观念嵌入了公共观念之中。这种观念在创造第一个女人——潘多拉（Pandora）的故事中得到了明确表达。[1] 她的名字充满歧义，既可以指“所有礼物的馈赠者”，这意味着她是一个赐福的丰产形象；也可以指“所有礼物的接受者”。赫西俄德选择了后一种解释，以便将世上第一位女性描述成人类的祸害。

> 宙斯创造了这个漂亮的灾星以报复人类获得火种，待他满意于雅典娜给这少女的装扮后，便把她送到别的神灵和人类所在的地方。虽然这完全是个圈套，但不朽的神灵和会死的凡人见到她时都不由得惊奇，凡人更不能抵挡这个尤物的
> 诱惑。她是女性的起源，是可怕的一类妇女的起源。这类女 3
> 人和会死的凡人生活在一起，给他们带来不幸，只能同享富

1　关于潘多拉，参见 D. and E. Panofsky, *Pandora's Box*；关于对潘多拉的另一种解释，参见 Frederick Brenk, “Hesiod: How Much a Male Chauvinist?”

裕，不能共熬可恨的贫穷。就像有顶盖的蜂箱里供奉性本恶的雄蜂一样——工蜂白天里从早到晚采花酿蜜，为注满白色蜂房而忙碌不停，雄蜂却整天待在蜂巢坐享别的蜜蜂的劳动成果。正如宙斯意愿的那样，女人成了男人的诅咒、恶行的伴侣。为了报复人类获得火种，他又制造了第二个灾难。

聚云神宙斯后来愤怒地对他说："伊阿珀托斯之子，你这狡猾无比的家伙，你为瞒过我盗走了火种而高兴，却不知等着你和人类的将是一场大灾难。我将给人类一件他们都为之兴高采烈而又导致厄运降临的不幸礼品，作为获得火种的代价。"人类和诸神之父宙斯说完这话，哈哈大笑。他吩咐著名的赫菲斯托斯赶快把土与水掺和起来，在里面加进人类的语言和力气，创造了一位温柔可爱的少女，模样像永生女神。他吩咐雅典娜教她做针线活，编织各种不同的织物，吩咐金色的阿佛洛狄忒在她头上倾洒优雅的风韵以及恼人的欲望和倦人的操心，吩咐阿耳戈斯的斩杀者神使赫耳墨斯给她一颗不知羞耻的心和欺诈的天性。宙斯作完上述吩咐，众神听从了克洛诺斯之子、众神之王的安排。著名的跛足之神立刻依照克洛诺斯之子的意图，用泥土创造了一个腼腆少女的模样，明眸女神雅典娜给她穿衣服、束腰带，美惠三女神和尊贵的劝说女神给她戴上金项链，发髻华美的时序三女神往她头上戴上春天的鲜花。按照雷神宙斯的要求，阿耳戈斯斩杀者神使赫耳墨斯把谎言、能说会道以及一颗狡黠的心灵放在她的胸膛里，众神的传令官也给了她成篇的语言。宙斯称这位少女为“潘多拉”，意思是：奥林波斯山上所有的神都送了她一件礼物——以五谷为生的人类之祸害。[1]

潘多拉的角色类似于诱惑者夏娃（Eve）。她打开的盒子象征 4
着对女性的肉欲，那是男性罪孽的渊源之一。

奥林波斯女神

随着宙斯战胜了他的父亲，奥林波斯诸神成了世界的主宰。这个拟人化的家族中包括 6 位女性主神：雅典娜、阿耳忒弥斯（Artemis）、赫斯提亚（Hestia）、阿佛洛狄忒（Aphrodite）、赫拉（Hera）和得墨忒耳（Demeter）。女神们在许多方面都与凡间女性类似，区别只是神明们永远不会变老或死亡。文学和艺术作品都表明，女神们在职能、外貌、个性以及同凡人男性、男神们之间的关系上都有着显著区别。

最复杂的一位女神是雅典娜。关于她的记载十分详尽，因为她在荷马的作品中，也在那座拥有希腊最丰富的遗产且因她得名的雅典城邦的文学与艺术中扮演着重要角色。雅典娜是一名男性化的女性，有人认为她是“雌雄同体（androgynous）”。她拥有女性的外表，掌管妇女的手艺和橄榄的丰产；但她的许多职能传统

1 Hes. *Theog*. 585-602; *Op*. 53-82. 译文引自《工作与时日 · 神谱》，张竹明、蒋平译，北京：商务印书馆 1991 年 11 月第 1 版，第 44 页，第 2—4 页。具体译文有改动。——译者注

上是属于男性的。她是智慧的保护神，这在希腊人眼中是专属于男性的品质。她还是一位女战神，一位用盾牌、长枪和头盔武装起来的城市保护神。她是许多凡人武士和英雄的守护神。她有时会幻化成一名男子，以便同她宠爱的凡人交流。她就是这样向奥德修斯（Odysseus）和他的朋友们显现的：

> 宙斯的女儿雅典娜来到他们身边，外表和声音完全幻化成门托尔模样。奥德修斯一见心欢悦，开言这样说："门托尔，快帮我们抵抗，念我们是同伴，我也曾给过你种种好处，我们还同庚。"他这样说，料想那是好掠阵的雅典娜。[1]

雅典娜是男性化女人的原型，她通过放弃自己的女性特征和性魅力在男人主导的世界里获得了成功。[2] 因此，雅典娜是一位处女——还是被男人所生的处女。当她的母亲怀孕后，宙斯吞吃了她。过了一段时间，随着赫菲斯托斯的大斧砍下，雅典娜以合乎智慧女神的方式从宙斯的头颅中诞生，她全副武装并发出战争的呐喊。由于是被男人所生，雅典娜能够确认所有孩子的亲生父亲。阿佛洛狄忒［罗马神话中的维纳斯（Venus）］的出生进一步强化了该信仰。按照赫西俄德的说法，她诞生于乌拉诺斯被阉割的性器官所产生的海浪泡沫。狄俄尼索斯的出生方式也证实了这

1　Hom. *Od.* 22. 205-10. Cf. 1. 105; 2. 401. 译文引自《荷马史诗·奥德赛》，王焕生译，北京：人民文学出版社 1997 年 5 月第 1 版，第 411 页。——译者注

2　Helene Deutsch, *The Psychology of Women*, p. 292.

一观念。在希腊悲剧和荷马史诗所叙述的两性对立中，雅典娜永远站在男性那一边。荷马甚至暗示过，她对充满美德的珀涅罗珀（Penelope）的动机也有所怀疑。[1]

作为雅典手工业的保护神，雅典娜与她同父异母的兄长赫菲斯托斯一道掌管着各门手艺。在这个需要实用知识而非抽象思维的领域，她既可以同男性交流，也可以和女性互动。一位女性的纺织技能要归功于雅典娜赐予她的天赋。

与擅长社交的雅典娜相反，阿耳忒弥斯是一位百步穿杨的女猎手。她喜欢在山林中与野兽为伴，远离凡人与诸神的喧嚣。[阿塔兰忒（Atalanta）和阿玛宗人（Amazons）是阿耳忒弥斯在凡间的化身。由于父亲想要儿子，阿塔兰忒出生后遭到遗弃，在林中被野熊抚养长大。她成长为一名女猎手，跟男子们一起参加传说中的远征，想出种种主意来避免结婚，但最终屈服于一位得到阿佛洛狄忒帮助的追求者。]阿玛宗人崇拜阿耳忒弥斯，并且跟她非常相像。阿耳忒弥斯与阿玛宗人都身穿短衣，身为弓箭手，回避男性的陪伴。一个明显让阿耳忒弥斯破例的男人是希波吕托斯，阿玛宗女战士希波吕忒（Hippolyte）之子。希波吕托斯之所以是阿耳忒弥斯的崇拜者，不仅仅是受他母亲的影响，更是因为男性神祇们缺乏贞洁品质。在希腊人看来，贞洁是只存在于女性身上的美德。因此，珍视贞洁这一品质的希波吕托斯只能崇拜女性神祇。

---

1 Hom. *Od.* 1. 275-78; 13. 379-82.

在同凡人的关系方面，阿耳忒弥斯首要关心的是女性，尤其
是她们肉体的生命周期，包括月经、分娩和死亡，尽管由一位处
女掌管这些职能看上去未免有点自相矛盾。（她也被视为女性生
6 命终止的原因：当一名女子突然死亡时，人们会说，她被阿耳忒
弥斯的箭射中了。）希腊古典时代的阿耳忒弥斯可能是从某位原
始母神的概念中演化而来。她和她的姐妹雅典娜都被视为处女，
因为她们从未向一夫一妻制婚姻屈服过。而且，与母神的特征一
样，她们拥有许多伴侣。但后人只将贞操同传统的婚姻联系在一
起，认为她们没有结婚就仍是处女。无论是作为母神还是处女，
阿耳忒弥斯始终掌握着自己的命运。她从未与男性建立永久的一
夫一妻制关系，那是她独立地位的基础。

第三位奥林波斯处女神是赫斯提亚，宙斯的姐姐。她是：

> 一位受到波塞冬和阿波罗追求的女神。但她毫无结婚之意，固执地拒绝自己的求爱者。这位光彩照人的女神抚摸着提大盾的宙斯的头立下重誓，宣布自己将永远是处女。并且这个誓言也得以兑现。作为对无法举办婚礼的补偿，宙斯赐予她极高的荣誉，让她在家宅正中央最重要的位置拥有一席之地。她在所有神庙里享有一部分荣誉，并在凡人中间占据着全体女神中最高的地位。[1]

---

1 *Homeric Hymn* 5: “To Aphrodite,” 24-32.

这是关于赫斯提亚的一则简短神话。她是年老侍女的原型，更喜欢炉边的宁静，远离其他奥林波斯诸神的喧嚣宴会与情感纠葛。此外，人们很少在造型艺术中表现她，因为她通常被表现为一团活跃的火焰。

第四位女神阿佛洛狄忒代表着美貌、性爱和丰产。根据赫西俄德的说法，她跟雅典娜一样，是由男性而非女性所生。她诞生于性器官与海洋——后者象征着羊水——这揭示了阿佛洛狄忒作为丰产女神的角色。[1]

阿佛洛狄忒的性魅力在很大程度上在于其轻佻、狡诈的性格，这些似乎是具备性魅力的女性的共同特征。潘多拉和海伦（Helen）也是同样的性格，二者都深受阿佛洛狄忒的宠爱。身为最美丽的女神，她嫁给了最丑陋的天神——跛足的赫菲斯托斯。或许不幸的婚姻为她提供了对丈夫不忠的借口。在全体女神中，只有阿佛洛狄忒与人通奸。但对于一位受到妓女们崇拜的爱神而 7
言，这其实算不得什么值得严厉谴责的过失。

罗马人将他们统治者的祖先世系上溯到维纳斯之子埃涅阿斯。在柏拉图《会饮篇》关于爱的本质的哲学探讨中，据说阿佛洛狄忒具备双重身份。[2]由乌拉诺斯所生、无母的阿佛洛狄忒·乌拉尼亚（Aphrodite Urania）代表着理智的非肉欲的爱情。而由宙斯与天空女神狄俄涅（Dione）结合所生的阿佛洛狄忒·潘德摩

1 Hes. *Theog*. 188-92.

2 Pl. *Sym*. 180D-81.

斯（Aphrodite Pandemos），则是妓女们的保护神，代表着普通或庸俗的爱情。庸俗的爱情可以是异性恋，也可以是同性恋；但理智的爱情只能存在于两名男性之间。两种爱情的二元对立通过文艺复兴时期推崇的新柏拉图主义一直流传到今天。到了文艺复兴晚期，理智之爱或天堂之爱的概念也开始运用在异性恋上。

众神的天后赫拉（罗马神话中的朱诺）嫁给了自己的弟弟宙斯。宙斯与赫拉同为丰产之神。宙斯利用男性特权，到处寻花问柳，生育了众多后裔；赫拉却仅生育了 4 个孩子，虽然她比同代其他丰产女神——得墨忒耳和阿佛洛狄忒——更多产。赫拉的女儿们是毫无特色的赫柏（Hebe），她是诸神的司酒者，以及分娩女神厄勒梯亚（Eileithyia）。她的儿子们更有趣，但显然缺乏天神应有的品质。阿瑞斯（Ares）是个头脑愚蠢、嗜血成性的家伙，一名主动制造杀戮的战神（与更加文明的战争女神雅典娜不同）。作为宙斯与赫拉的结晶，阿瑞斯象征着双方婚姻中的斗争与冲突。

宙斯的统治不断受到赫拉及其他神祇的挑战。作为丈夫的亲姐姐，赫拉跟宙斯平起平坐，从不肯无条件地对后者俯首听命。宙斯也不是万能的，他经常受到阿佛洛狄忒与忒提斯（Thetis），尤其是赫拉等女神的影响和欺骗。据赫西俄德的说法，当宙斯从自己的脑袋里生出雅典娜时，心怀妒意的赫拉单性生育出了赫菲斯托斯。结果赫菲斯托斯是个小丑，还是奥林波斯众神中唯一的跛足者，这足以证明她的反抗是多么悲哀。不过，荷马讲述了宙斯因赫菲斯托斯在他与赫拉的争执中站在自己母亲一边，把他从天上扔了下去的故事。但荷马还提供了另一个版本，是赫拉因赫

菲斯托斯的丑陋而感到羞耻，才把儿子从天上扔下去的。[1] 8

赫拉不仅迫害自己的儿子，还是一名邪恶的继母。她一直都对丈夫的情人（往往是年轻的处女）和她们的后裔充满敌意。她制造的牺牲品包括赫拉克勒斯（Hercules）、狄俄尼索斯、伊娥（Io）、卡利斯托（Callisto）和勒托（Leto）。

神话将赫拉的婚姻描述成一场永恒的战争，她享受床笫之欢的时间也非常短暂。但在宗教崇拜中，赫拉是凡人婚姻的保护者。

尽管奥林波斯山上的女神们在希腊诸城邦的崇拜体系中占据着重要地位，但她们的职能范围始终非常狭窄。男性诸神的活动范围则宽广得多。作为男性神祇典范的宙斯与阿波罗是统治者、哲人、法官、战士、父亲、同性恋与异性恋的性伴侣。男性神祇中是没有处男的。即便是已婚男神，放纵的性生活以及强奸也从来不会让他们受到谴责。

相反，5 位奥林波斯女神中有 3 位是处女。雅典娜是战士、法官和智慧的赐予者；但她是男性化的女神，放弃了性生活与做母亲的权利。阿耳忒弥斯是女猎手和战士，但她也是处女。赫斯提亚以年老侍女的身份受到尊敬。另外两位非处女神的处境并没有更好：阿佛洛狄忒代表的是一种完全不负责任的纯粹追求肉欲的性爱；赫拉是妻子、母亲和强大的天后，但她必须保持忠贞并忍受丈夫的寻花问柳。

1 Hes. *Theog.* 929-32; Hom. *Il.* 1. 590-94; 18. 394-99.

女神们是男性眼中女人的原型。对父权制社会来说，最方便适宜的做法是在不同的女性身上寻求不同的理想特质，而不是在一个人身上满足全部需求。公元前 4 世纪伪德谟斯提尼作品中的格言表达了流行于世俗社会的这一理想：“我们有情妇可供消遣，有女仆服侍自己，还有妻子生育合法子嗣。”[1]事实上，无论在哪个时代，也只有富人才享受得起妻妾侍女前呼后拥的生活。然而，奥林波斯神话的模式仍作为一种理想流传了下来。

个性全面发展的女性容易引起缺乏安全感的男性的焦虑。从古至今，无法与集众多天赋于一身的女性共处的男人们将女性设
9 想为“非此即彼”的不同角色。童贞少女是好的，赫拉那样的性成熟女子则是邪恶的、具有毁灭性的。现代女性仍在为三者必择其一的选择而苦恼：她们要么成为雅典娜——聪慧但缺乏性魅力的职业女性，要么成为阿佛洛狄忒——轻佻的性工具，要么成为赫拉那样受人尊敬的妻子与母亲。这一事实表明，几位希腊女神仍是当今女性生活方式的原型。倘若将几位女神的主要特征结合在一起，那么一个具备无限发展的可能性的形象，一位足以同宙斯或阿波罗分庭抗礼的女神就会出现。

虽然女神们的职能非常单一，但她们在各种人类事务中却极其活跃，不过女神们的生涯并不能证明历史上妇女们的活动范围不受限。除了那些不受准则约束的特例，凡间女性的生活大都被局限在家庭之中。而女神们即便已婚，也不受家庭义务的约束。

1 Dem. 59. 118-22.

赫拉违抗她的丈夫，阿佛洛狄忒无视自己的丈夫。其他几位主要女神直接拒绝结婚。显然，能有机会做出这种选择的凡人女性凤毛麟角。但这并不意味着女神们与人间女性毫无瓜葛。在讨论两者之间的关系时，我们必须把神话和崇拜区分开来。神话中的女神对女性充满了敌意，她们的行为与凡俗女性的生活经验格格不入。而在宗教崇拜中，即妇女对这些女神的仪式性纪念活动中，人们既要关注凡间女性的需求，也要明确她们合适的社会角色。因此，对于女性而言，雅典娜对纺织手艺的保佑、赫拉对婚姻的保佑和阿耳忒弥斯对分娩的保佑才是至关重要的；但这些职能并不会在神话中得到强调。我们将在本书的第 9、第 10 章中，讨论女性参与的若干崇拜活动。

神明与凡人的互动模式

奥林波斯诸女神和地位较低的女神都可以同凡间男性发生关系，这种关系既可以是肉体上的，也可以是精神上的。在阿佛洛狄忒与安喀塞斯（Anchises）、阿多尼斯（Adonis），抑或喀耳刻（Circe）和卡吕普索（Calypso）、奥德修斯的肉体结合案例中，男性神明会生出忌妒之心，甚至出手报复。阿多尼斯被赫菲斯托斯或阿瑞斯杀害了。宙斯用雷霆击杀了伊阿西翁（Iasion），以惩罚他与得墨忒耳的偷欢；因同曙光女神（Aurora）的情爱，提托诺斯（Tithonus）获得了永生，但不能永葆青春。从这些案例中， 10
人们可以辨认出神明之间的双重标准：女神只可以跟地位相当的

男性——也就是男神——通奸；而男神可以找地位更低的女性，也就是凡间女子寻欢。这与人间的伦理规则相似：男人既可以同他的合法妻子，也可以跟家里的女奴发生关系；他的妻子却要对他忠贞不贰。

当女神与凡间男性的关系是激励性的或保护性的，我们往往会发现那位女神是处女。对古典文学的精神分析研究表明，无性别特征正是雅典娜同大多数希腊英雄（如奥德修斯、赫拉克勒斯、珀尔修斯、柏勒洛丰与阿基琉斯）建立积极友好关系的原因。根据这一假说，对成年女子性魅力的恐惧，使这些男子只能在处女身上找到安全感。这一看法颇具吸引力，并且也适用于希腊男性对女性的态度。

帮助忒修斯杀死米诺陶洛斯的阿里阿德涅（Ariadne）、帮助伊阿宋寻找金羊毛的美狄亚（Medea）以及为奥德修斯出谋划策的瑙西卡（Nausicaa）都是处女。不过，只要分析一下另一位处女神阿耳忒弥斯与凡间男性的关系，我们便会清晰地看到，处女身份并非促成女神与凡人男子之间友谊的唯一重要因素。雅典娜因其自身的个性和立场成为凡人的亲密朋友；阿耳忒弥斯则冷漠地与凡人保持着距离。

成年女神们不像处女神们那样乐于助人。卡吕普索与喀耳刻等女神通常通过施展性魔法来羁留某位英雄。恶魔式的哈耳庇厄（Harpies）或塞壬（Sirens）会一口吞噬掉男人们。但赫拉会指引伊阿宋，女神们也会帮助她们身为凡人的儿子们。忒提斯在特洛伊帮助了阿基琉斯，阿佛洛狄忒则援助了埃涅阿斯。反之，除了狄俄尼索斯对阿里阿德涅出手相助，我们找不到哪位男神挺身而出帮助凡间女性的案例。

凡间男性与女神的关系比凡间女性与男神的关系略好一点，或许是因为凡间男性（往往是英雄）同女神的地位更接近。但在这些关系中，作为神祇的女性仍然占据着主导地位。 11

我们很少发现男神与凡间女性有类似的非情色关系。他们的关系通常都包含着私通行为，其结果是女方的苦难或毁灭，以及某个超凡子嗣的降生。

例如，宙斯定期去跟底比斯公主塞墨勒（Semele）幽会并私通。在不得不向她展示自己的身份时，他那熊熊燃烧的雷霆毁掉了她。塞墨勒当时已怀胎七月。宙斯救出了胚胎，将它缝在自己的大腿里。两个月后，神明狄俄尼索斯从宙斯身上降生。同样地，宙斯用金雨使达那厄（Danaë）受孕，她后来生下了英雄珀尔修斯。宙斯与其他凡间女性生下的子嗣包括：阿尔克墨涅（Alcmene）生下的赫拉克勒斯，勒达（Leda）生下的海伦和波勒克斯，以及伊娥生下的厄帕福斯。由于赫拉的忌妒，伊娥承受了可怕的痛苦，以至于埃斯库罗斯在《被缚的普罗米修斯》中描写道，女性歌队祈祷宙斯永远不要看上她们当中的任何一个。[1] 只要研究一下其他男性神祇，我们便可以清楚地看到，宙斯作为丰产之神的角色并非他可以四处寻花问柳的唯一原因。更重要的在于，父权制下的道德准则纵容了男性主神对女性的玩弄与掠夺。

1　Aesch. *PV* 901-6.

阿波罗同凡间女性（还有男性）的恋爱经历比他父亲宙斯的更具毁灭性，因为他不仅贪婪，而且“睚眦必报”。为了追求卡珊德拉（Cassandra）和西比尔（Sibyl），阿波罗赠予她们预言未来的能力。但当她们一直拒绝他的求欢时，他惩罚了卡珊德拉，让她的预言永不被世人相信；他让西比尔成为神明，却没有让她永葆青春。原本可以成为神明的达芙妮（Daphne）通过化作月桂树摆脱了阿波罗的纠缠。卡珊德拉、西比尔和达芙妮都被阿波罗毁掉了。但如果从另一个角度审视她们的命运，我们也有理由认为，这些女性跟雅典娜和阿耳忒弥斯一样，拒绝委身于一名男子，从而赢得了自尊。

阿波罗对克瑞乌萨（Creusa）的始乱终弃让两人结合所生的孩子认识到，诸神奉行的道德准则比凡人更低下。[1]因阿波罗而怀孕的科洛尼斯（Coronis）又与一名凡间男子同床。当她神圣的情人获悉她的不忠后，他派出自己的姐姐阿耳忒弥斯杀死了她。他从火葬堆上的科洛尼斯尸体中救出了自己尚未出生的儿子阿斯克勒庇俄斯（Asclepius）。在其他方面以理性、节制闻名的阿波罗，求爱遭拒后便丧失了这些品质。

男神与凡间女性的恋爱案例揭示了女性有多么容易受到侵
12 害，那些未婚母亲陷入了悲惨无助的境地：她们所获得的荣耀，只是因为她生下了神的孩子，有些荣耀是死后才追授的；她们从未引诱过神，却是对方心血来潮的情欲的牺牲品。波塞冬并不像

1 Eur. *Ion* 437-52.

他的弟弟宙斯那样热衷于追求凡间女性。在这些肆意玩弄凡间女性、高高在上的诸神中，狄俄尼索斯是仅有的例外。当阿里阿德涅被忒修斯引诱，随后被遗弃在纳克索斯岛之后，狄俄尼索斯援救并迎娶了她，并且一直是个忠诚的丈夫。当然，狄俄尼索斯是平民而非贵族的神祇。

与凡间女性风流韵事最多的两位男神是宙斯和阿波罗——希腊多神崇拜中最强大的两个形象。但男女双方地位悬殊，致使弱者只能被强者玩弄、毁灭。

在希腊神话冗长的强暴事件清单中，男神们强奸未遂或成功得手的对象不只有凡间女性，还有女神。有人认为，这幅阴森可怕的图景是男性描绘的。不过，现代女性的情爱幻想为我们提供了审视这些强暴神话的另一种视角。根据当前的心理学研究，时常会有女性幻想自己被征服、劫走并被迫委身于一位热烈的求爱者。海伦妮·多伊奇（Helene Deutsch）声称，这些情爱场景不过是女性内心深处受虐倾向的另一种表现形式而已。卡伦·霍妮（Karen Horney）认可这些幻想乃是受虐倾向病征的说法，但同时认为它们都是妇女受到社会压迫的产物。我们永远无法得知，古希腊女性们是否会梦想着成为宙斯轻柔、温暖怀抱中的勒达，或是自诩像被宙斯（他幻化成一头公牛）劫走的欧罗巴一样惹人怜爱。或许她们是在通过这种幻想缓解自身的焦虑，相信自己能够像达那厄那样，在未被男性性侵的情况下通过一场金雨受孕；或许她们也会借助这些神话来摆脱因通奸幻想而产生的负罪感，设想自己是无辜被占有的阿尔克墨涅，因为宙斯幻化成了她们丈夫的模样。

也有若干凡间男性与男神恋爱的例子。引发宙斯情欲的伽倪墨得（Ganymede）最终得到了一个不错的归宿——那个男孩当上了奥林波斯山上众神的司酒者。许阿金托斯（Hyacinthus）则被
13 阿波罗与西风神（Zephyrus）爱上。阿波罗失手用铁饼杀害了自己的情人——因为妒忌的西风神引导着铁饼飞向少年。除了希腊神话中有男同性恋的存在，我们很难从如此稀少的案例中得出什么可靠结论。除了有关阿玛宗人的传说，古典时代的各种神话都没有提到过女同性恋。

母神崇拜

一些女神同凡间男性之间的精神支持、养育和性伴侣关系让人回想起母神及其男性配偶的古老传说。母神在青铜时代克里特的米诺斯文明崇拜形式中占据显要地位。很多青铜时代及更早的小型人像可能代表着母神和她们的崇拜者或女祭司。米诺斯时期的女性小像以及同期壁画中的女性身穿带有荷边装饰的裙子，袒胸露乳，反映了女性在宗教领域的优势地位。母神形象日后也出现在希腊神话中，如盖亚、瑞亚、赫拉、得墨忒耳和库柏勒（Cybele）等。这些女神主要代表着丰产——女性的生殖力在当时是跟农业生产力联系在一起的。

学者们曾经认为，丰产女神在克里特岛以及前青铜时代的希

腊大陆都受到本土母权制居民的崇拜。[1] 操希腊语的入侵者带来了宙斯崇拜，以及对男性主导地位和父权制法律的强调。为了巩固自己的征服成果，入侵者让自己崇拜的男神同本地女神结为夫妻。宙斯到处寻花问柳的传说被解释成试图将征服者所崇拜的男神与本土居民所崇拜的女神结合起来。赫拉与宙斯频繁争吵所反映出的希腊神话中紧张的男女关系，可被理解为征服者男神与从前强大但已被征服的女神之间强制性婚姻的产物。他们的婚姻不是以凡人的婚姻为样板。根据荷马的描述，赫克托耳与安德洛玛刻、赫卡柏与普里阿摩斯以及阿尔基诺奥斯与阿瑞忒之间的关系，都比宙斯与赫拉的关系平和得多。[2]

近年来，史前时代母神崇拜的存在已受到学者们的有力挑战。 14
在对克里特岛新石器晚期——所谓母神崇拜占据统治地位的时期——小型人像的研究中，人们发现有 37.3% 为女性人像，9.2% 为男性人像，40.7% 无性别特征，另有 12.8% 无法确定性别。[3] 一些学者声称，试图将假想的史前时代地母神与古典时代的母神联系起来是站不住脚的。现代神话学也已证明，小型人像的功能其实非常广泛。与史前小像风格类似的臀部、胸部特征鲜明的女性小像完全可以用于青春期的过渡仪式，并不一定是女神的象征。

一些新石器时代的丰臀雕像，尤其是那些来自安纳托利亚境

1 如 George Derwent Thomson, *The Prehistoric Aegean*。

2 Hom. *Il.* 6. 24; *Od.* 4. 6-8, 13.

3 Peter J. Ucko, *Anthropomorphic Figurines of Predynastic Egypt and Neolithic Crete*, p. 316.

内加泰土丘（Çatal Hüyuk）的作品，的确强调了女性的性别特征。而来自西地中海的丰臀雕像则以一种可爱的泰迪熊式风格强调女性的丰腴。对于后者而言，原始艺术家们关注的或许是饥饿，而非性。历史学家摩西·芬利（Moses Finley）总结道，母神地位的至高无上只是一个“令人叹为观止的神话”而已，并毫不隐讳地批评了认为女性在史前时代占据统治地位的观念。[1]但母神假说及其必然推论——妇女在宗教上的主导地位可能暗示着女性在其他社会生活领域的实力——仍然不乏支持者。[2]

荣格心理学将母神假说从追求客观的历史实证领域延伸到对个人心理发展的研究中。荣格的学生埃利希·诺伊曼（Erich Neumann）借用现代心理学术语分析古代神话，认为母神形象作为一种原型主导着儿童的自我意识，后者反过来也会将自己少年时代所感知到的世界理解成一个母权制社会。[3]根据诺伊曼的说法，大母神可以是一位好母亲，为儿童提供食物和抚养照顾；但她也可以成为一名吞噬、诱惑、精神阉割的母亲，从而引起儿童的敌意。这些思考属于现代心理学而非古典学或古代史学的研究范围，但它们对史学研究具有一定的启示意义。在荣格学派看来，大母神完全有可能成为个人意识发展过程中的参照坐标原型。但这些原型——男性化的智慧女神、女猎手抑或迫使监护人向自己

---

1 M.I. Finley, “Archaeology and History.”

2 如 Jacquetta Hawkes, *Dawn of the Gods*, p. 6.

3 Erich Neumann, *The Great Mother*. 关于雅典母子病态关系的弗洛伊德式解释，参见 Slater, *op. cit*。

不肯结婚的意志让步的成年女性——并不意味着有血有肉的雅典娜、阿耳忒弥斯或赫斯提亚式人物当真在古代社会存在过。因 15
此，在分析心理学的语境下，历史学家只能小心翼翼地、试探性地去解读史前史——一个我们对于其家庭的组织方式或社会体系所知甚少的时代。另一方面，认为大母神形象是一个主观臆造的原型的观念，并不能完全否定它在史前时代的公共崇拜活动中扮演重要角色的可能性。

现代女性主义者们认为，关于史前文化中女性在宗教与其他领域占据主导地位的假说很有吸引力，似乎过去发生的事情也可以在未来再现。这种想法是可以理解的。因为，如果女性曾经不处于从属地位，那么这一事实本身便足以证明，她们不是天生就要处于从属地位的。因此，史前时代女神和凡间女性的角色问题被赋予了很多情感因素。它既是学术探讨的话题，也是政治辩论中的一个焦点。

对古典学者而言，母神理论（尽管无法证实）至少为解释下述一系列难题提供了一种便利方式：为何现存新石器时代的女性小像数目是男性的 4 倍以上？为何女性在米诺斯文明的壁画中占据主导地位？为何赫西俄德笔下的前几代神明都由女性主导，而最后一代奥林波斯诸神才是由男性主导的？然而，如果试图用母神理论来证明人类女性在那个时代也享有崇高地位，那就太鲁莽了。[1] 后世的种种宗教，尤其是基督教已经表明，一些社会可以一

---

1 参见笔者的论文“A Classical Scholar’s Perspective on Matriarchy”。

方面崇拜圣母等女性神祇，另一方面却维持着男性统治的现实秩序，甚至对女性的仇恨与贬抑还十分猖獗。

如果摩西·芬利和其他持相同观点的学者是正确的，而且在同时代的传世文献付之阙如或没有现存考古证据的情况下，我们不可能得出关于史前社会体系的任何结论。因此我们必须认识到，预设史前时代由男性主导的看法，跟预设那个时代由女性主导的看法同等荒谬。不偏不倚的学者们必须承认，这个问题目前还是开放性的，并且或许永远都无法得到圆满的回答。

第 2 章
青铜时代与荷马时代的女性

> 特洛亚人和胫甲精美的阿开奥斯人为这样一个妇人长期遭受苦难，无可抱怨；看起来她很像永生的女神；不过尽管她如此美丽，还是让她坐船离开，不要成为我们和后代的祸害。[1] 16

以上是特洛伊长老们在战争的第 10 年对希腊王后海伦的态度，他们中许多人的儿子已经被杀，战局即将在他们城市的毁灭中达到高潮。这段文字来自现存最早的欧洲文学著作——史诗《伊利亚特》，故事发生的时间是公元前 1184 年，青铜时代后期。毋庸置疑，在希腊史上的任何一个时期，关于女性的史料证据都没有如此迷人或充满矛盾。

青铜时代的社会状态是由口头文学传统——文盲诗人歌唱的史诗所反映的。一代又一代的诗人们保留了史诗的基本故事框架

1 Hom. *Il.* 3. 156-60. 译文引自《伊利亚特》，罗念生译，《罗念生全集》第 5 卷，上海：上海人民出版社 2004 年 6 月第 1 版，第 72 页。——译者注

和程式化词汇，但每一位都在重述故事时掺杂了自己的好恶。因此，在岁月的流逝中，史诗中的传统元素不仅被保留了下来，还被赋予了一代代诗人的价值观、道德标准与偏见。就我们关注的女性问题而言，这种历史年代杂糅的口头传统提供了丰富素材——尽管其中充满了种种矛盾。

17 关于青铜时代的史诗有很多，其中几种构成了后世希腊作家笔下悲剧、史著和其他文学作品的基础。传统说法告诉我们，一位才华横溢的盲诗人荷马通晓关于特洛伊陷落和胜利后希腊英雄返乡的种种传说，利用这些故事创作了两部里程碑式的史诗——《伊利亚特》和《奥德赛》。但荷马本人并不识字。根据相对可靠的假说，他在公元前 8 世纪创作了两部史诗，一直被诗人们世代口耳相传，直到公元前 6 世纪，才被写成定稿。我们无需关注文本在流传过程中究竟发生了怎样的变化，但我们必须牢记《伊利亚特》和《奥德赛》本是口头文学，我们不能将之视为关于青铜时代晚期的精确信史。从史源上讲，它们是由特洛伊陷落这一真实历史事件衍生出的诗歌传说，同时也是对不断发展演变的希腊社会与文化的诗性反映。

希腊与特洛伊的王室女性

毋庸置疑，海伦的形象在特洛伊史诗中鹤立鸡群——她是世上最美丽的女子，那场战争便是因她而起。除她之外，青铜时代的传说中遍布着位高权重的女性形象[1]——如克吕泰涅斯特拉（Clytemnestra）、赫卡柏、安德洛玛刻和珀涅罗珀。这些人物也在希腊与特洛伊的战争中占据着显要位置。有三人是希腊王后：海伦、她的妹妹克吕泰涅斯特拉以及珀涅罗珀。这三人的人生轨迹也有相似的主题。她们都结了婚：海伦嫁给了斯巴达的墨涅拉奥斯（Menelaus），克吕泰涅斯特拉嫁给了墨涅拉奥斯的哥哥阿伽门农，珀涅罗珀嫁给了伊萨卡的奥德修斯。海伦背叛了墨涅拉奥斯，跟英俊的特洛伊王子帕里斯乘船私奔。在阿伽门农的率领下，希腊人同特洛伊人打了十年仗，以便惩罚他们，并把海伦带回斯巴达。

以上是对特洛伊战争起源的传统解释，其依据显然是虚构的——海伦的父亲要求她所有的追求者在求婚前许诺，一旦海伦将来被劫走，他们都要将她带回来。但古典时代的希腊史学家们无法相信，男人们会为一名女子打一场旷日持久的战争——即便
她是世上最美丽的女性。在公元前 5 世纪创作史著的希罗多德声 18
称，特洛伊人不会愚蠢到为一名异族女子打十年仗。根据公元前 6 世纪诗人斯特西克鲁斯（Stesichorus）所记述的另一种抒情诗传统，希罗多德认为海伦根本没去特洛伊，而是去了埃及；但围攻的希腊人不肯相信特洛伊人的抗辩。[2] 生活在公元前 5 世纪的修昔底德也否认海伦这样的女性的婚姻问题能够具备多大的政治与

1　关于研究荷马笔下女性的详细书目，参见 Kaarle Hirvonen, *Matriarchal Survivals and Certain Trends in Homer's Female Characters*, pp. 198-209。

2　Hdt. 2. 112-20.

经济意义。毕竟，那是一个女性地位极其低下的时代。他否定了海伦私奔乃是战争首要原因的说法，认为希腊人与特洛伊人作战的目的是拓展自己在东地中海世界政治与经济上的统治地位。[1]

尽管这一重要线索尚不足以帮助我们全面分析特洛伊战争的起因，但生活于青铜时代的海伦与其他王室女性在后世民众心中的重要性——在数百年内作为史诗传统中不可或缺的组成部分——无疑是客观存在的。然而，我们不可将女性在故事中的重要性和情感影响力视为她们享有与男性同等身份地位的证据。哪怕是古希腊王后们所拥有的政治权力，有时也是转瞬即逝的，几乎永远是一把双刃剑。

从夫居与入赘

与后世相比，英雄时代的希腊社会存在着很多引人注目的差异性，这些特色塑造了社会内部的女性角色。在政治上，那个时代最关注的是军事防御。备战状况和军事实力对生存至关重要。男性以战士身份为他们的家族和城市效劳，女性则应当生育和抚养未来的战士。因此，英雄时代的希腊社会要求所有成年女性必须结婚，并认定那是所有少女未来的归宿。在《奥德赛》中，奥德修斯在见到已满结婚年龄的公主瑙西卡时，马上就表达了自己

1 Thuc. 1. 9.

的良好祝愿，希望她找到一位夫君，缔结一门和谐的姻缘。[1]

婚姻能构成强大家族之间的纽带。在不同地区居民之间的婚
姻中，新婚夫妇住哪里取决于传统习俗，以及各种复杂的经济、 19
政治与军事因素，必须考虑婚约双方的利益。因此，当时存在着从夫居和入赘两种婚姻模式。

在从夫居模式中，求婚者将新娘带到自己家中。新娘被视为夫家和父家的联盟纽带。新娘并不是新郎用钱财买下的；但按照传统，两家会在婚礼上交换礼物。因此，珀涅罗珀的父亲和兄弟们敦促她嫁给送礼最多的求婚者。[2] 抢劫婚也是父系婚姻的一种形式。例如，布里塞伊斯（Briseis）在特洛伊战争期间被俘，成了阿基琉斯的财产。他将她称作自己的“床伴”。但如果两人能够回到阿基琉斯在希腊的家，那么布里塞伊斯将同他完成合法婚姻的仪式。[3]

在入赘模式中，通常是一位漂泊无定的武士娶了一位公主，并定居在她的王国中。吸引丈夫的一点是他有望继承岳父的王国。因此在此类案例中，君主宝座的继承属于母系模式。有时，父亲们会将女儿嫁给著名的武士，以便与后者结盟。阿基琉斯自夸道，他可以从许多希腊领袖的女儿中挑选妻子。[4] 因为迎娶国王女儿的奖品可能是一个王国，公主的父亲往往会举办择婿大赛，

---

1 Hom. *Od.* 6. 180-85.

2 Hom. *Od.* 16. 77; 16. 391-92; 20. 335; 21. 161-62. 参见 Finley, “Marriage, Sale and Gift in the Homeric World”, 以及 W. K. Lacey, “Homeric *Hedna* and Penelope’s *Kurios*”。

3 Hom. *Il.* 9. 336; 9. 340-43; 9. 663-65; 19. 295-99.

4 Hom. *Il.* 9. 393-400.

以确保自己的女婿是最强健或最聪明的。因此，奥德修斯同斯克里亚（Scheria）的年轻男子们一道参加了为公主瑙西卡择婿举办的田径竞赛——尽管他最后拒绝迎娶公主。珀涅罗珀则自己决定嫁给射箭比赛的优胜者。涅琉斯（Neleus）也为女儿安排了婚前的择婿竞赛。[1]

在未被荷马讲述的其他青铜时代的传说中，希波达墨亚（Hippodamia）、阿塔兰忒（Atalanta）、伊俄卡斯忒（Jocasta）的婚姻也证明了王位母系继承形式的存在。珀罗普斯（Pelops）在马车比赛中战胜并杀死了希波达墨亚的父亲，从而赢得了那位新娘。阿塔兰忒嫁给了在赛跑中战胜自己的希波墨涅斯（Hippomenes）。伊俄卡斯忒则嫁给了顺利通过婚前考验、解出斯芬克斯之谜的俄狄浦斯——这证明俄狄浦斯具备保卫王室所必需的优秀品质。

通过抢劫和竞赛来缔结婚姻显然无法顾及新娘的意愿。荷马
20 通常并不交代新娘自己的意见。但根据他的记载，瑙西卡公主在挑选丈夫时还是拥有一定的自主权的。[2]珀涅罗珀保留着对求婚者的选择权或决定不再醮的权利。克吕泰涅斯特拉和海伦可以抛弃阿伽门农与墨涅拉奥斯，她们同新欢丈夫的婚姻也被认为是有效的。

尽管希腊女性并不总是拥有自由选择丈夫的权利，但母系和

1 Hom. *Od.* 8. 19; 15. 226-40.

2 Hom. *Od.* 6. 280-84.

入赘式婚姻模式确实为女性提供了便利——她们可以获得关系亲密的亲戚与朋友们的强大支持，而自己的丈夫在本质上却是个外人。此外，成为父亲领地王后的女性似乎拥有比她兄弟们更高的地位。我们手头现存的许多继承神话都有不同版本，但如果我们接受了这样的说法——娶了王国公主的武士有资格继承王位，即便那位公主有兄弟（海伦有两个兄弟，伊俄卡斯忒有一个，瑙西卡有数个），那么我们就有理由相信，这位公主对她的丈夫和兄弟而言都是一个尊贵人物。在许多古代史诗中，家族血缘纽带都占据着重要地位。母系社会的共同特征——舅父的权威和兄弟姐妹之间的紧密联系——在俄狄浦斯的神话中体现得尤为明显。伊俄卡斯忒的弟弟克瑞翁在姐姐的两次婚姻之间作为摄政统治着城市。而伊俄卡斯忒和俄狄浦斯的女儿安提戈涅（Antigone）则出于对兄长的感情不惜冒生命危险。

父系婚姻与母系婚姻

了解青铜时代希腊世界盛行的婚姻模式后，我们在重新审视荷马史诗时，就能更好地理解那个时代的婚姻和作为妻子的女性究竟发挥着怎样的社会与政治功能。例如，墨涅拉奥斯和海伦的婚姻是入赘式的、母系的。墨涅拉奥斯在荷马笔下被称为“红发的”，很显然，他是个北方人。海伦是斯巴达国王廷达鲁斯（Tyndareus）的女儿，是世上最美丽的女子。墨涅拉奥斯自然会感觉受到了侮辱，因为她爱帕里斯胜过爱自己。但考虑到母系

婚姻的政治砝码，我们可以很有把握地确定，引发特洛伊战争的
21 不仅仅是墨涅拉奥斯的个人妒意。因为墨涅拉奥斯是凭借海伦丈夫的身份当上国王的，他在失去她之后也很有可能失去王位。因此，他拒绝承认海伦更换丈夫行为的合法性，决意要把她夺回，因为那是他保有斯巴达王位的基本前提条件。攻陷特洛伊后，尽管海伦背叛了希腊人，墨涅拉奥斯却不能向她复仇。于是，具有讽刺意味的是，本应对这场战争负责的海伦，到头来受到的伤害却最轻。我们在《奥德赛》中又遇到了她，那时她正同墨涅拉奥斯享受着美满的婚姻生活。荷马告诉我们，她知道能让男人忘记痛苦的神药。这些药品和她的超凡美貌必然能在重获原配宠爱的过程中派上用场。

我们也能在海伦妹妹的例子中观察到类似模式。当阿伽门农前往特洛伊时，他将妻子克吕泰涅斯特拉留给一名传令官照顾。由于阿伽门农为远征特洛伊而被迫杀献他们的长女伊菲革涅亚（Iphigenia），怒火中烧的她摆脱了传令官，嫁给了新丈夫——阿伽门农的侄子埃吉斯托斯（Aegisthus）。荷马用程式化的语言写道：“埃吉斯托斯将她带到自己家中。”但各种传说均表明，他们一起生活在宫殿里。当阿伽门农从特洛伊返回时，他们杀死了他。埃吉斯托斯以克吕泰涅斯特拉丈夫的身份当上了国王。

与此相反，珀涅罗珀同奥德修斯的婚姻则是父系式的。她在20年里对自己的丈夫忠贞不贰，却遭到求婚者的围攻，仿佛她是自己家中的囚徒。奥德修斯年迈的父亲已毫无权力，他的母亲已经去世，珀涅罗珀的男性亲属不在身边，而她的儿子尚未成年。

珀涅罗珀与忒勒玛科斯（Telemachus）缺少男性庇护的困境，堪比安德洛玛刻可悲的寡妇生活。安德洛玛刻的婚姻也属于从夫居模式，并在赫克托耳牺牲后陷入困顿。她在哀叹丈夫的死亡时，将儿子的命运同家长尚在的男孩进行了比较。[1]显然，这里的“家长”是指父亲。没有父亲的儿子便失去了他的朋友，失去了参与男性宴会的资格以及可以继承的土地。

荷马对待已婚女性的态度，在他对珀涅罗珀与克吕泰涅斯特拉的看法中体现得淋漓尽致。一方面，珀涅罗珀凭借其贞洁赢得了极高的赞誉；另一方面，荷马安排阿伽门农的鬼魂谴责了克吕
泰涅斯特拉的不忠。即便有道德的女性也会永久性地受到克吕泰 22
涅斯特拉罪过的玷污。[2]这种不分青红皂白地扩大打击面，构成了西方文学漫长厌女历史的开端。

然而，我们不可据此认定，荷马对这两位希腊王后的评价反映了青铜时代希腊对女性的总体态度。最重要的是，青铜时代的城市始终需要抵御劫掠与征服；在政治不稳定的社会环境下，英雄领袖的存在对于城市的生存而言是不可或缺的。[3]克吕泰涅斯特拉与埃吉斯托斯共同治理下的迈锡尼，要比珀涅罗珀一个人统治的伊萨卡安全得多。因先见之明不愿参加远征特洛伊行动的奥德修斯，在战事结束返家后发现，自己的宫廷已陷入混乱，他的大多数奴隶已不再忠诚，他的财产已蒙受严重损失。

---

1 Hom. *Il.* 22. 477-515.

2 Hom. *Od.* 11. 427-34. Cf. 3. 272.

3 Thuc. 1. 1-12.

对强大、高效统治者的需求引出了青铜时代母权制的复杂问题。母权制和母系模式不是一回事，但自从 19 世纪社会哲学家约翰·雅各布·巴霍芬（John Jacob Bachofen）的作品问世以来，二者经常（并且是错误地）被混为一谈。母权制的定义较为松散，涵盖从女性彻底主导男性到两性间相对平等的不同范围。由于希腊史诗所抱有的贵族偏见，被其记述的可供我们研究的屈指可数的几次正式婚姻均发生在国王与王后之间。在荷马史诗的记述范围内，只有两个例子有可能遵循着母权制模式。在斯克里亚王国，瑙西卡决定帮助奥德修斯，建议他先向她的母亲阿瑞特（Arete）乞援，然后再去面见她的国王父亲。[1] 我们在接下来的叙述中明显可以看到，阿瑞特拥有相当大的权力，可以对民众间的事务进行裁决，并在奥德修斯的事情上采取措施。毫无疑问，在斯克里亚这样的和平社会中，女性拥有更大的影响力；而在被围困的城市里，男性的英勇则是决定族群生死存亡的更重要的领导品质。然而，即便是阿瑞特的高贵地位也只是在与“其他管理家庭、使之服从于丈夫的妇女”相比时才比较突出。[2]

另一个王后权力可能高于国王或与后者平起平坐的地方是安德洛玛刻的家乡，普拉库斯山脚下的底比斯。据说安德洛玛刻的母亲统治（*basileuō*）着那里，但她的父亲也被称为“陛下（*anassō*）”。[3] 来自迈锡尼时代希腊的一些泥板文书称至高的国王

---

1 Hom. *Od.* 6. 303-15.

2 Hom. *Od.* 7. 68.

3 Hom. *Il.* 6. 397; 6. 425; Pomeroy, “Andromache and the Question of Matriarchy.”

为“帝（*anax*）”，臣服于他的统治者为“王（*basileus*）”。另一方 23
面，荷马也确实曾在其他地方用动词“*basileuō*”描述过国王们的统治。我们在此看到的很可能是记述王后统治的传统，与无法想象女性统治城市的诗人的画蛇添足所构成的出入。然而，我们无法确定，阿瑞特与安德洛玛刻母亲所代表的强大王后的案例，是否意味着还有其他执掌朝纲的女性存在。没有人能够仅仅依据玛丽·斯图亚特（Mary Stuart）、玛丽·都铎（Mary Tudor）和伊丽莎白（Elizabeth）统治时期的存在，将文艺复兴时期的不列颠称作一个母权制社会。因此，青铜时代的母权制问题迄今为止仍只是后人玄思冥想的话题。

对强大统治权延续性的关注可能加速了青铜时代末期母系模式的衰落。例如，墨涅拉奥斯已有一个合法婚生的女儿，但他还是坚持要指定一名男性继承人。伊萨卡的继承方式同样含糊不明。珀涅罗珀的求婚者们起初试图迎娶她，同时继承奥德修斯的国王身份。但当忒勒玛科斯成年后，求婚者们改变了想法。他们开始谈论以下选择：要么将珀涅罗珀带回自己的宫殿；要么直接向忒勒玛科斯发起挑战，以剥夺他继承父亲头衔与财产的资格。

希腊史诗中还存在着一种特殊的母系模式——它适用于凡间女子与男神结合所生的英雄后裔们。在现实生活中，该习俗可能起到了将私生子后裔合法化的社会功能——这是对那个时代非常典型的道德废弛与个人自由的必要回应。荷马史诗中最著名的例子便是萨耳珀冬（Sarpedon）、拉俄达弥亚（Laodamia）与宙斯之子。许多男神都有后裔。总的来说，拥有英雄身份的女性可以在婚外生育儿女，并声称孩子的父亲是某位男神。但世人也可能拒绝相信这种说法。例如，有一则神话描述了未婚女子塞墨勒在怀狄俄尼索斯时受到的非难，尽管她声称孩子的父亲是宙斯。

阿玛宗女战士

希腊文学与各个时代的艺术都描述过母权制社会——但我们这里说的不是由女性主导的，而是完全由女性构成的社会。相
24 传，有一群阿玛宗女战士住在安纳托利亚北部或蛮族世界更靠东的地方。对于她们名字的来历，有一种解释是“无（*a*）乳房（*mazos*）的”。这种离奇的词源解释说，她们切掉了自己右侧的乳房，以便拈弓搭箭。她们会找毗邻部落的男性交欢，养育生下的女婴，将男婴送走或充当奴仆。据传，许多青铜时代的男性英雄都曾与她们交战过，并全都取得了胜利。阿基琉斯杀死了阿玛宗女王彭忒西勒亚（Penthesilea），她以普里阿摩斯盟友的身份来到特洛伊。柏勒洛丰与普里阿摩斯曾与她们交手过一次。[1] 赫拉克勒斯的十二件苦役之一便是夺取一位阿玛宗女王的腰带。雅典英雄忒修斯也曾与阿玛宗人交手，并打败了她们。根据普鲁塔克《忒修斯传》的说法，阿玛宗人甚至追击忒修斯至雅典，并与他交战。忒修斯迎娶了她们的一位女王（安提俄珀或希波吕忒），但在计划抛弃她另娶新欢菲德拉（Phaedra）时激怒了这位女王，

---

1 Hom. *Il*. 3. 189; 6. 186.

最终他杀死了她。

我们如今已无从证明，阿玛宗人是否在历史上真实存在过。完全由女性组成的社会并不是不可能。希罗多德记载说，阿玛宗人臣服于斯基泰人。后者的历史真实性从未受到过质疑，而阿玛宗人和斯基泰人又一道成为萨尔马提亚人（the Sauromatae）的祖先。阿玛宗人之所以臣服于斯基泰人，一定程度上是因为她们比起军事胜利更喜欢性。希罗多德还补充了一条有趣的细节：这些女性能够学会男人的语言，但男人们却无法理解阿玛宗人的语言。[1]

许多希腊男性英雄必须通过与阿玛宗人交手来展示自己的力量。这些说法使人们怀疑阿玛宗人可能纯粹出自神话虚构，也可能是一个因行为乖张而造就了许多虚构故事的族群。因此，我们会看到亚历山大大帝与一位阿玛宗女战士同居的故事。甚至直到 12 世纪，不来梅的亚当（Adam of Bremen）仍在记述关于东方阿玛宗人的故事。

阿玛宗人频繁地出现在造型艺术中。她们有时穿着女神阿耳忒弥斯那样的短衣，有时穿着宽松的东方长裤，有时裸露着一只乳房，但都是双乳俱全的。阿玛宗女战士的形象构成了一种传统元素：古希腊艺术家可以借助该元素来表现年轻健壮的女性，同时又避免了把她们表现得酷似希腊人而冒犯观众的情感。 25

希腊世界散布着许多表现“阿玛宗之战”——希腊人同阿玛

1 Hdt. 4. 110-17.

负伤的阿玛宗女战士。公元前 440—前 430 年间希腊雕像的罗马仿制品。现藏于大都会艺术博物馆。

宗人交手场景——的作品。如帕特农神庙柱间壁浮雕所显示的那样，阿玛宗之战通常是与希腊人同肯陶尔（Centaurs）作战的雕塑同时出现的。肯陶尔是一种人头马身的淫荡动物。事实上，至少在公元前 4 世纪之前，肯陶尔是只有男性，没有女性的。也许是希腊人天生爱好对称与对立的结合，于是虚构了上述两个族群——淫荡的男性肯陶尔和贞洁的女性阿玛宗人。

另一个完全由女性组成的族群，据说曾在青铜时代的利姆诺斯岛（island of Lemnos）上短暂存在过。利姆诺斯岛上的丈夫们躲避自己的妻子，因为她们身上散发着被诅咒的难闻气味。于是，这些女子在一夜之间几乎杀死了岛上所有男人，只有许普西皮勒（Hypsipyle）救下了她的父亲。她们欢迎途经此地的阿尔戈远征英雄们，并与之生下了许多孩子，以充实岛上的人口。跟阿玛宗人一样，利姆诺斯岛上的妇女们也非常喜爱希腊英雄，希望能将他们留下来。但阿尔戈英雄们重视责任高于享乐，要继续寻找金羊毛之旅。

荷马史诗里的父权制雏形

荷马所描写的那个社会以及他做出的相关评价清晰地表明，那是一个业已形成的根深蒂固的父权制价值观时代，但当时的行为符码尚不如后来的希腊社会严格。在男性激烈竞争的氛围中，女性被象征性地、文学化地视作财产——她们是竞赛的奖品和被征服的战利品——对女性的统治可以增加男子的声望。

无论是自由人还是女奴，都被世人以美貌和才艺等标准评判。阿伽门农宣称，他喜爱克律塞伊斯（Chryseis）胜过克吕泰涅斯特拉，因为那个女奴在身材、相貌、智慧与才艺方面均不逊色他的王后。[1]对有价值的女性的争夺导致了男性之间极其严重的争吵。

有趣的是，正是阿基琉斯同阿伽门农围绕一名有价值的女奴的争执，导致阿基琉斯退出了特洛伊战争，引出了《伊利亚特》

---

1 Hom. *Il.* 1. 113-15.

26 的主题。特洛伊的长老们无疑认为值得为海伦打这场战争，尽管他们也清楚留下她的代价。而从希腊一方的立场来看，失去海伦的事实刺激着将士们：他们不仅要求毁灭特洛伊，还要奸淫特洛伊人的妻子，以示报复。[1]在荷马笔下级别较低的竞赛中，一位多才多艺的女奴充当了纪念帕特洛克罗斯（Patroclus）赛跑竞技的奖品；欧律麦多萨（Eurymedousa）则被法埃奇亚人（Phaeacians）挑选为国王阿尔奇诺斯的特别奖品。[2]就军事征服而言，拥有地位较高的男子的妻女为奴，对战士来说意味着特殊的荣耀。因此，在特洛伊陷落后，特洛伊王室中的女性被当作特殊奖品分配给了希腊军队中的男性英雄们。

总的来说，当城镇被征服或被劫掠时，男性俘虏会被亲属赎回或被胜利者处决；妇女和儿童则沦为奴隶（从这层意义上讲，赎回安德洛玛刻母亲的案例是很不寻常的）。[3]因此，希腊军营中存在着大量女奴，她们将被带回希腊侍奉征服者。迈锡尼出土的一些泥板文书证实了荷马所描绘的这幅图景的真实性：文书记载了大量妇女儿童的姓名，有时还附上原籍。[4]这些妇女儿童很可能是奴隶。有些男性被记录为此类妇女的儿子，说明他们是通过非正式结合生下的。如果奴隶主允许此类情况出现，那么他们的父亲有可能是男性奴隶。但更有可能的情况是，他们的父亲是与女奴厮混

---

1 Hom. *Il*. 2. 355-56.

2 Hom. *Il*. 1. 113-15; 23. 263; 23. 704-5; *Od*. 7.8-11.

3 Hom. *Il*. 6. 425-28.

4 参见 Michael Ventris and John Chadwick, *Documents in Mycenaean Greek, passim*。

取乐的自由人。

大量女奴的存在加剧了史诗社会中性别双重标准的形成。国王是父权制大家庭的首脑。他们可以自己享用女奴或把她们送给漂泊无定的武士们，以换取后者的支持。当阿伽门农十年后回到克吕泰涅斯特拉身边时，他满心以为妻子会像欢迎自己那样欢迎他的小妾。此外，他在特洛伊的军营里至少还养着另一个女奴侍妾。我们还听说，急需一名男性继承人的墨涅拉奥斯与一名小妾生了儿子麦伽潘特斯（Megapenthes）。在这样的情况下，莱耳忒斯（Laertes）由于惧内不敢与女奴同床的例子值得一提：莱耳忒斯钟爱欧律克勒亚（Eurycleia），却不敢与她同床。但欧律克勒亚肯定也生过一个孩子，并且没有因此激怒她的女主人，因为她 27
成了莱耳忒斯之子奥德修斯的乳母，到了晚年仍与奥德修斯的家庭保持着深厚的感情。[1]

毋庸置疑，那个时代的女性无法享受同男性一样的性自由。海伦和克吕泰涅斯特拉的不忠给她们的王国带来了严重的政治威胁。按照父权制传统，未婚女孩的贞操和她们的良好名声是一笔宝贵财富。瑙西卡睡觉时必须有侍女守在她两侧。珀涅罗珀与瑙西卡必须绞尽脑汁避免自己成为风言风语的谈资。[2]然而，这个时代对失贞的惩罚并不像后世那样严厉。荷马提及了两个未婚生子的女孩（她们声称是神明使自己受孕），却并未批评她们。这两

---

1 莱耳忒斯：Hom. *Od.* 1. 429-33; 19. 482-89。麦伽潘特斯：*Od.* 4. 10-14。欧律克勒亚：*Od.* 4. 743-46; 19. 350-56; 19.467-92。

2 Hom. *Od.* 6. 18-19; 6. 273-74; 19. 527.

个女孩后来都嫁给了男性英雄，享受着妻子应有的荣誉。[1] 至于男奴与女奴，他们都是主人的财产。未经主人允许，不得发生性关系。这项规定一直存在于整个古代世界。因此，在看到奥德修斯杀死求婚人后，又残忍地处决了 12 名与他们私通的女奴时，读者也就无需大惊小怪了。荷马没有提到奴隶们拥有选择的权利，但也意识到他们是有感情的。布里塞伊斯离开阿基琉斯前往阿伽门农那里时的哀叹便是一个著名的例子。同样值得注意的还有福伊尼克斯（Phoinix）同父亲反目的故事。父亲爱上了一名侍妾。于是福伊尼克斯的母亲敦促他抢先同那名侍妾发生关系，这样一来她就会嫌弃年老的男人。他听从了母亲的建议，结果遭到了父亲的诅咒。[2]

特洛伊人的父权制结构与希腊王室家族相同，但其中有一些值得关注的微小差别。那里的女性只能嫁一夫，男性可以多妻。国王普里阿摩斯拥有众多妻妾，其中地位最高的是他的妻子赫卡柏。一般情况下，妾生下的后裔是自由人，但在英雄等级体系中地位较低。即便如此，墨涅拉奥斯依然试图把王位传给自己的庶子，因为海伦只为他生了一个女儿。从奥德修斯讲述的一个故事来看，庶子继承的遗产份额要少于自由人妻子所生儿子们的继承份额。[3] 无论是在希腊还是特洛伊，庶女们的命运都没有被专门提
28 及过。

1 Hom. *Il*. 16. 175-92.

2 Hom. *Il*. 9. 452-56.

3 Hom. *Od*. 14. 199-212.

因此，赫卡柏的儿女们——赫克托耳、帕里斯、特洛伊鲁斯（Troilus）、波吕克塞娜（Polyxena）和卡珊德拉——在特洛伊传说中占据着主导地位。她生了19个孩子。但普里阿摩斯有50个儿子和12个女儿，再加上儿媳和女婿。我们从中可以观察到入赘和从夫居婚姻形式并存的现象。

《伊利亚特》和《奥德赛》都强调了父母眼中儿子的价值——这是父权制社会的首要特征。《奥德赛》开篇即展现了珀涅罗珀对儿子忒勒玛科斯的严密保护，她对儿子即将登船踏上危险旅程忧心忡忡。因此，当她开始怀疑求婚者们想要谋害她儿子的性命时，又设计了射箭比赛。但儿子的成熟要求将这种保护关系反转过来——忒勒玛科斯首次证明自己已成为男子汉的举动，是命令珀涅罗珀离开宫殿大厅，并向求婚者宣布自己将继承父亲的王位。[1] 荷马史诗中的其他段落也可以表明，当时的母亲有多么依赖儿子们。例如，安提克勒亚（Anticleia）声称，自己不是死于疾病，而是死于对儿子奥德修斯的思念。[2] 赫卡柏为了劝阻儿子赫克托耳不要上战场，袒露了自己苍老的乳房。她还恳求儿子休息以养精蓄锐，在儿子被阿基琉斯杀死后，她意图复仇，扬言要吃掉阿基琉斯的肝脏，种种举动无不显示她对儿子深沉的爱。[3]

父子纽带的牢固是显而易见的。奥德修斯返回伊萨卡后马上同忒勒玛科斯建立起了默契，尽管两人已有20年未见。一个更

---

1 Hom. *Od.* 1. 356.

2 Hom. *Od.* 11. 197-203.

3 Hom. *Il.* 22. 79-83; 24. 212-13.

血腥的案例是荷马对俄瑞斯忒斯（Orestes）的赞美——他为了给父亲报仇而杀了自己的母亲。[1]然而，在父母同女儿的关系中，如瑙西卡与她的父母，普里阿摩斯、赫卡柏与他们的女儿们，长辈对女儿都没有那么强烈的依赖。

尽管女性在父权制下饱受束缚，但荷马史诗并不认为她们是低人一等或缺乏才干的。当阿伽门农和奥德修斯乘船前往特洛伊时，他们毫不犹豫地将王国留给妻子治理，尽管阿伽门农的确留下了一名传令官照顾克吕泰涅斯特拉。在斯克里亚，王后阿瑞特
29 对民众做出裁决，并且她的看法也受到人民的尊敬。赫克托耳很在意特洛伊的妇女们会如何看待他，因为自己过于激进的战略造成了军队的惨重损失。[2]然而，女性对男性的依赖却是被明确而直接地表述的。荷马将珀涅罗珀与奥德修斯重逢时的感受比作沉船的人看到陆地时的心情，深刻表达了珀涅罗珀有多么需要奥德修斯，以及她在自己家中被求婚者们围困时的感受。[3]这一比喻戏剧性地暗示，即便是在旅途中真正遭遇沉船事故的奥德修斯，也好过在家中和求婚者们相处的珀涅罗珀。

在特洛伊，我们看到女性们身处在被围攻的城市和军营之中。在那种处境下，女性必然要依赖她们身为武士的儿子和丈夫，以及其他男性保护者。安德洛玛刻和布里塞伊斯分别声称，自己完全仰仗着赫克托耳与阿基琉斯，因为她们家族中所有其他

---

1 忒勒玛科斯：Hom. *Od.* 16。奥瑞斯特斯：*Od.* 3. 306-12。

2 Hom. *Il.* 22. 105-10.

3 Hom. *Od.* 23. 232-40.

成员都已去世。[1]安德洛玛刻乞求丈夫不要让她成为寡妇，并企图在赫克托耳死后自尽。但当她向赫克托耳提出一些实用的军事战略告诫时，她又展现出了她的坚强、独立和才干。她建议赫克托耳将特洛伊人的部队布置在无花果树附近，因为那里的城墙最薄弱，并且也是预言中会被敌军攻破之处。但赫克托耳却提醒安德洛玛刻，战争是男人们的事情，她应当回到自己的房间去纺纱织布。[2]赫克托耳并不是在侮辱安德洛玛刻，而是在讲述古代社会中男女所掌管的事务不同的基本事实。

青铜时代女性的日常生活

在日常生活中，王室女性跟女奴们从事着类似的工作。主要区别在于王室女性的劳动出于自愿，而奴隶们是被迫劳动。自由男性和男奴之间相隔了一条更加难以逾越的鸿沟。自由男性可以像奴隶那样从事一些琐碎劳动，但只有自由男性才有资格拿起武器保卫城市。女性的职责是围着家庭转。荷马使用的固定修饰语
"白臂的"和青铜时代壁画中女性皮肤白皙、男性肌肤黝黑的模 30
样，都证明了当时女性的工作主要是在室内进行的。家庭主妇统筹管理家内事务。阿尔奇诺斯和奥德修斯的家中都有许多女奴。[3]男奴的数量要少得多，并且他们都在户外劳动。所有食物都由女

---

1 Hom. *Il.* 6. 410; 19. 287.

2 Hom. *Il.* 6. 490-93. Cf. *Od.* 1. 356-57.

3 Hom. *Od.* 7. 103; 22. 420-23.

奴们在室内准备完成。

服装制作从头到尾的每一道工序都是在家中完成的；在这项劳动中，王室女性甚至女神们都会同女奴一起上阵。年长的妇女们通常坐在壁炉边纺织。壁炉位于宅邸大厅的中央。正如荷马笔下所展示的海伦、珀涅罗珀和阿瑞特等王后的生活场景，坐在壁炉边意味着一位女性可以全程参与家庭范围内的一切事务。王室女性经常会边纺织边招待客人，就像今天的妇女们也会在公共场合织毛衣或刺绣一样。永不停歇的纺织活动有一种魔力，仿佛正在纺织的女子决定着男子的命运。阿瑞特虽然贵为王后，却能认出奥德修斯穿的衣服是自己家里织的。[1] 瑙西卡的情节表明，即便是公主也认为洗衣服是女性的义务，并且是足以赢得夸奖的成就。

女性也负责为男性洗浴和涂油。荷马对这方面内容的描写毫不拘谨，因为负责这项任务的并不仅限于女奴，也不一定是卡吕普索这样与男子同床共枕的人。还是处女身的涅斯托尔小女儿波吕卡斯特（Polycaste）曾为忒勒玛科斯洗澡并涂抹橄榄油。海伦也讲过，自己曾在特洛伊为乔装打扮的奥德修斯洗澡和涂油。[2]

荷马史诗以外的一些零散史料也提供了关于青铜时代女性日常烦琐劳动的证据。来自派娄斯（Pylos）的迈锡尼时代线形文字B泥板文书罗列了女性负责的一些任务，其中包括取水、布置浴

1 Hom. *Od.* 7. 233-36.

2 卡吕普索：Hom. *Od.* 5. 265。波吕卡斯特：*Od.* 3.464-66。海伦：*Od.* 4. 252。

室、纺织、磨面和收割庄稼。这些材料还告诉我们，男性获得的食物份额是女性的 2.5 倍。[1]

与后世的希腊文学相比，荷马史诗留给我们关于女性的生活状态的总体印象还是相当迷人的。那个时代的女子需要保持谦逊，但并非大门不出，二门不迈。安德洛玛刻和海伦可以在特洛伊街头自由走动，尽管始终有侍卫陪伴。在阿基琉斯盾牌上的 31
画面中，一些女性还在帮助守卫城墙。[2] 诗中还提及了一个男孩和一个女孩在特洛伊城墙外约会的故事。[3] 妻子们——尤其是海伦、阿瑞特和珀涅罗珀这样的人物——可以在男客人来访时留在大厅，而不招致任何流言蜚语。妾与正妻都被视为丈夫爱恋的对象，后世希腊文学中充斥着的对女性的深刻敌意在荷马史诗中难觅踪迹。

1 F. F. J. Tritsch, “The Women of Pylos”; Ventris and Chadwick, *op. cit.*, *passim*; L. R. Palmer, *The Interpretation of Mycenaean Greek Texts*, pp. 96, 98.

2 Hom. *Il.* 18. 514-15.

3 Hom. *Il.* 22. 126-128.

第3章

黑暗时代与古风时代

古代历史留给我们的是一部史料随机分布的年表。关于某些 32
时代，我们手头拥有一些有用的文献证据，但它们之间还夹杂着一些因成文文献稀缺而仍晦暗不明的时代。在青铜时代末期，随着迈锡尼的陷落，文字也失传了。因此，我们手头关于特洛伊战争结束后400年内（约公元前1200—前800年）的信息非常稀少，这个时期也被恰如其分地称为黑暗时代。我们关于黑暗时代的少许知识来自考古发现、荷马史诗中似乎属于该时代窜入的若干诗句以及后世文学作品的偶尔提及。

到了公元前800年，书写技能重新回归希腊世界。人们开始用腓尼基字母去记录当时的希腊语；但即便在古风时代（公元前800—前500年），能够保存至今的文本也是支离破碎的。幸好，造型艺术，尤其是雕塑和陶瓶画所提供的证据，在一定程度上为我们丰富了关于这个时代的图景。

我们的零散信息来自广泛分布在各地区的不同史源。但每个城市里，我们对贵族的了解都要比对下层阶级多。在这些一鳞半爪的证据基础上，后人最多只能得出一些非常粗浅的试探性结论，进一步的努力无异于莽撞。但不同城市的贵族行为之间确实存在着引人注目的相似性。

我们在上层阶级中可以辨认出从青铜时代残留下来的态度与
33 行为模式。无论是希腊世界的哪个地方，无论社会与政治结构存在着多少多样性，男性作为战士、女性作为后代养育者的理想性别角色划分都得到了后世的明确肯定。因此，女性的角色——那是由生理特征所决定的——在这些晦暗不明的时代里表现出了一种延续性，并未受到改变男性生活的那些变故的严重影响。

动荡时代里的婚姻目的

古典时代之前的那段时期充满了剧烈动荡，其突出特征是阶级斗争和政府统治模式的变更。城邦（*polis*）是这个时期创造出来的制度。城市内部的矛盾与人口压力则促使希腊人在地中海周边几乎所有无主的土地上建立了新城市或殖民地。

少数几位女性在殖民活动中扮演了某种神秘角色。在是否发动殖民远征等重要问题上，世人往往会去德尔斐求阿波罗的神谕。男神阿波罗在德尔斐通过皮媞亚（Pythia）女祭司之口讲话。为了解释女性何以会成为一位男神的喉舌，有假说认为德尔斐从前乃是女性冥界崇拜（chthonic cults）的场所。但在历史时期，除皮媞亚之外的任何女性都不得进入神庙。一名男祭司将问题呈递给她。她在癫狂状态下给出答复，该答复由男祭司们加以解释。讽刺的是，德尔斐神谕在古希腊是至高无上的，但女子在其中所扮演的角色只是男神与凡人之间的传声筒，她并不能直接影响神谕的含义。[1]

这一时期的殖民目的地表明，希腊人对外远征的动机已不同于阿尔戈远征或青铜时代的其他冒险家——后者的性艳遇仅限于同那些具有异域风情的外邦女子做露水夫妻。后来的殖民者旨在让他们自己和子孙后代永久定居在相对遥远的地区，而不仅仅是
劫掠战利品，带着财物返回祖先的家园。因此，在殖民队伍完全 34
或主要由男性组成的情况下，殖民者往往不得不在当地居民中寻找妻子。

希罗多德记载过一起异常血腥的事件：雅典殖民者没有带任何女性跟他们前往米利都，而是劫走当地的卡里亚妇女，并屠杀她们的男性亲属。为了报复这种残杀行为，被劫的卡里亚妇女的女儿们立下誓言，并要求她们的女性后裔世代遵守：她们决不与自己的丈夫共同进餐，也不称呼他们的名字。希罗多德还记录过昔兰尼建城时，锡拉岛的男性殖民者和他们本地妻子之间的古怪习俗：丈夫们发现他们妻子的饮食口味完全不同，于是该殖民地的男性和女性一直保持着不同的饮食习惯。[2]

青铜时代认为，婚姻对城邦与家庭的发展意义要高于对个人需求的满足。这种观念以多种方式延续到了前古典时代。一方面，一些身处不断扩张的希腊世界的外围殖民者已干脆开始凭借

---

1 Libanius 12. 60. 387.

2 Jean Rougé, “La colonisation grecque et les femmes.” 米利都：Hdt. 1. 146. 库勒尼：Hdt. 4. 153; 4. 186. 参见 Hdt. 4. 108 对和平婚姻的记述。

武力抢夺妻子；另一方面，传统权力中心的上层阶级仍按照青铜时代的习惯，通过安排儿女嫁娶来提升他们的政治、经济地位。公元前7世纪中期以后，一些希腊城邦开始由“不合法”的国王统治，他们被称作“僭主”。希腊世界的僭主、贵族和异邦统治者们通过复杂的王室联姻网络建立了联系。当然，这种局面也可以表明，此类案例中的夫妻关系并未彻底取代她们与血亲之间的联系。妻子首先充当的是父亲（显然是他的政治与经济权力）和丈夫家族权力之间的物质纽带。由于婚姻带来的便利十分诱人，一些僭主甚至还会重婚。[1]

在为那些有影响力的父亲的女儿所展开的激烈竞争中，依然保留着青铜时代的婚前竞赛元素。公元前600—前570年，西基昂僭主克里斯提尼（Cleisthenes）之女阿伽里斯特的婚姻故事证明了，求婚者们为了证明自己的价值有多么拼命。克里斯提尼在奥林匹亚竞技会上获胜之后，宣布自己将款待女儿的求婚者们。来自12座城市的13名地位显赫的求婚者参与了角逐。克里斯提尼款待了这些求婚者1年——他们像珀涅罗珀的求婚者一样享受
35 着宫廷宴饮——并根据他们的家世背景、男子气概、赛跑与摔跤的能力以及其他标准来选拔。希波克里德斯（Hippoclides）被选中了。但当他在订婚宴席上表现失态时，马上就被雅典的强大家族——阿尔克迈翁家族的麦加克勒斯（Megacles）取代了。[2] 于是，

---

1 关于僭主的婚姻，参见 Louis Gernet, *Anthropologie de la Grèce antique*, pp. 344-59。

2 Hdt. 6. 126-31.

竞赛中的亚军意外获得了头奖，克里斯提尼则以同样的奢华程度庆祝了阿伽里斯特的婚礼。

也有少数几桩王室婚姻的情感因素大于政治考量。庇西特拉图安排女儿跟一个年轻男子结了婚，这个年轻人非常爱她，在街头偶遇时吻了她。科林斯僭主佩里安德与麦丽萨（埃皮达鲁斯统治者的女儿）的婚姻也是爱情的结晶。佩里安德对麦丽萨一见钟情，当时她正在给田间的劳动者倒酒，身穿一件裸露身体较多，没被长衣遮盖的多利亚式风格短衣。（注意，上述两位僭主的女儿并未深居简出，而是跟男性一起出现：一位出现在城市街头，另一位出现在农场里。）佩里安德迎娶了麦丽萨，但日后出于忌妒杀害了她。他对妻子的爱恋是如此强烈，以至于他继续同她的尸体发生关系。后来，她的鬼魂返回人间，抱怨自己因赤身裸体而感到寒冷，因为跟她一道下葬的衣物没有被烧掉。于是，佩里安德命令科林斯所有女子穿上她们最好的衣服到赫拉神庙里集合。随后，他下令剥掉她们全体的衣服，烧给麦丽萨。[1]

富有的女子同样抢手，即便她们没有地位显赫的父亲。公元前 6 世纪下半叶，墨伽拉的特奥格尼斯（Theognis of Megara）写道："最优秀的男子也不会介意迎娶坏父亲的坏女儿，只要这么做能给他带来一大笔钱；女子也不会拒绝跟恶劣但富有的男子同床共枕，因为她希望成为富人胜过成为好人。"[2]

1　庇西特拉图：Plut. *Mor*. 189c. 457f; Val. Max. 5. 1. *ext*. 2。佩里安德：Ath. 13.589f.; Hdt. 3. 50; 5. 92。

2　Theog. 185-91.

斯巴达妇女与格尔蒂妇女的生活

由于斯巴达与克里特岛城市格尔蒂（Gortyn）的法典颁布得较早，因此有关其妇女生活状态的文本信息要比古典时代之前的
36 雅典妇女多。但我们对斯巴达人的了解主要来自于后世非斯巴达人的记述，他们试图强调多利亚的斯巴达与爱奥尼亚的雅典之间的差异，妇女的角色则是两种生活方式对比的一个指标。

从公元前 7 世纪发展起来的斯巴达政体，传统上被归功于立法者莱库古的创造。在整个斯巴达的历史中，这部古老的法典名义上保持不变。[1] 生育是斯巴达妇女们最重要的功能；因为国家长期处于战争状态，生育战士是至关重要的。相应地，莱库古禁止在墓碑上铭刻死者的名字，但战死沙场的男人和难产而死的女人除外。[2] 由于母亲在繁衍后代中的生理作用至少是跟父亲同等重要的，相关法令也规定了提升女孩健康水平的训练计划。与雅典女孩不同，斯巴达女孩们要接受跟男孩们一样的养育方式。[3] 家务劳动和织布工作由地位较低的女性承担，女性公民则专注于体育锻炼、音乐学习、家政管理和生儿育女。

关于女孩们是否会进行裸体训练，目前还存在一些疑点。但斯巴达古风时代的艺术作品中描绘过女性的裸体，其他城邦的艺

1 关于斯巴达最全面的文献材料汇编，参见 H. Michell, *Sparta*。另参见 Lacey, *The Family in Classical Greece*, pp. 194-208; W. G. Forrest, *A History of Sparta*。

2 Plut. *Lycurgus* 27.

3 Xen. *Const. Lacedaemonians* 3.

术作品却没有。[1]斯巴达妇女的装束也合乎她们的生活方式。她们身穿多利亚式佩普洛斯[2]（*peplos*）和开衩短裙，以便裸露大腿并自由活动——那是身穿多层爱奥尼亚式希顿[3]（*chiton*）的妇女们无法比拟的。她们的衣着裸露是有助于保持贞洁还是助长了淫乱，古人也众说纷纭。希罗多德声称曾有一段时间，所有的希腊女性都身穿多利亚长袍，用别针别在肩上。但雅典妇女们曾把这些别针当作武器攻击给她们带来丈夫死讯的人。她们为此受到的惩罚便是改穿爱奥尼亚式希顿——后者是缝死的，不需要别针。[4]

在斯巴达，集体利益高于公民的个人利益。新生的男孩要接受检查，以便确定他是否能成为一名健壮的战士。通过了检查，才有活下去的权利。显然，所有的女孩都会被养育。因为普鲁塔克告诉我们，斯巴达女孩们一出生就被交给妇女们照料。[5]只要父亲是斯巴达公民，国家并不在乎孩子的亲生父亲是谁。但在公元 37
前 8 世纪末，斯巴达男子们外出参加一场旷日持久的战争时，妇女们便开始与身为奴隶的希洛人同床。[6]当时的政府很可能鼓励女

---

1 Jean Charbonneaux, *Archaic Greek Art*, p. 145.

2 即多利亚式希顿，由一块布缝合的衣服，用布料对折裹住身体后，在上侧再向外折返，上半身的两个衣片用别针固定，行走时可隐现肌肤，有朦胧之美。——译者注

3 古希腊常见的一种缠身束腰长袍，常用亚麻布制成，女款相对保守，长及脚踝，通常有长袖。——译者注

4 Hdt. 5. 88.

5 Plut. *Lycurgus* 3. 3.

6 Arist. *Pol.* 5. 6 (1306b). 参见 Strabo 6. 3. 2-3 和 Hdt. 4. 1 中关于斯基泰妇女们在丈夫在外的 28 年内与奴隶通婚的记载，以及 Hdt. 6. 83 所记载的，塞佩亚（Sepeia）灾难后阿哥斯妇女们下嫁给低等级男性的情况。

性与希洛人发生关系，以便能在战场上蒙受惨重损失，军队有去无回的情况下补充一批新的年轻人。[1]这种结合所生育的孩子们被委婉地称作“未婚母亲们的子女”。但当军队最终从战争中凯旋而归后，他们并未被承认为斯巴达公民。他们被派遣出去，建立了塔林顿城。

斯巴达对通奸的界定不那么严格。许多雅典作家记述过斯巴达人的共妻现象，认为这种婚外关系是丈夫把妻子借给另一个男人，帮助其生育继承人。雅典人对斯巴达人行为的解释可能受到了自己身处的严格一夫一妻制社会的影响。我们很难相信，以心直口快而闻名的斯巴达妇女——甚至有人专门为她们编撰了一本俏皮话选集，被伪托于普鲁塔克名下——会顺从地任由丈夫借给他人生孩子。由于缺乏确凿证据，我宁愿相信斯巴达妇女们也会主动与丈夫之外的其他男子同床，无论是纯粹为了享乐，还是出于对社会生育政策的认可。在丈夫外出征战的情况下，这种做法并不难理解。古风时代的斯巴达人或许不会限制这种结合，只要双方都是斯巴达公民；因为频繁的同房可以生育出更多有可能成长为战士的婴儿。

但斯巴达也鼓励婚姻，毕竟婚姻是最理想的生育基础；单身汉会遭受嘲弄，并受到法律上的限制。斯巴达的婚礼习俗在希腊人中与众不同，其基本模式是我们很熟悉的抢婚。其中一种较为罕见的方式是将青年男女们关在一间黑屋子里，每名男子在看不

1　我的观点来自同拉克伊的私人通信。

见的情况下将自己抓住的女子带回家。[1]另一种方式更常见，即让新郎悄悄地把新娘抢回家。在这种模式下，抢婚并非真实力量的展示，而只是履行婚约的象征性仪式。举行婚礼时，新娘身穿男性服装，头发也剪成男子式样。我们并不清楚这种换装究竟是象 38
征着女子即将步入全新的生活方式，还是如精神分析所认为的，是为了让新娘更好地与习惯于军旅生涯同性恋生活方式的新郎相处。我们也不清楚，新郎是否更容易与看起来有点儿男性化的新娘建立感情。丈夫婚后继续住在军营里，直到30岁，其间只能偷偷看望自己的妻子。由于斯巴达少年们18岁就结婚，因此夫妇在婚后的前12年里一直两地分居。据说是莱库古定下了这个规矩，以便让夫妇同处时永不满足。人们认为这样一来，他们生育的后代就会像他们的欲望一样充满活力。因此，斯巴达的婚姻是试验型的，其目的是确定女方能否生育。如果新娘并未怀孕，这场婚姻——它几乎是完全保密的——便可以在无人知晓的情况下作废，而不致造成公开的耻辱。试验型婚姻意味着新娘有权再嫁，有望凭借另一位丈夫来证明自己的生育能力。

古风时代斯巴达人简朴、严格的生活方式逐渐让位于更轻松、奢侈的生活方式。希腊罗马的作家们倾向于指责妇女，认为她们是导致早期制度败坏的根源。亚里士多德声称，从莱库古的法令颁布之日起，斯巴达妇女们就没有接受过它们。[2]妇女们对伯

---

1 Ath. 13. 555c.

2 Arist. *Pol*. 2.6.8 (1270a).

罗奔尼撒战争结束后斯巴达勇武精神的衰退并无直接责任，但她们欣然接受了不那么古板、苛刻的生活方式。

对于女性而言，抛弃莱库古政体意味着否定自己仅仅作为生育者的角色。[1]总的来说，斯巴达社会的经济条件也会促使个人限制自己家庭的规模。如果人口增加，财富就必然要被分成很小的份额。由于这种态度变化，斯巴达人口从公元前 479 年后开始减少，并在公元前 4 世纪经历了灾难式的衰退。[2]

城市繁荣期间斯巴达妇女们的享乐之风也遭到了批判。从前，妇女们不得佩戴珠宝、使用化妆品和香水或身穿染色的衣服。到了公元前 4 世纪，她们已凭借嫁妆和遗产继承控制了全斯巴达五分之二的土地和财产；一些妇女还将钱财花销在昂贵的赛
39 马和奇装异服之上。

到了公元前 3 世纪中期，国王阿吉斯（Agis）想要恢复莱库古时代的社会秩序。根据普鲁塔克的记载（他温和地反对斯巴达女性所享有的自由），这次改革以失败告终，原因是妇女们拒绝为了从前的理想放弃自己的闲适与奢华。[3]亚里士多德也批评过斯巴达妇女，他将导致斯巴达衰落的许多元素同妇女的堕落联系在一起。[4]亚里士多德在此开启了罗马时代的先例，将城邦的活力与妇女的美德联系在一起，并认为政治上的衰弱与道德堕落——尤

---

1 Cic. *Tusculan Disputations* 2. 15. 36.

2 Forrest, *op. cit*., pp. 134-37.

3 Plut. *Agis* 7.

4 Arist. *Pol*. 2. 6. 5-11 (1269b-1270a).

其是女性的道德堕落——密切相关。

亚里士多德还注意到，男性因军事义务长期在外的现象，很大程度上促成了斯巴达妇女们所享有的自由。古风时代的格尔蒂也有类似的记载。但格尔蒂男女之间的地理隔绝没那么明显，战事也没那么频繁；因此，格尔蒂妇女们的权力不如斯巴达妇女那样强大。格尔蒂法典（颁布于公元前 7—前 6 世纪）的部分内容被保留在一份公元前 5 世纪的铭文中，其中有大量跟妇女相关的条款，许多带有十分突出的自由特色。一些学者认为，格尔蒂法典代表着女性自由不断提升的一个阶段；另一些学者，包括那些相信青铜时代的克里特岛上存在母权制和母系模式的人，认为这部法典已开始逐步限制女性的自由，但保留了早期社会制度的痕迹。[1]

格尔蒂的社会结构与斯巴达类似。自由人的生活以全体男性共同组成的聚落为中心。他们一起接受战争训练，同吃同住。同性恋关系不受禁止。我们不清楚格尔蒂男子婚后可以居家的年龄要求。但亚里士多德指出，当地鼓励男性与女性分居，以便降低人口出生率。[2]

由于男性专注于军事职责，女性负责管理家庭和财产。因此，格尔蒂的自由女性具备拥有、处置和继承财产的权利，尽管女儿所继承的份额要少于儿子。在离婚时，妻子可以带走她自己

---

1 参见 R.F. Willetts, *The Law Code of Gortyn* (hereafter: *Code*) 与 Lacey, *Family*, pp. 208-16。

2 Arist. *Pol.* 2. 7. 5 (1272a).

的财产和一半家产；如果丈夫犯有过失，他还需要向妻子支付一
40 小笔罚金。社会认可妇女工作所创造的财富，应对其进行评估。
法典规定离婚或丧偶妇女可以随身带走她“亲手织出的”那部分财产。妇女不仅可以支配她们自己的财产，并且在父亲、丈夫或儿子触犯了有关子女财产的法律时，这些财产的支配权便会转移给母亲或妻子。

格尔蒂法典认为同性恋关系是合法的。法典中有关于强奸的规定：强暴一位自由人，无论是男是女，相应的处罚都是缴纳一笔定额罚金；奴隶强暴自由人，罚金翻倍；自由人强暴家奴也要缴纳罚金。在希腊其他地方，对通奸罪的处罚非常严厉（例如，意大利的洛克里人关于通奸的处罚是刺瞎双眼）。但在格尔蒂，只是罚一笔钱而已。[1] 如果通奸行为是在女方父亲、兄弟或丈夫家中进行的，罚金将会翻倍。关于自由男性和女奴之间的通奸行为没有处罚规定。

如果自由女性嫁给了男奴并住在男方家里，他们生育的子女就不是自由人；但如果他们住在女方家里，生育的子女是自由人。因此，根据格尔蒂的法律，同一名妇女可以先后生育自由人和奴隶。另一方面，根据相应法律规定，离婚后生下的孩子首先归属于父亲。母亲必须把孩子交给父亲，父亲有权接受或拒绝。如果父亲拒绝，母亲可以选择抚养或抛弃孩子［原文使用的便是“扔掉（*apoballo*）”］。只有男奴可以高攀自由女性，法典中没有提及

1 Lacey, *Family*, p. 227 及脚注。

自由男性同女奴的婚姻。当然，也没有哪个希腊城邦需要规范自由男性同女奴的性关系，因为此类结合所生下的儿女不会被视为父亲的继承人。

格尔蒂法典中关于“无父且无兄弟的女孩（*patrōïōkos*）”的规定十分耐人寻味，在与雅典法律中同样地位的女性（*epiklēros*）进行比较的情况下尤其如此。此类女孩的首要义务是生下一个孩子来延续父亲的血脉，并借此将自己的遗产留在父亲所属的部落之内。她的叔叔们（从最年长者依次往下排序）是她最高级别的继承人，接下来是叔叔的儿子们——也就是她的堂兄弟们（同样按年龄排序），再往下则是父亲部落中的任何一个男人。迎娶“无父且无兄弟的女孩”恐怕是一件缺乏吸引力的事情，尤其是在她不富有的情况下。因为她能在婚后继续支配自己的财产，这 41
些财富并不会变成夫家的财产。相反，她的丈夫成了维系已故岳父家产所有权的工具。格尔蒂的法律还为这类女孩的婚姻提供了若干选择权。如果她不愿意嫁给某个前来求婚的本部落成员，可以付他一笔钱，以此免除自己的义务，随后便可自由结婚。如果部落中没有人向她求婚，那么她也可以自由选择丈夫。略带讽刺意味的是，这套几乎清一色的父系模式传统中存在着一个与之格格不入的母系元素——女孩的叔父负责管理她的财产，她的抚养权却属于她的舅舅。

不过，抚养年轻女孩可能只是一项短期义务；因为“无父且无兄弟的女孩”（或许是所有女孩）满 12 岁便可以结婚。在格尔蒂，关于通奸罪所强调的空间次序——首先是女孩父亲家中，随后是她兄弟家中，最后才是丈夫家中——或许意味着，新娘到了可以持家的年龄后才会从父亲家里搬出去。[1]

就格尔蒂（不幸的是斯巴达的情况并非如此）而言，我们手头还拥有管理下等阶层女性（农奴与奴隶）的法律规定。奴隶的婚姻、离异、生育和所有权问题都有法律明文规定，其复杂与详细程度与涉及上层阶级的法令不相上下。当夫妻双方属于不同的主人时，奴隶之间的婚姻需要大量法令加以规范。例如，奴隶的妻子，以及他们这段婚姻所生育的子女，都要成为丈夫主人的财产。已婚的女奴可以拥有自己的财产。因为关于离婚的法令准许她带上自己的动产（应该是她的随身财物）和小型牲畜，但她必须回到自己的前主人身边——因为她并未通过离婚成为自由人。[2]离婚后生下的孩子必须首先交给她前夫的主人，其方式类似于自由女子离婚后要把孩子交给前夫。如果前夫的主人拒绝接受，这个孩子就将成为母亲主人的财产。私生子归其外祖父的主人所
42 有；如果外祖父已经过世，就归其舅舅的主人所有。男性对女奴及其子女命运的决定权似乎较他们对自由妇女的裁决权更广泛。

与爱奥尼亚妇女相反，多利亚妇女们享受着许多自由；而在多利亚妇女中，斯巴达妇女的自由程度是最高的。斯巴达妇女享有的自由，似乎是多利亚传统中重视公共生活的社会结构与两性分离的现实所导致的结果。与格尔蒂妇女相比，斯巴达妇女在一

1 Strabo 10. 482.

2 *Code* 3. 40-44.

些重要细节方面的生活状况是与众不同的，包括她们在成年后才结婚，以及不必从事传统的妇女工作。按时间顺序来看，最早的斯巴达法典对女性最友善，格尔蒂法典要晚一两个世纪，而最晚的雅典法典对女性最严苛，它编纂于公元前 6 世纪，我们将在第 4 章里详细介绍这部法典。

爱奥尼亚妇女：来自墓穴的声音

雅典法典颁布之前，关于黑暗时代与古风时代早期的雅典女性的主要史料来自于考古材料，尤其是女性墓葬遗存和陶瓶画上的女性形象。[1] 此类史料的幸存（有时是发掘）和对它们的报告存在着很大偶然性。由于相关信息分布极不平衡，负责任的历史学家能做的更多只是描述，而非冒险解读。但在确有把握的情况下，我也会根据死者的信息推断生者的情况。

现代读者熟悉的性别角色已在黑暗时代的雅典牢牢确立。为死者提供陪葬品的在世家人和装饰墓穴的工匠都会注意，要让陪葬品和墓穴本身符合并显示出死者的性别特征。性别特征是通过许多方式展现出来的。在原始几何陶时代（约公元前 1000—前 900 年），用来盛放骨灰或标识墓地的陶瓶形状的差异可以区分阿提卡境内的男性与女性墓葬。男性墓葬中的陶瓶把手通常安在颈部，女性墓葬中的陶瓶把手则安在瓶身最大直径处。瓶身中部装 43

1　详尽的研究与书目参见 Donna C. Kurtz and John Boardman, *Greek Burial Customs*。

把手的陶瓶可能是用来盛水的，而打水正是传统上由女性承担的工作。[1] 到了公元前 10 世纪后期，女性墓葬中开始用肩部装把手的陶瓶取代瓶身中部装把手的陪葬品，这种做法到公元前 9 世纪已成为惯例。

自迈锡尼陷落后，几何风格的陶瓶画——从黑暗时代延续到古风时代早期——首次描绘了人像。最早出现此类形象的是雅典陶工区出土的一块陶瓶碎片上描绘的女性哀哭者。[2] 从陶瓶形状来看，原始几何陶时代确立的传统仍在延续。6 座墓葬中有 4 座墓葬都出现了瓶身中部装把手的陶瓶，且都绘有“停尸（*prothesis*）”与“下葬（*ekphora*）”场景。由于人物形象是用简笔画勾勒的，我们很难一眼判断出死者的性别。因此，学者们试图解读各式各样的符号。就目前的研究结果来看，陶瓶画中的男性尸体要多于女性尸体。从陶瓶形状与画中尸体的性别来看，这类陶瓶似乎更多地出现在男性墓葬中。

从这一时期开始，我们也可以通过墓穴中陪葬品的性质来推断死者的性别。雅典妇女继续承担着荷马史诗所描述的家务劳动。因此，女性墓穴中的陪葬品有纺锤、特定类型的珠宝、烹饪用的罐子。而男性墓穴中的陪葬品则合乎战士的身份——长枪、带浮雕的盾牌和饮酒杯。此外，女性墓穴中还出土了带小孔的篮

---

1 参见 V. R. d’A. Desborough, *Protogeometric Pottery*, pp. 5-6; Evelyn Lord Smithson, “The Protogeometric Cemetery at Nea Ionia”, p. 151。在一次私人通信中，史密森教授并不同意德斯伯勒关于瓶身中部装把手的陶瓶是用来盛水的看法。

2 关于几何陶时期，参见 J. N. Coldstream, *Greek Geometric Pottery* 与 Gudrun Ahlberg, *Prothesis and Ekphora in Greek Geometric Art*。但大量相关史实仍饱受争议。

表现停尸场景、瓶身中部装把手的几何陶，约公元前8世纪。女性哀哭者们高举双臂，做出正式的哀悼姿势。

女性哀哭者的特征是她们的裸体，死者可能是一名女性。

子（*kalathoi*）模型（虽然数量很少），这种工具可能是用来盛放粮食或羊毛的，这也表明了女性家庭角色的连续性。[1]

在“停尸”与“下葬”场景中，除了描绘女性尸体之外，几何陶还描绘了照料死者的女性角色。作为死者亲属的妇女有义务为尸体净身、涂油和穿衣，以便下葬。她们也是哀哭队伍的主要成员——其他成员还有家中的女奴，以及为举办葬礼而雇来的职
44 业哀哭者。在此类陶瓶上，我们有时能够通过隆起的胸部辨认出女性。但总的来说，更明显的线索是各种哀悼姿态——女性表示哀悼的典型姿势是双手高举，或跳起葬礼舞蹈，或捶头并撕扯头发。同时期来自陶工区的阿提卡几何陶表现了妇女抓伤自己前额与面颊直至流血的场景。在造型艺术中表现妇女们唱起哀歌的场景或许过于困难，但早在荷马时代的文学作品已描述过从无声的恸哭到正式轮流吟唱的各种哀悼方式。[2] 与此相反，男性的哀悼方式总体上更受限制且更节制，通常只是将一只手举过头顶。

起初，女性形象以长袍剪影来区分；当作为车夫的男性也开始在图画中身穿长袍时，我们又可以通过长裙来辨认出女性。在有些情况下，死者家中的女性成员会跟职业哀哭者身穿明显不同的服饰；一些肯定是死者亲属的女性还会坐下，膝头抱着孩子。

女性同丧葬仪式的联系仍是古希腊的一种传统。女性总是比男性更自由地宣泄情感，因此在葬礼上更令人印象深刻。为死者

---

1 Smithson, “The Tomb of a Rich Athenian Lady, ca. 850 B.C.”

2 Hom. *Il*. 24. 720-26; *Od*. 24. 58-62. Cf. Margaret Alexiou, *The Ritual Lament in Greek Tradition*, pp. 10-14.

净身穿衣与照料初生的婴儿有某些相似之处。生命周期从女性的照料开始，又以女性的照料终结。

从现实角度看，女性亲属也最有理由为男性亲属的去世感到哀痛，因为缺乏男性保护的女性生活的确是可怜的。女性对男性的依赖在青铜时代的传说中显而易见，在黑暗时代同样留下了若干线索。事实上，研究者们认为，荷马史诗中的许多类似场景都取材于黑暗时代，而非青铜时代。其中一段描述便是一名妇女在天平的两端配平同样重量的羊毛，以便为她的子女挣得一笔微薄的糊口收入。古风时代早期的诗歌也展示了努力养活自己的妇女们的类似困境。女性劳工通常是很难找到工作的，特别是在有孩子拖累的情况下。赫西俄德建议农夫雇用一个不需要养孩子的仆人。[1]一首可能创作于公元前7世纪的得墨忒耳颂诗，描述了一名
年老的自由女性寻找保姆或女仆之类工作的情景。她徘徊在村里 45
的水井边，等待着可能出现的雇主。[2]这样的妇女有可能会得到一份担任哀哭者的临时工作。在她父亲、丈夫与儿子们的葬礼上，她想必已为死者和自己哀哭过很多次。

值得我们关注的不只有死者的陪葬品，骨骼本身也能说明很多问题，因为那个时代同时实行着土葬与火葬。不过，在来自黑暗时代的骨骼样本中，只有很小一部分确定了性别和死亡年龄。倘若我鲁莽地借助如此稀少的材料得出任何结论，都难免会引起

---

1 Hom. *Il.* 12.433-35; Hes. *Op.* 602-3. Finley ("Was Greek Civilization Based on Slave Labour?" p. 53 note 4) 相信此处提到的女子是奴隶，而非自由劳动力。

2 *Homeric Hymn* 2, 98-104.

读者的质疑。但事实上，我们手头关于黑暗时代的相关证据跟后来的前工业时代的人口死亡的性别差异是吻合的，那里有更充分的文献可以证实我们在此做出的总结。劳伦斯·安吉尔分析了一组来自22座墓穴的骨骼遗存（其中包括9名婴儿、2名儿童、4名成年女性和7名成年男性）。这些墓穴来自雅典广场内部圆厅旁边的一处家族墓地，其年代大致位于公元前775—前650年之间。[1]对妇女来说，过早生育显然是极其危险的，因为三具女性骨骼的死亡年龄分别被确定为不足16岁、大于18岁和50岁以上；男性的死亡年龄分别为34岁、43岁、44岁和48岁。

理论上来说，拥有坚固墓穴及精美几何陶陪葬品的墓主人大多非富即贵，但我们发现的相对简朴的墓葬数量要多于豪华的。不过，一些更为奢华的墓葬却是属于女性的。雅典广场家族墓地里陪葬品最丰富的两处墓葬属于两位年轻女性。其中大于18岁的那位女性的遗骸表明，她并非来自有闲阶层的女子。从脚部骨骼来看，她应该经常需要攀登陡峭的山峰（这是雅典的常见地貌），或者蹲坐在炉火前做饭。迄今为止，我们在雅典发现的最为奢华的几何陶时代墓穴也属于一位女性。[2]在火化仪式过后，这名女子的骨灰同她停尸时佩戴的珠宝一并入土。除常见的陪葬品外，她的坟墓里还有两枚象牙印章和一座谷仓模型。在我看来，富有的雅典妇女们可能会在家中忙来忙去，但她们不太可能亲自

---

1 J. Lawrence Angel, “Geometric Athenians”, 及其私人通信。

2 Smithson, “Tomb.”

从事商业活动。这些象牙印章和谷仓模型可能象征着这位女性的父亲与丈夫的富裕和他们所从事的经济活动，也可能象征着她的 46 某些嫁妆或她作为家庭仓库管理者的职务。也有人认为，妇女的丰富陪葬品是埋葬她们的丈夫、父亲或儿子的财富的间接展示。

这一时期的男女比例令人震惊：在雅典广场圆厅旁的墓葬群中，男性墓葬的数量是女性的两倍。在对“停尸”与“下葬”主题陶瓶画的研究中，我们发现的男性墓葬也要多于女性。针对这种不平衡的其中一个解释，是假设获得隆重葬礼纪念的男性比女性多。荷马声称普里阿摩斯有 50 个儿子，但只有 12 个女儿；瑙西卡是家里的独生女，但拥有若干个兄弟；安德洛玛刻提到过她的 7 个兄弟。荷马描述的可能是青铜时代的传统，但心里想的则是黑暗时代的情况。我们还看到，一些希腊殖民地完全由男性建立，以至于他们不得不在当地人口中寻找妻子。希腊本土的人口压力无疑是引发殖民的原因之一：这一时期的生育率开始提升，婴儿与青少年的死亡率有所下降。[1] 限制人口的一种有效生态学手段便是消灭族群中的生育者——女性；因而，导致族群中性别失衡的最常见原因便是杀害女婴。[2] 尽管我们无法确凿证明，新生女婴遭到了有选择性的消灭；但相关证据似乎指向了这一结论。目前尚不清楚由此导致的女性数量稀少，是否会使求婚者之间的竞争更加激烈。不过，杀害女婴习俗的存在，并不能推断出黑暗时

1 Angel, “Ecology and Population in the Eastern Mediterranean”, pp. 99-100.

2 K. Weiss, *Demographic Models for Anthropology*, p. 76.

代的成年女性是受到蔑视的。

古风时代的墓穴标记的基本样式变成了墓碑，那是一块很窄的长菱形，顶部尖尖的石板，上面经常画着站立的人像。在这个时代，女性从未在雅典的这些墓碑上单独出现过。但画面上的男性武士偶尔会有一个尺寸较小的女性形象陪伴，后者肯定是他的亲属。[1]在希腊的其他地方，人们会用这类墓碑纪念死去的女性。这些墓碑非常昂贵；因此，雅典限制奢侈的立法可能是当地没有
47 为女性竖立墓碑的原因。[2]

少女（*korai*）和男孩（*kouroi*）的大理石雕像是古风时代大比例自立式雕塑的典型代表。有一些墓穴用男孩雕像当墓碑，但极少有用少女雕像的。这些少女雕像的用途还存在争议。吉塞拉·里希特（Gisela Richter）认为，少女代表着“侍奉女神的美丽女孩”，因为许多少女像是献给众多女神的。[3]

公元前660年，一位名叫尼坎德雷（Nikandre）的女子献给了阿耳忒弥斯一座少女像，这是现存最早的少女像。她在介绍自己时加上了她父兄与丈夫的名字。但这只是一个特例而已，大部分少女像都是由男性献给女神的。女性与男性的敬献品并无差别，敬献者的社会阶层差异也不会对此产生影响；雅典女性的敬献者涵盖了从洗衣妇到治安官妻子的不同阶层。区别只在于洗衣

---

1 Kurtz and Boardman, *op. cit.*, p. 222.

2 关于这次年代存在争议的立法，参见Cic. *Laws* 2. 26. 64和G. M. A. Richter, *The Archaic Gravestones of Attica*, pp. 38-39。

3 Richter, *Korai*, p. 4.

少女像，约公元前 510 年。发现于雅典卫城上的装饰精美的少女像。现藏于雅典卫城博物馆。

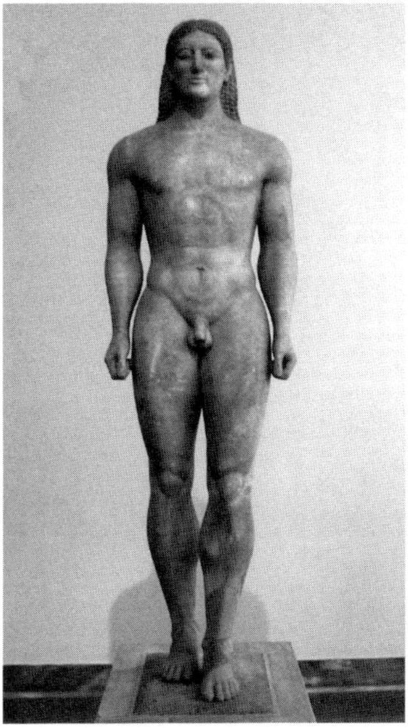

来自阿纳维苏斯（Anavysus）的少年像，约公元前 540—前 515 年。古风时代后期典型的男性裸像。现藏于雅典国家博物馆。

“身披长袍的少女”，约公元前 540—前 530 年。雕像中的少女在爱奥尼亚式的短衣外面披了一件长袍。现藏于雅典卫城博物馆。

妇可能会利用题献铭文为自己的职业做宣传，而官吏妻子则会借此来宣扬她和丈夫家的兴旺发达。[1]

少女像和男孩像源于埃及穿衣服的男女立像原型。希腊人对此进行了改造，表现了裸体的男性和穿着衣服的女性。一些少女像身穿比较裸露的多利亚短袍；但多数穿着更为沉重的爱奥尼亚服饰，用多层布料将身体遮得严严实实。尽管有衣服遮掩，女孩们的臀部往往被夸张地描绘出来，与男孩的表现手法如出一辙。[2]在古希腊同性恋文化背景下，女性身体上最具吸引力的部分是臀部，而非胸部。我们从阿基罗库斯（Archilochus）和塞蒙尼德斯（Semonides）的诗篇中可以得知，一头乌黑的长发中簪着一朵花也是惹人喜爱的。我们在男孩和少女像上都看到过长长的卷发。[3]大理石上的图案是绘制的，用真实的耳环、手镯和项链加以装饰。我们有理由认为，少女像应该是从头到脚都被衣物覆盖的，因为她需要服侍阿耳忒弥斯、雅典娜与赫拉等尊贵的女神，而这些女神的形象一直是穿着衣服的。由于衣服的束缚，少女像永远有一只脚小步迈向前方；男孩像则演变成了各种姿态的裸体男像。由于身披沉重衣物的少女像总是保持着严格的静止伫立式姿势，以及现实生活中妇女头顶重物的习惯，女性人像有时会代替承重
48 柱支撑屋顶。这种承重的女性雕像被称为女像柱（caryatid），早

1 Anthony E. Raubitschek, *Dedications from the Athenian Acropolis*, pp. 465-66.

2 Christine Havelock, "The Nude in Greek Art."

3 Archilochus: E. Diehl, *Anthologia Lyrica Graeca* (herearter: Diehl), fragment 25; Semonides: Diehl, fragment 7, 65-66.

在雅典著名的伊瑞克提翁神庙之前，古风时代德尔斐的锡弗诺斯（Siphnus）与克尼多斯（Cnidus）宝库就已经开始使用女像柱了。

抒情诗中两极分化的女性形象

古风时代是诗歌发展史上的一个个人主义时代。这个时代的诗歌作品既延续了赫西俄德在描述潘多拉时所展现出的厌女思想，也有对女性的热爱之情。

赫西俄德自认为生活在一个社会与经济极不公正的时代，他

来自雅典厄里克桑尼乌斯神庙（Erechtheum）的女像柱，公元前420—前413年。现藏于大英博物馆。

对女性的敌意是诗人普遍愤恨情绪的一部分。受到贫穷困扰的赫西俄德认为娶妻是必要的，但经济负担就像世上最早的女性潘多拉一样邪恶：

> 如果有谁想独身和逃避女人引起的悲苦，有谁不愿结婚，到了可怕的晚年就不会有人供养他；尽管他活着的时候不缺少生活资料，然而等他死了，亲戚们就会来分割他的遗产。如果一个人挑选了结婚的命运，并且娶了一个称心如意的妻子，对于这个男人一生的不幸来说，这样一点点幸福仍然微不足道；而如果他的妻子不巧是个祸害，他就会下半辈子烦恼痛苦得没完没了，那种不幸将是致命的。[1]

他建议道：

> 你千万不要上当，让淫荡的妇女用甜言蜜语蒙骗了你，她们的目光盯着你的粮仓。信任女人就是信任骗子。
>
> 你应该在风华正茂的 30 岁左右娶妻完婚，别太早，也别太迟。这是适时的婚姻。让你的妻子先成长 4 年，在第 5 年再娶她过门。要娶一位少女，以便你可以教会她谨慎为人。最好娶一位邻近的姑娘，但是要谨慎，免得你的婚姻成为邻

---

1 Hes. *Theog*. 603-12. 译文引自《工作与时日・神谱》，张竹明、蒋平译，北京：商务印书馆 1991 年 11 月第 1 版，第 44—45 页。译文有改动。——译者注

居们的笑柄。娶到一位贤妻对男人而言再好不过，没有比一个恶劣的妻子更糟糕的了。[1]

公元前7世纪的哲理诗人塞蒙尼德斯和公元前6世纪的诗人弗库利德斯（Phocylides）都继承了赫西俄德对女性的敌意，并且不约而同地将女性比作动物。只有一种女性是值得赞美的，那就是蜜蜂一样的女人。蜜蜂的特别之处不仅在其勤劳的品质，还在其无性繁殖的特性。[2]因此，有道德的妻子不可表现出对性的任何兴趣。不然，她就有可能犯下通奸的罪过，让丈夫戴绿帽子，成为邻居们的笑柄。除了名誉问题，娶一位性冷淡的妻子还有一个实际原因，那就是孩子。塞蒙尼德斯认为可以多生养几个孩子，但赫西俄德告诫我们，生一个儿子就够了。性需求不强的妻子更可能少生几个孩子。我们还应注意到，臀部较小的女性也不被认为有吸引力，这显然与肛交的习俗有关，那也是一种有用的节育方式。 49

大约七百年后罗马诗人朱文纳尔（Juvenal）关于女性的著名讽刺诗，早在塞蒙尼德斯所列举的女性各种罪恶的清单中就有所预示：

---

1 Hes. *Op*. 373-75, 695-705. 译文引自《工作与时日・神谱》，张竹明、蒋平译，北京：商务印书馆1991年11月第1版，第12、21页。译文有改动。——译者注

2 Phocylides: Diehl, fragment 2. 关于蜜蜂，参见Arist. *Gen. An*. 10. 759-60; Virgil *Georgics* 4. 198-99。

论女性

神明从一开始便将女人的心智塑造成不同的样子。一种取自长着长毛的母猪。当她开始在泥地里打滚，家中的一切都将鸡犬不宁。她从不洗澡，穿着脏衣服坐在粪便里，一天比一天肥胖。神明利用邪恶的狐狸造了另一种女人。这种女人精于一切，各种好的坏的东西都不放过。她讲的话有时很好，但几乎和糟糕的时候一样多。她的情绪永远飘忽不定。第三种来自狗，像她的母亲一样敏捷的泼妇。她总要参与别人谈论或从事的一切事情，跑来跳去，嗅出一切秘密；即便在无人倾听的地方也要狂吠不止。丈夫的威胁阻止不了她。即便暴怒的他抄起石头打掉她的牙齿，即便他在朋友面前对她甜言蜜语，她还是固执地保持那副桀骜不驯的模样。第
50 四种是奥林波斯诸神从尘土中创造而来的，她的头脑空空如也。这种女人不辨善恶，只知道吃。即便诸神在冬天降下可怕的风暴，瑟瑟发抖的她也不知道要把椅子拉到篝火旁边。还有一种女人来自大海，她拥有双重性格。头一天她谈笑风生，精神饱满。前来拜访她的朋友会这样评价：“人间哪有比她更优秀、更漂亮的女子！”第二天她就变得令人完全无法忍受——你甚至不敢注视或靠近她，否则她就会可怕地发怒，像泼妇一样扑向可怕的牺牲品。她对所有人都抱有敌意、火冒三丈，对朋友和敌人也无一例外。就像大海通常是风平浪静且安全的，在夏季是水手们的一大乐事。但大海也经常怒

火万丈，掀起回声轰鸣的滔天波浪。这类女性的脾气跟反复
无常的大海最为相似。另一类女人来自笨手笨脚、桀骜不驯
的驴子。只有动用恐吓手段、费尽九牛二虎之力，你才能迫
使她接受她拼命抵制但其实完全适合自己的东西。她有时会
整晚在房间角落里坐着咀嚼，白天则在壁炉边啃食。即便在
那样的情况下，她也会对前来拜访、想跟自己交欢的男性朋
友来者不拒。另一类无耻、可悲的女人来自黄鼠狼。她自己
身上并无任何可爱或宝贵之处，但在上床做爱时非常狂野。
她的丈夫在靠近她时想要呕吐。她总爱小偷小摸，给邻居制
造麻烦。她也经常从祭坛上偷窃祭品。另一种女人来自娇气
的长鬃母马，会在奴隶们从事的费力家务中耍花招。她不会
动一根手指去拉磨或筛粮食，甚至也不愿把垃圾扫出门外；
也不会钻进厨房，因为怕把自己弄脏。她让自己的丈夫陷入 51
贫困。她每天至少洗两次澡，有时甚至洗三次，随后涂上香
气扑鼻的橄榄油。她总是留着一头飘逸的长发，用鲜花点缀
自己的美丽。这样的女人是外人眼中的风景，但她只是自己
丈夫的负担，除非他碰巧是一位僭主或者王子，并且打心眼
儿里喜欢这些花哨的东西。另一类女子来自猴子——宙斯挖
空心思造出了她们，以便给丈夫们制造最可怕的灾难。她拥
有你能想象得到的最丑陋的面容，这样的妻子是全城的笑柄。
她短脖子以下的肢体动作十分笨拙。她几乎没有屁股，两腿
纤细。她丈夫有多么可怜，不得不拥抱着这样一个丑陋不堪
的女人！她像猴子一样懂得各种诡计和套路，并不在乎自己

被人耻笑。她没有一件事情能够做好——整天盘算的就是如何制造最大的祸害。另一类女人来自蜜蜂，娶到她的男子是幸运的。她本人无可指摘，生活在她的料理下蒸蒸日上。她与丈夫相敬如宾，白头偕老，并为他生育了一批可爱且出众的儿女。她在全体女性中鹤立鸡群，挥洒着女神一般的光辉。她不会坐在大讲风流韵事的妇女中谈话消遣。这样的女子是宙斯送给丈夫们的特别赠礼。她们出类拔萃，聪慧过人。以上便是延续至今的各类女子，按照宙斯的安排跟男人们共处。宙斯将女性设计成最大的恶。即便她们在某些方面有些用处，她们对于自己的丈夫而言却是罪恶之源。娶妻后的男子没有一天能过得舒坦，也无法把饥饿赶出家门——那位神明是他
52 家里可憎、邪恶的客人。倘若丈夫在家中还能自得其乐——或是由于诸神赐予的好运，或是由于他与人为善——她也总要挑起事端。无论她是谁的妻子，她都不会得体地接待来到家中的访客。你要知道，看起来十分谦恭谨慎的妻子，到头来却会暴露自己的暴躁与无耻。当丈夫还在因她本性的显露而陷入震惊时，邻居们已经大笑不止，因为精明如他也会选错发妻。所有人都乐意向他人夸赞自己的老婆，同时挑剔别人妻子的毛病。我们并未意识到，大家其实分享着同样的命运。因为宙斯将妻子设计成无出其右的苦难，用无法挣脱的铁链将她们绑在我们身上。哈得斯则在他的王国里迎接那些

为了一个女人而争斗不休的男子们。[1]

与此同时，古风时代女作家们的抒情诗篇则向我们展示了希腊文学中最美好的女性形象。有 9 位这样的诗人被后世视为那个时代的佼佼者，但其中一些流传到今天的几乎只有一个名字。另外一些留下了少量的诗歌残篇，这些残篇之所以能幸存下来是因为被后世的古典文学称赞并引用。没有任何一位女诗人来自雅典。关于她们生平的记述总的来说不足凭信，因为都是基于诗人们去世后很久才写就的轶事与传记。而这些传记相信，女诗人们的诗歌写的是自己的故事。于是我们听说，科瑞娜（Corinna）在诗歌竞赛中赢了品达 5 次，以致后者恼羞成怒，骂她是一头母猪。波桑尼阿斯声称，科瑞娜的胜利部分要归功于诗人自身的出众美貌。[2] 跟这个故事多少有些矛盾的史料表明，科瑞娜批评过自己的老师米尔提丝（Myrtis），据说对方也是品达的老师：

我同样要责备歌喉

清脆的米尔提丝。

因为她，一个女人，

---

1 Semonides: Diehl, fragment 7.

2 Ael. *VH* 13. 25; Paus. 9. 22. 3. 科瑞娜可能生活于公元前200年左右。参见Denys L. Page, *Corinna*。

竟然去和品达竞争。[1]

科瑞娜和品达都是彼奥提亚诗人，但她的诗篇跟品达的并没
53 有什么可比性。品达的作品具有普世性，并且极少关注女性，只是偶然提到过她们都希望能拥有一个田径比赛优胜者的丈夫或儿子。[2] 科瑞娜的诗作在词汇和主题方面都比较狭窄。

希腊女诗人中最受崇拜的萨福据说拥有一批自己的门徒。古典学家维拉莫维茨的权威地位使得下面的假说大行其道：萨福是一批崇拜阿佛洛狄忒，接受淑女教育的处女们的领袖。[3] 无论是在萨福本人的诗篇，还是在古代文学的野史中，我们都找不到支持这种假说的证据。萨福的诗篇往往是写给女性的，这些诗歌自然流露出了一种堪与同时代男诗人相媲美的热情：

在我看来，他的享受好似天神
无论他是何人，坐在
你的对面，听你娓娓而谈
你言语温柔，笑声甜蜜

---

1 Denys L. Page, ed., *Poetae Melici Graeci*, fragment 664; *Suidas Lexicon, s. v.* "Corinna" and "Pindar". 译文引自《古希腊抒情诗集 · 第三卷 独唱琴歌作家》，王扬译，上海：上海人民出版社 2018 年 10 月第 1 版，第 1143 页。译文有改动。——译者注

2 Pindar *Pythian Odes* 9. 98-103.

3 参见 Page, *Sappho and Alcaeus* 和 Mary Lefkowitz, "Critical Sterotypes and the Poetry of Sappho"。

啊那是让我的心飘摇不定
当我看到你，哪怕只有
一刹那，我已经
不能言语
舌头断裂，血管里奔流着
细小的火焰
黑暗蒙住了我的双眼，
耳鼓狂敲

冷汗涔涔而下
我战栗，脸色比春草惨绿
我虽生犹死，至少在我看来——
死亡正在步步紧逼[1]

萨福的诗篇与许多热恋着少女（也不排除同性对象）的男诗人的作品相似。以下是斯巴达男诗人阿尔克曼（Alcman）创作于公元前7世纪中叶的一首诗：

……伴随那令人身心渐融的渴慕，她的眼眸，
比睡梦更轻柔，比死亡更静谧

1 E. Lobel and Denys L. Page, eds., *Poetarum Lesbiorum Fragmenta*, fragment 31.译文引自《“萨福”：一个欧美文学传统的生成》，田晓菲编译，北京：生活·读书·新知三联书店2019年10月第1版。——译者注

她的美好，并非空幻
54 阿斯图麦洛伊萨，沉默依旧
她手中，一束花环轻柔
宛若流星飞逝，穿透
燃烧的苍穹
又如金色嫩枝，或轻柔细绒……[1]

许多现代学者曾坚决否认，萨福的抒情诗带有明显的情色意味。但希腊人肯定知道，萨福描写过女性的性行为。她的这部分作品留下了个别残篇：一张纸草残篇上所保留的“*olisbos*（皮革阴茎）”的前5个字母几乎可以被认定为确凿证据。保存在羊皮纸上的另一首诗歌残篇写道：“……你也曾在松软的床褥上，让你温柔的欲望得到餍足……”古希腊文中的“你”可以指男性或女性，但我们没有看到萨福为男性写过情色诗。[2]总的来说，在希腊文学中，对莱斯博斯岛（Lesbos）上女性的提及带有强烈的色情意味——它既可以是同性恋的，也可以是异性恋的。在萨福之后一个世代写作的阿那克里翁（Anacreon）抱怨道，他爱恋的一位来自莱斯博斯岛的女孩“深情凝望着另一位女子”。[3]莱斯博斯岛女同性恋的名声构成了公元2世纪琉善《妓女对话》第5篇的

1 Alcman, fragment 3.

2 Page, *Sappho*, fragment 94 and pp. 79-80, 142-45; *olisb* in Lobel and Page, *op. cit.,* fragment 99, 5.

3 Quoted by Ath. 13. 599c = Anacreon: Diehl, fragment 5.

主题。另一方面，在雅典喜剧的语境下，动词“玩莱斯博斯岛那一套（*lesbiazein / lesbizein*）”以及对莱斯博斯岛其他女性的提及，指的都是对各种性体验与“娼妇行为”的热衷。[1]

如果萨福的诗篇确实具备自传性质，那么她可能跟希腊贵族男性一样是双性恋。她虽然从未给男子写过情爱诗歌，却结过婚，并生有一个女儿：

> 我有一个美丽的女儿，
> 她的容貌如同
> 金色的花朵，
> 亲爱的克莱伊丝，
> 拿整个吕底亚来抵换，
> 我也不愿，或可爱的……[2]

她生于公元前612年莱斯博斯岛上的一个贵族家族。她在僭主皮塔库斯（Pittacus）夺权后一度被迫离开家乡。但萨福并未过着离群索居的生活，她的政治诗篇以及她对她大手大脚的兄弟高价买下一名著名妓女，随后又让其自由的荒唐行径的愤怒都证明

---

1 Ar. *Wasps* 1346, *Eccl*. 920, *Frogs* 1308; Pherecrates, fragment 149. 但在《马蜂》异性恋的语境下，“玩莱斯博斯岛那一套”也有可能指的是口交。肯尼斯·多沃尔（Kenneth Dover）在一封私人通信中提出了这种解读方式。

2 Lobel and Page, *op. cit*., fragment132. 译文引自《古希腊抒情诗集·第三卷 独唱琴歌作家》，王扬译，上海：上海人民出版社 2018 年 10 月第 1 版，第 971 页。——译者注

了这一点。[1]关于萨福因爱恋一名男水手而从琉卡狄亚峭壁（the 55 Leucadian Rock）上跳崖自尽，以及她生得又矮又丑的轶事，很可能是后来的作家们杜撰的谣言，以便证明萨福更想找一个男性恋人，只是她吸引不到男性而已。[2]

作为诗人，萨福极具创造力，她使用了新颖的诗歌结构与格律，同时也是一位具有自我意识的艺术家，经常在作品中提到自己。尽管她现存的诗作很少，但作品所蕴含的力量却足够强大，从柏拉图称她为第10位缪斯至今，她都值得人们一直以来对她的赞美。[3]

与身为贵族的萨福的个人诗篇不同，那个时代流传下来的另外一些诗作是由少女或妇女歌队演唱的。从现存残篇内容和古代作家们的评论来看，这些歌曲中既有纺织女工哼唱的非正式民歌，也有专业歌手在节庆场合演唱的作品。

除了上文提到的哀歌外，还有另外一种少女之歌（*partheneia*），那是由未婚女孩在长笛伴奏下演唱的一种正式歌队颂歌。斯巴达诗人阿尔克曼写过这样一首少女之歌，并保留下来了大段残篇。[4]这首歌提及了许多神话与崇拜习俗。但我对其中提及个人的部分更感兴趣。歌队提到了队里大部分女孩的名字，并对其中一些女孩予以特别赞美。女孩们被比作太阳，她们的

1 Hdt. 2. 135.

2 Scholiast, on Lucian *Portraits* 18; Strabo 10. 2. 9.

3 *Palatine Anthology* 9. 506.

4 参见Page, *Alcman: The Partheneion*与C. M. Bowra, *Greek Lyric Poetry*, pp. 30-65。

头发被比作黄金；她们的脚踝十分可爱，并像小母马一样迅捷奔跑。她们在提及自己的领袖时唱道："哈格希科拉令我筋疲力尽。"这里"筋疲力尽"的原因可能是赞美她，或是试图赢得赛会桂冠，也可能带有色情意味。支持最后一种解释的理由在于，我们知道，年长妇女与年轻姑娘之间的情爱关系在斯巴达是受到鼓励的。[1]在少女歌队的女性氛围中，同性恋很可能是较为常见的现象。

无论在斯巴达还是在莱斯博斯岛，推动女同性恋关系发展的最重要因素都在于，两个社会中的女性都受到高度尊重。男人和女人都崇拜她们、爱恋她们。莱斯博斯岛与斯巴达女人们都很在意个人容貌。莱斯博斯岛是举办女性选美的地点之一，[2]阿尔克曼的诗篇也列举了少女身上受人爱恋的若干特征。此外，萨福与哈格希科拉等优秀女性的才华无疑也使她们同时受到男性和女性的关注。如前所述，当时的女性并不是在被男性轻视的情况下，才 56
绝望地转向女子寻求爱情。相反，全社会都珍视女性，按照与同阶层男性相当的标准去教育女性，并允许她们带着少女时代在纯粹的女性环境中养成的依恋步入成年。

这些女诗人并非特例，因为她们的作品还提到了其他从事文学创作的女性群体。萨福提到了莱斯博斯岛上的其他女诗人，科瑞娜的一些抒情诗则是写给"身穿白袍的彼奥提亚妇女们"的。在罗德岛（Rhodes），哲学家克莱俄布卢（Cleobulus）主张让女

1 Plut. *Lycurgus* 18.
2 Page, *Sappho*, p. 199. Cf. Ath. 13. 609e-f.

孩们接受教育。他的女儿克莱奥布琳（Cleobuline）效法自己的父亲，用韵文制作谜语。[1]从目前我们能够确定的案例中，古风时代受过教育的女性全部出身于上等阶层。不同于同时代的一些男性，她们创作诗歌的原因并非出于自身肢体残疾或是对政治、社会问题愤愤不平。相反，女性的诗歌是闲适生活下沉思的产物。有一点值得我们注意，我们手头并无雅典女性从事文学创作的任何线索。在那个男性为古典时代的希腊创作了最多文学艺术作品的城邦里，社会环境并未孕育出任何一位女艺术家。

1 Diog. Laert. 1. 89. 91.

第4章

女性与雅典城邦

公元前6世纪，雅典立法家梭伦明确了良家女子与妓女之间 57
的区别。他几乎废除了所有形式的奴隶贸易和卖儿鬻女的行为，仅仅保留下来一条：男性监护人有权卖掉已失贞的未婚女子。作为涉及雅典人生活方方面面、极其广泛的立法内容的一部分，梭伦对女性公民的抛头露面、参加宴会、哀悼死者、结婚嫁妆与日常饮食都做出了规定。相传，他还设立了由女奴提供服务的城邦妓院，以便吸引想要发财的异邦人——包括工匠、商人和妓女——来到雅典。在整个古典时代，梭伦的法律始终对雅典妇女的生活产生着巨大影响。

在我看来，这些立法与厌女心态抑或梭伦本人的同性恋倾向无关。这些规定乍看上去具有迫害女性的色彩，实际上是为了消弭男性之间的纷争，巩固新生的民主制。妇女是长期以来导致男性纠纷的原因之一。梭伦解决该问题的办法是尽量让她们从男性的视线中消失，从而限制她们的影响力。此外，这些立法中的许多举措——包括限制铺张葬礼的规模（传统上要花钱雇佣大量妇女担任哀哭者），以及规范宴席、嫁妆与饮食的标准——本质上是在限制奢侈，同时旨在削弱古风时代晚期雅典贵族的权力。

58
梭伦立法与雅典女性地位争议

关于梭伦立法究竟是提升还是降低了女性公民的社会地位，向来存在着不少争议。显然，作为公民阶层的成员，她们的地位是高于那些生活在雅典但不被视为公民的人的。但她们地位的提高是建立在下层女性——在妓院里提供服务的女性——公民地位丧失的基础上的。而男女公民的地位又是另一个问题，迄今学者们对该问题的回答都是极其主观的。

对于古典时代雅典女性的政治与法律地位的低下，人们已有共识，但关于她们的社会地位问题却存在着广泛争议，已成为近年来雅典女性研究所关注的焦点。[1]各种观点从一个极端摇摆到另一个极端。一些学者认为女性散居各处，过着东方深宅大院式的幽居生活；另一些学者则认为，几个世纪以来她们都受到尊敬，与大多数女性一样享有相当的自由。在这里，我们不妨补充一句，至少就近现代妇女运动兴起之前的情况而言是这样的。还有一些人认为妇女们确实离群索居，但在封闭的环境中受到尊重，并主理家事。

怀特（F.A. Wright）在 1923 年出版的作品中概括了第 1 种观

1　参见 Pomeroy, “Selected Bibliography on Women in Antiquity”, pp. 140-43 关于社会地位问题相关讨论的梳理。

点。他显然是受到了 19 世纪兴起的，以美国宪法第 19 条修正案为高潮的妇女运动的影响。该书于 1969 年再版时，书中明显的论战式风格已显得十分怪异：

> 事实上我们应当明确指出，希腊世界灭亡的一个重要原因是：观念上对女性的轻视以及在文学和社会生活中对女性的贬低。女性与奴隶（这两个群体最终融而为一）的地位构成了希腊世界的烂疮，由于迟迟得不到治愈，先后导致了雅典与全希腊的衰落。[1]

在回应那些认为雅典女性的生活比后宫女奴强不了多少的观点时，另一些学者声称，尽管雅典女性受到一些限制，她们却并未被歧视或幽闭。持该立场的多数现代观点均可追溯到戈姆（A.W. Gomme）发表于 1925 年的里程碑式论文。[2] 戈姆观点的众 59
多支持者中包括摩西 · 哈达斯（Moses Hadas）和基托（H.D.F. Kitto）。[3] 这些学者跟怀特一样，都带有那个时代和社会背景的局限性。出于对雅典人的崇拜，他们不愿相信，雅典人并不会像 20

---

1 F. A. Wright, *Feminism in Greek Literature*, p. 1.

2 A. W. Gomme, “The Position of Women in Athens in the Fifth and Fourth Centuries B.C.”

3 Moses Hadas, “Observations on Athenian Women”; H. D. F. Kitto, *The Greeks*, pp. 219-36. Cf. Charles Seltman, *Women in Antiquity*, pp. 110-11, and “The Status of Women in Athens”; Donald C. Richter, “The Position of Women in Classical Athens” 介绍了相关争论的学术史。

世纪的绅士那样对待自己的妻子。他们也不会想到，即便是那些有教养的绅士的妻子们，其中也有许多人对自己的命运感到严重不满。

在那个时代，有两位学者不肯走上述任何一种极端。他们是维克托·艾伦伯格（Victor Ehrenberg）和拉克伊。[1]他们注意到女性一生中的大部分时间都生活在阴暗、不卫生的环境里，以及女性很少有机会接受雅典的生活教育。艾伦伯格认为雅典妇女们从不去剧场。但拉克伊指出，雅典人其实对他们的妻女十分呵护，不让她们抛头露面或许可以被视为一种保护。

上述学术观点的严重分歧令人困惑，并且无法归咎于性别偏见——因为双方的观点都带有男性偏见，只有拉克伊意识到了现代妇女解放运动对这些争论的影响。[2]导致双方分歧的首要原因在于学者们参考的史料形式不同。戈姆和他的追随者们依赖的主要（或全部）史料是古典悲剧所提供的证据，并相信悲剧中的女性英雄是以公元前 5 世纪的雅典女性为原型的。他们据此认为，当时的女性受到尊敬，并非大门不出，二门不迈。拉克伊则明确反对使用悲剧作为证据，认为它们并不能反映普通家庭中普通人的生活。艾伦伯格只接受来自欧里庇得斯的材料，认为索福克勒斯和埃斯库罗斯的作品不够贴近现实。因此，他所描绘的女性生存图景相对来说更加黑暗。

---

1 Lacey, *Family*, chap. 7, and Victor Ehrenberg, *The People of Aristophanes*, chap. 8.

2 Lacey, *Family*, p. 176.

拉克伊和艾伦伯格主要依赖阿提卡演说家们所提供的材料；相反，戈姆的大多数信徒几乎不曾引用过这些材料。哈达斯给出的理由是，演说词太具论辩性，它们描绘的图景是片面、反常的。来自喜剧的材料不那么武断，因此得到了正反两方的引用。

上述分析表明，女性社会地位的问题实际上是研究女性生活的史料来源问题。其中的核心要素似乎是埃斯库罗斯和索福克勒斯笔下的女英雄们。把安提戈涅与厄勒克特拉（Electra）的故事当“真实史料”，认为她们可以反映公元前 5 世纪女性生活状况
的学者们定会相信，当时的女性社会地位是很高的。然而，来 60
自演说家和其他散文作家的证据通常表明，女性的社会地位是很低的。喜剧文本和欧里庇得斯提供的证据则模棱两可。学者们在研究时并未对所有现存史料予以同等重视，而是主观无视或排除了那些无法支持他们立场的文献材料。此外，考古证据并未被广泛使用，艾伦伯格甚至对使用孤立的物质遗存史料的做法持保留态度。

我认为，地位问题本身就带有误导性，相关学术观点的巨大分歧根源于他们将女性视为笼统的研究对象。进一步把水搅浑的则是不自觉地运用现代价值观去审视古代世界。我们必须将时段范围以及该时段内所研究的女性群体界定清楚，否则关于女性地位的辩论将永远无法达成共识。我们在第 3 章中分析过来自黑暗时代与古风时代雅典的考古证据，当时男女的社会角色是截然有别的，但它们也仅仅说明了这一点而已。古典时代的雅典人仍对不同性别的得体举止有着严格要求，但由于可供研究的材料大大

增加了，我们能看出不同经济、社会阶层的男女，按照公民、客籍民[1]和奴隶的社会角色，遵循着不同的行为标准。合乎某类社会阶层女性的举止并不适用于另一类女性，被归在梭伦名下的立法证实了这些阶层差异。

我们应从义务而非权利的角度去理解古典时代雅典的各种政治角色。无论是男性还是女性，对家族和国家的义务都是公民一生中的头等大事。女性公民对城邦（*polis*）的首要义务是为家族（*oikos*）生育合法继承人，而家庭的总和构成了城邦公民。世世代代的家族成员都要确保延续对祖先的崇拜和血脉的传承。事实上，在需要维持个体家庭不致绝嗣的问题上，国家与家族的利益是完全一致的。

女继承人

女性和男性一样，都可以维系家族的独立地位。当一个家族
61 没有儿子的时候，女儿们就要肩负起这一使命。人们会认为这类家族的女儿“与家族产业绑定在一起”，因而称呼她们为“女继承人（*epiklēros*）”。家族财产将跟着她转移到她丈夫手中，并传给他们的孩子。这种安排表明，尽管男性的地位高于女性，雅典的继承原则并非严格按照男性世系进行。不是只有男性才能成为合法继承人，虽然女继承人永远无法真正地管理她父亲的财产。

1　拥有居住权的异邦人，不属于雅典公民。——译者注

同她血缘关系最近的亲戚拥有迎娶女继承人的义务或特权。迎娶女继承人的优先次序与没有女继承人情况下男性亲属的财产继承次序一致——首先是死者的兄弟，接下来是死者的侄子们。关于继承产业和迎娶女继承人的第三次序究竟是属于死者的外甥们，还是侄孙们，学术界还存在着争议。只要不影响生育后代，新婚夫妇的年龄差异并不是问题。

由女继承人问题衍生出的古怪案例如此之多，以至于我们无法在此一一详加分析。[1] 女继承人可能在父亲去世前就已经结婚，当然并不一定嫁给了跟她血缘关系最近的男性亲属。在这种情况下，跟她血缘关系最近的男性亲属是否有权取消已婚女继承人的婚事，是存在争议的。学术界的共识是，这样的婚姻只有在妻子尚未生育儿子的情况下才能取消；因为有了儿子，女继承人的财产必然要由儿子来继承。然而，这种推断迄今尚未得到充分证实。

女继承人拥有的大量财富是近亲迎娶她的重要原因。一名富有的女继承人会引发激烈的竞争。我们知道至少有两个这样的男子：他们跟自己的妻子离婚，以便迎娶女继承人，并且两人都为前妻筹办了再婚的婚礼。[2] 安多基德斯（Andocides）在创作于公元前 400 年的演说词《论秘仪》中声称，针对自己亵渎埃琉西斯秘仪的严厉指控纯属捏造，目的在于干扰他迎娶一位富有的女继

---

1 A. R. W. Harrison, The *Law of Athens*, pp. 132-38, 309-11, *et passim* 与 David Schaps, "Women and Property Control in Classical and Hellenistic Greece", pp. 49-83 对该主题进行了出色研究。

2 Dem. 30. 7; 57. 41.

承人。而穷困潦倒的女继承人继承的可能只有父亲的债务。国家规定，她的男性近亲必须迎娶她，或者为她准备一份足够吸引人的嫁妆。[1]

雅典关于女继承人的法律规定似乎要比斯巴达与格尔蒂的法典严厉得多。在斯巴达，只有未婚女孩才需要遵守有关规定；[2]
62 而在格尔蒂，女继承人可以通过放弃一部分遗产，免除自己的结婚义务。即便现代人有资格对雅典对待女继承人的做法进行道德评判，我们也必须指出，这些规定对富有的女继承人来说似乎是残忍且唯利是图的，但它们对贫苦女性却是带有保护与慈善性质的。如果没有嫁妆，她们很难找到丈夫，且极有可能生活困窘。亚里士多德的简短评论表明，雅典城邦关于客籍民财产继承的规定与女继承人的类似。他指出，名年执政官[3]（archon，最高长官）针对女继承人财产问题的法律举措也被第三执政官（polemarch，管理非雅典公民司法事务的官员）照搬到了对客籍民的管理中。[4]

嫁妆、婚姻与离异

雅典女性履行城邦义务的一个必然结果就是结婚和生儿育

1　与此相似，立法者哈伦达斯（Charondas）规定，与贫穷女继承人关系最近的亲属如果不愿娶她，就必须为她准备一份嫁妆（Diod. 12. 18. 3-4）。

2　Lacey, *Family*, pp. 202-3.

3　名年执政官为雅典城邦的首席执政官，名年即以执政官之名为雅典年号，便于纪年。——译者注

4　Arist. *Const. Athens* 58. 3. Cf. A. R. W. Harrison, *op. cit.* pp. 195-96.

女，这也是每个女性公民的首要目标。少女的夭折引人哀悼的特别理由在于，她没有机会履行作为妻子的职责了。很多铭文都表达了这种遗憾。一些形状类似运送婚前沐浴用水的陶瓶标志着夭折的未婚少女的坟墓。在这些双柄长颈高水瓶（*loutrophoroi*）陶瓶上，死去的少女会打扮成新娘的模样。

女性公民永远处于某位男性的监护之下。这位男性通常是她的父亲；如果父亲已故，便由某位男性近亲担任。结婚后，女性在大部分事务上的监护权被移交给她的丈夫；但她父亲或把她嫁出去的监护人，仍保留着在重要的有限条件下解除婚姻的权利。[1]如果丈夫先于妻子去世，妻子的嫁妆（或许还包括她本人）将由她成年的儿子们监管；如果儿子们尚未成年，就由他们的监护人管理。寡妇受到名年执政官的直接保护，后者可以代表她对冒犯她的人提起诉讼。

在古典时代的雅典，负责任的父亲们养育女婴的前提是，预期女儿们长大后能够缔结一门合适的婚姻。父亲首要考虑的是经济问题。按传统习俗，父亲要为女儿的吃穿用度提供一份与自家经济条件相当的嫁妆。陶瓶画中绘有女性坐在衣物箱上的场景，这里的衣物箱代表着新娘拥有的嫁妆。[2]父亲不会养育很多女孩，因为自己能提供的嫁妆有限；并且嫁妆的数额越大，就越能吸引到更富有、更令女儿称心如意的求婚者。如果父亲缺乏远见 63

1 A. R. W. Harrison, *op. cit.*, pp. 30- 32; Dem. 41. 4.

2 Evelyn B. Harrison, "Athena and Athens in the East Pediment of the Parthenon," p. 43 and note 134.

或走了霉运，嫁妆便只能通过其他渠道筹备。富人往往会为家里的穷亲戚提供嫁妆。我们听说（但没有进一步的解释），雅典法律规定，即便相貌丑陋的贫苦女孩出嫁时也得备好嫁妆；雅典城邦有时会给为城邦效力过的男子的女儿们提供嫁妆。[1]不给嫁妆会给抱有敌意的演说家提供口实，宣称这次婚姻并不合法；也会给自我标榜的丈夫提供机会，吹嘘没有得到嫁妆许诺便结婚的自己是一片真情。[2]没有嫁妆的艾尔普妮丝（Elpinice）嫁给卡利阿斯（Callias）的情况只是一个特例，因为卡利阿斯十分富有，但急于同尊贵但贫穷的菲利阿斯（Philaidae）家族缔结姻缘，所以可以不要嫁妆。或许存在一些女性公民由于没有嫁妆或没有监护人为自己安排婚事而被迫做妾的情况，但我们手头没有相关的证据。[3]新娘还可以携带一点自己的妆奁。按照梭伦法律的规定，妆奁不能超过 3 件衣服和少量不值钱的日用品。[4]妆奁通常不算在嫁妆之内，传统上会在婚礼举行时作为妻子的个人财物，由她随身携带。[5]

雅典人十分注意保护他们的妻子。妻子的嫁妆需要终身保

---

1 Dem. 59. 113; Men. *Dyscolus* 842-47; Ter. *Ad.* 729; Aeschines 3. 258; Plut. *Aristides* 27. 4. 但参见 J. K. Davies, *Athenian Propertied Families* 600-300 B.C., pp. 51-52 关于阿里斯泰德女儿们置办嫁妆情况的研究。不过，戴维斯往往对关于女性的轶事持怀疑态度，如庇西特拉图的女儿嫁给了第一个在大街上亲吻她的青年的故事（Davies, p. 449），以及苏格拉底与米尔托（Myrto）结婚的传说（p. 52）。但他却认为梭伦同庇西特拉图之间的绯闻传说是可信的（p. 445）。

2 Isae. 3. 8; 3. 36-38; 3. 78.

3 Ath. 13. 572a.

4 Plut. *Solon* 20. 4.

5 Schaps, *op. cit.*, pp. 11-12, 148-49; Isae. 2. 9.

留，只能花销在她身上。她的父亲、监护人、丈夫甚至她自己都没有处置嫁妆的合法权利。结婚后，嫁妆的管理权从父亲转交到新郎手中。新郎可以使用本金，但必须为妻子保留嫁妆收入的利息（据计算应为每年 18%）。在离婚时，丈夫必须将嫁妆退还给前妻的监护人或每年支付 18% 的利息，直至还完本金。这样一来，离异女性的吃穿用度仍有着落；在嫁妆完整的情况下，她还可以再婚。一名寡妇，尤其是继承亡夫遗产后小有资产的寡妇，在再婚时依然有很大的吸引力。[1]

婚约是在新娘的监护人与新郎之间缔结的，如果新郎未成 64
年，则由新郎的监护人缔结。婚姻大事是由男性从经济、政治的角度考虑决定的，女孩们总是不得不嫁给男性亲属为她们选定的男子。新郎和新娘或许从未谋面过；但也存在很多堂表兄妹之间的婚姻，双方很可能在葬礼等仪式场合下见过面。[2] 亲上加亲的婚姻很有吸引力，尤其是在民主制下雅典的富有家族中，因为富人的财产会被不断侵蚀。此类婚姻提供了一种巩固家族资源的方式，便于彼此熟悉、信任的双方达成一致，使亲属们有迎娶新娘的优先权，以阻止女继承人法令的实施。

结婚的目的是在家庭经济资源的承受限度内生儿育女。在婚

1 当狄奥格冬（Diogeiton）的女婿去世时，他留给了妻子一笔遗产。后者将遗产交给了父亲，父亲（很可能）又把这笔财富交给了她的新丈夫（Lys. 32. 11-18）。与此相似，德谟斯提尼遗孀带给阿福布斯（Aphobus）的嫁妆要比她前一次结婚时的嫁妆更多。

2 W. E. Thompson, “The Marriage of First Cousins in Athenian Society.”

礼当天同新郎见面之前，新娘要吃一个象征多子的水果。[1]而生下孩子（尤其是男孩）则被视为婚姻目的的实现。[2]

理想的婚姻状态是14岁的女孩嫁给30岁左右的男子。[3]新娘必须是处女以及年轻女孩性欲旺盛等传统观念，促使人们希望早些将女儿嫁出去。[4] 30岁时结婚的丈夫很可能到45岁左右就去世了，留下两三个孩子，由妻子决定是否再嫁。雅典男性的晚婚可能与他们必须服10年兵役有关，但也可能是为了适应女性人口比例较低的情况。年轻寡妇可能会多次再醮。由于结婚对女性的生活处境有利，并且雅典男性很注意保护他们的妻子，有时丈夫会在临终前或离婚时为妻子预先安排好婚事。[5]

如果双方同意或夫妻一方要求，离婚是很容易实现的，并且也算不得什么丢脸的事情。[6]当丈夫提出离婚时，他需要做的只是把妻子从家里送走；当妻子想要离婚时，她需要自己的父亲或其他男性公民将案件呈递给名年执政官。在整个古典时代，雅典人
65 中由妻子一方提出的离婚统共只有3例。其中两例发生于公元前4世纪，并且完全是在男性之间协商解决的。第3例十分引人注目，因为是女性亲自提出了离婚。在伯罗奔尼撒战争的压力下，

1 Plut. *Solon* 20. 3.

2 Lys. 1. 6.

3 Xen. *Oec*. 7. 5. 关于这些年龄的说法当然会存在出入。Davies, *op. cit*., pp. 336-37提醒我们注意到了同一社会阶层中短世代（约25年）与长世代（约40年）两种算法并存的现象。

4 Arist. *Hist. An*. 7. 1 (581b); *Pol*. 7. 14. 5 (1335a).

5 Dem. 30. 33; 27. 5; 30. 22; 36. 8; 57. 41. Plut. *Pericles* 34. 5-6.

6 Thompson, "Athenian Marriage Patterns: Remarriage."

希帕瑞特（Hipparete）要求同亚西比德（Alcibiades）离婚。她离开了丈夫的住宅，搬到了兄弟卡利阿斯那里。随后，她前往名年执政官那里登记离婚，显然并没有兄弟陪伴——因为她在法庭里被亚西比德抓住，强行带回了自己家中。[1]

由于儿女延续着父亲的家族血脉，他们是属于父亲的财产，会在父母婚姻解除之后，继续留在父亲家里。因此，离婚后的女性可以自由再婚，并为新丈夫生儿育女。[2]

公民身份的继承

父母的身份决定了儿女是否有资格获得公民权，这种评判标准本身并不稀奇，只是雅典人在母亲对胎儿的贡献这一问题上态度模棱两可。在上演于公元前 458 年的埃斯库罗斯悲剧《复仇女神》中，阿波罗声称，母亲对生育的贡献是被动的，只是父亲种子的容器而已：

> 我这就回答，看我说得合情理。
> 并不是被称为母亲的人生儿女，
> 她只不过是抚育新播下的种子。

---

1 Plut. *Alcibiades* 8.5; Andoc. 4. 14. Cf. A. R. W. Harrison, *op. cit.*, pp. 39-44, and Eur. *Andr*. 984.

2 A. R. W. Harrison, *op. cit.*, pp. 39-44; Thompson, “Athenian Marriage Patterns”, pp. 221-22.

是授胎者生育，母亲如主人与宾客，
保护幼苗，若神明不伤害它们。
我给你一个证据可证明这一点。
父亲没有母亲也能生育，你身旁的
奥林波斯宙斯的女儿便是例证，
她并非在母胎的黑暗里孕育，
没有女神能生育出这样的儿女。[1]

考虑到那个时代还不知道哺乳动物卵细胞的存在，女性对婴儿的贡献尚未得到充分认识，这些说法是可以理解的。这就是为什么农业社会会用“播种”来比喻性交：男性的精子（可见）就是种子，被播撒到他们眼中的肥沃大地上——但那只是一块地而
66 已。然而，这种观点与那个时代的雅典法律相矛盾。该法律禁止同母异父的兄弟姐妹之间通婚，却准许同父异母的儿女之间嫁娶。而上述关于女继承人的法令中还存在着进一步的矛盾之处：它鼓励父系家族内部的近亲生育。

古风时代晚期和古典早期的若干例子表明，雅典公民中的一些头面人物——其中包括麦加克勒斯和米提亚德（Miltiades）——迎娶过异邦女子，并且这些妻子为他们生下的孩子们也被承认为雅典公民。对统治阶层而言，强大岳父的影响力自然非常有用，

---

1 Aesch. *Eum.* 658-66. Cf. Arist. *Gen. An.* 1.20 (729a). 译文引自《埃斯库罗斯悲剧》，王焕生译，南京:凤凰出版传媒集团・译林出版社 2007 年 4 月第 1 版，第 491 页。——译者注

但在雅典人的民主制观念中并非如此。不过，直到公元前451—前450年伯里克利（Pericles）立法之后，母亲身为雅典公民才成为取得公民权的必要条件。促使雅典政府通过这条法令的原因在于，他们意识到公民人口的增长过于迅速。[1]而当雅典进入一个人口开始萎缩、必须增加公民人数的历史阶段时，这条法令又废弛了。

在伯罗奔尼撒战争开始后的第一年，伯里克利便在葬礼演说中鼓励已婚妇女生育更多子女。[2]随着战事的延续，男性人口的短缺成了更加严重的问题。公元前415年，由4000重装步兵、300骑兵、100条三层桨座战舰组成的庞大远征军出征西西里，雅典城内的女性比例因此进一步提高。此外，公元前411年占领德西利亚事件迫使雅典人全年投入战斗，而非像之前那样只在夏季作战。雅典人武装奴隶的做法以及他们在阿吉纽斯战役中一反常态地将骑士编入海军的行为，证明当时人力已持续性短缺。[3]

该现象对女性的影响之一在于，可供选择的丈夫变得更少了。公元前411年上演的《吕西斯特拉特》（*Lysistrata*）反映了这种担忧。[4]丈夫稀缺的必然结果，自然是合法生育的儿子数量下降。在战事旷日持久的情况下，男性人口的减少是不可容忍的。由于女性公民很难找到丈夫，以及增加人口的现实需要，雅典人

---

1 Arist. *Const. Athens* 26. 4.

2 Thuc. 2. 44. 3-4.

3 Xen. *Hell.* 1. 6. 24.

4 Ar. *Lys*. 591-97.

拓宽了合法婚生子女的界定范围。第欧根尼·拉尔修（Diogenes Laertius）写道：“据说，雅典人由于缺少人手，希望增加自己的人口。他们投票通过法案，规定男子可以迎娶一位雅典女子，而同另一名女子生儿育女。”这一举措可以解释下面的诸多案例，
67 如希波尼库斯（Hipponicus）之子卡利阿斯、苏格拉底、欧里庇得斯分别拥有两位妻子，以及米尔托（Myrto）身为苏格拉底两个孩子的母亲一事，这两个孩子在公元前 399 年还未成年。[1] 尽管雅典通常不允许重婚，但暂时的重婚是应对战事炽烈时男性死亡率激增、女性比例过高，亟需补充人口的必要权宜之计。[2]

在上述 3 个已知的重婚案例中，妻子都是雅典公民。然而，由于之前的公民权法令要求，父母双方都是雅典公民的人才能享有公民权，并且公民权并不能在父母结婚时预先取得，这道法令的废弛可能意味着，如今异邦女性也可以成为雅典公民的母亲。换言之，这一时期真正的变化倒不是重婚的合法化（尽管这一立法确实非常重要，使第 2 位妻子的子女有权继承父亲的财产），而在于恢复了公元前 451 年之前的雅典立法格局：雅典男性可以迎娶异邦女子，并让自己的子女享受公民权范围内的各种特权。

一些雅典男性很可能青睐异邦女性胜过雅典女性公民。

---

1 Diog. Laert. 2. 26. Cf. Ath. 13. 555d-556; Aul. Gell. 15. 20. 6; A. R. W. Harrison, *op. cit.*, pp. 16-17; 反面看法参见 C. Hignett, *A History of the Athenian Constitution to the End of the Fifth Century B.C.*, p. 345; H. J. Wolff, “Marriage Law in Ancient Athens”, p. 85, n. 195; J. W. Fitton, “That Was No Lady, That Was ...”。

2 重婚与多次重婚现象经常出现在女性比例过高的社会中，那很可能也正是战争期间雅典面临的情况。参见 M. Ember, “Warfare, Sex Ratio, and Polygyny”。

“三十僭主”时期（Thirty Tyrants, 公元前 404—前 403 年）臭名昭著的罪状之一，便是他们导致许多雅典人的女儿大龄未婚。[1] 毫无疑问，他们的具体做法是，一方面大量处决那些本可以娶妻的男性政敌，另一方面延续着公民权法令的宽松规定，并不强迫剩下的男子迎娶雅典女性公民为妻。公元前 403 年，民主派推翻“三十僭主”政权后，公民权法令再次生效，雅典女性公民重新成为理想的结婚对象——因为她们再次成为生育合法继承人的唯一选择。（该法令生效前雅典男性与异邦女子所生的子女仍被视为公民。）[2]

许多新喜剧作品的大团圆结局都是父母身世不详、本来只能做妾的姑娘被证明是货真价实的雅典女性公民，可以如愿嫁给自己的爱人。定居在雅典的异邦女性很可能会谎称自己是公民，以便获得嫁给男性公民的保障与好处。托名德谟斯提尼的著名演说词《诉尼埃拉》（*Against Neaira*, 可能创作于公元前 340 年），指控一名妇女曾是异邦女奴，在科林斯卖过淫，嫖客中不乏知名富豪。她被释后居住在雅典，带着身为奴隶期间生下的儿女，成了 68
雅典公民的合法妻子。这名做过妓女的被释女奴，在成为一位受人尊敬的雅典人妻子后，有了瞒天过海的手段，以至于能通过丈夫使自己的女儿（做奴隶期间所生）获得公民权，并两次把她嫁给雅典

1 Lys. 12-21. Cf. Dem. 59. 112-13; Hyperides 1. 13.

2 Eumelus, fragment 2, in F. Jacoby, ed., *Die Fragmente der griechischen Historiker* 2. 2, p. 158 and Carystius, fragment 11, in C. Müller, ed., *Fragmenta Historicorum Graecorum* 4, p. 358. Cf. A. R. W. Harrison, *op. cit.*, p. 26.

公民，其中一次嫁的还是一位王者执政官（King Archon）——负责宗教事务的高级官吏。

雅典母亲的生理特征与人口学研究

女性月经初潮和首次结婚的平均年龄都是14岁。[1]劳伦斯·安吉尔对遗骸的研究表明，古典时代的希腊成年男子平均寿命为45.0岁，成年女性为36.2岁。[2]其他方面的研究估算出的两性寿命普遍更低；但所有研究都一致认为，当时女性的寿命要比男性短5—10年。[3]如果没有战争的干预——它会影响男性的死亡率——单是两性间的寿命差异就会导致男女比例悬殊。根据安吉尔的研究，妇女两次分娩的平均间隔时间约为4年。如果按照月经初潮2年后开始怀孕，且妇女平均寿命为36.2岁的数据计算，一名妇女应该可以生育五六个孩子。安吉尔对女性骸骨的研究表明，当时的妇女一生平均分娩4.6次，其中有1.6个婴幼儿夭折。也就

1　D. W. Amundsen and C. J. Diers, "The Age of Menarche in Classical Greece and Rome." 当时的女性很可能是用布或羊毛来吸收经血的。阿里斯托芬曾将女性的性器官称为猪（*choiros*），将用于吸收经血的毛巾称为猪圈（*choirokomeion*）（H.G. Liddell and R. Scott. eds., *A Greek-English Dictionary, s. v. choiros, citing Ach*. 773; *s. v. choirokomeion*, citing *Lys*. 1073）。就笔者所知道的情况而言，这是医学著作之外的古典文献中首次提及月经。

2　参见Angel, "Paleoecology, Paleodemography, and Health", p. 29及其私人通信。A. E. Samuel, W. K. Hastings, A. K. Bowman, and R. S. Bagnall, *Death and Taxes*, pp. 11-12批评过安吉尔的研究，理由之一为“相关数据过于稀少”。但他们似乎并不了解安吉尔在1947年发表相关研究成果后所做的主要工作。

3　参见Thompson, "Athenian Marriage Patterns." p. 222等研究成果。

是说，每名妇女平均能抚养3个孩子长大成人。根据这一计算结果，每个世代的雅典人口都会增长；而亚里士多德也确实说过，伯里克利颁布公民权法令就是为了解决公民人数过多的问题。

伯里克利用什么机制来抑制人口增长呢？当时雅典公民内部的男女比例究竟如何？有多少在战场上牺牲的青壮年男子被集体安葬或火葬，从而让后人失去分析其骸骨、解读其铭文的机会呢？由于无法精确统计古典时代雅典的人口数量，我们接下来做的只是尝试破解一个缺失了许多线索的谜团而已。

同性恋、肛交、狎妓、与女奴同床，或是挑选一名性欲不强的妻子，这些一直都是控制人口的手段。至于古典时代女性的节 69
育方式，我们手头缺乏相关细节，但有理由相信她们也会使用一些古老的手段。[1]人工流产的做法显然存在，尽管《希波克拉底誓言》的宣誓者承诺永不为妇人堕胎。亚里士多德对胎儿有知觉和生命前后的流产行为进行了区分，认为前者可被准许，后者则不行。[2]

墓地证实了婴儿的高死亡率。古典时代雅典婴儿的自然死亡率是如此之高，以至于令人猜想是否存在大规模杀婴现象。[3]我认为，杀婴习俗在一定程度上是存在的，出于和平年代限制人口

---

1 参见Norman E. Himes, *Medical History of Contraception*, Parts I and II的相关研究。

2 Arist. *Pol*. 7. 14. 10 (1335b); E. Nardi, *Procurato aborto nel mondo greco romano*; W. A. Krenkel, "Erotica I: Der Abortus in der Antike."

3 关于杀婴问题的相关研究，参见A. Cameron, "The Exposure of Children and Greek Ethics"; Lacey, *Family*, pp. 165-66; Ehrenberg, *op. cit*., p. 199; A. R. W. Harrison. *op. cit*., p. 71。

的需要，并且被抛弃的女婴要多于男婴。我们也很少听说过希腊古典时代双胞胎的存在；据此推断，双胞胎中通常只有一个会得到养育。由于只有在父亲举行庆祝仪式并当众宣布的情况下，孩子才会被认可为家庭中的一员，因此，抛弃新生儿与孕晚期堕胎之间的界限就变得非常模糊。理论上讲，为了让一个家族代代相传，每个家庭都应该至少养育一个女儿，让她成为未来的新娘。通过再婚——这种现象在公元前5—前4世纪相当普遍，并在上层社会留下了大量记载——一名女子可以为多个家庭生育继承人。没有儿子的未婚男子也可以收养一个继子，以延续他的家族血脉。女孩们很少会被过继。公元前396年，富人哈格尼亚斯（Hagnias）过继了一个外甥女，这可能是伯罗奔尼撒战争后期一系列灾难所导致的青年男子稀缺、未婚少女激增的结果。[1]

雅典人必须确保自己只有一名男性继承人。但为了保险起见，一个家庭可能会多养几个儿子。多养几个女儿的需求要小得多，尽管有些家庭确实养了好几个女儿。多余的男性对人口增长的影响不大，因为很多男性会在战争中牺牲，或是移居到外部殖民地去。

如果我的人口分析模型是正确的，那么在伯里克利的公民权法令限制迎娶异邦女子之后，雅典城内是没有足够数量的女性公民与幸存下来的男性公民结婚的。而这道公民权法令之所以还会

---

1 Isae. 11; Dem. 43. Davies, *op. cit.*, pp. 78, 82-83 认为这次过继发生于公元前396年。女孩继承的遗产理应有助于她找到丈夫，但我们找不到她已婚的证据。

再度生效，是因为在它失效的短暂期间内，雅典人已经生育了足够数量的即将成为公民的儿童，并且战事也趋于缓和。根据第欧 70
根尼和亚里士多德的说法，伯里克利公民权法令颁布的原因是公民人口的增长，这表明雅典人十分清楚，调控人口增长的最简单办法便是增加或减少能够生育公民的女性数量。[1] 通过废弛公民权法令增加人口，通过杀害女婴和重拾公民权法令控制人口。正常情况下，当男性公民的数量多于女性公民时，一部分男子便没有新娘可以迎娶。[2] 而在非常时期（如公元前 5 世纪的最后二三十年），由于连年战事和在西西里的巨大兵力折损，男性人口数量严重下降，一名男子便可以同多名女子维持合法关系。[3]

我们必须意识到，古代的文献资料有可能只记录那些最重要的孩子姓名，也就是说只记录男孩。只要我们简单调查一下，就会留下雅典名人们的家中往往是男孩居多的印象。苏格拉底有 3 个儿子；伯里克利有 2 个合法婚生的儿子，阿斯帕西娅又为他生了 1 个儿子；柏拉图有 2 个兄弟、1 个姐妹和 1 个同母异父的兄弟。对约翰内斯·基希纳（Johannes Kirchner）经典作品《阿提卡人物志》中列出的有钱有势家庭的研究表明，在 346 个家庭中，

1 K. Weiss, *op. cit.* 明确指出，这是控制人口的一条基本原则。

2 Hignett, *op. cit.*, p. 346.

3 A. R. W. Harrison, *op. cit.*, pp. 16-17 列举了古代史料中的相关证据，但并未毫无保留地接受这一观点。

有271个家庭中的男孩比女孩多，男孩与女孩的比例大约是5:1。[1]这些统计数据具有一定意义，但我们不能想当然地理解它们。因为希罗多德曾记载过，克莱奥梅尼（Cleomenes）去世时没有孩子，只留下1个女儿。[2]而在现代希腊，当你问一个拥有3个儿子和2个女儿的农民他有几个孩子时，他很可能会回答："3个。"我们还可以看到希罗多德记载的疏漏之处，在萨拉米斯海战之前，雅典人曾要求希腊舰队中的其他战舰掩护他们，以便他们能从阿提卡撤出自己的孩子们和妻子们。但在赶回阿提卡后，雅典人却对女性视而不见，实际上是在宣称每个男人都应该去救自己的孩子和奴隶。[3]

被轻视的女性劳动

到了公元前5世纪后期，由于需要城墙的保护，城市生活渐渐取代了农耕生活。因此，在比较斯巴达与雅典时，前者至多只是由数个村庄组成的定居点，雅典则是希腊最大的城市之一。[4]城市化对女性的影响之一，是使她们的活动局限在室内，从而导致她们的劳动更难被人看见，因而也更不受重视。

---

1 J. J. B. Mulder. *Quaestiones Nonullae ad Atheniensium Matrimonium Vitamque Coniugalem Pertinentes*, pp. 115-24. Davies, *op. cit.* 所研究的家庭也呈现出男多女少的现象。

2 Hdt. 5. Cf. Hes. *Op.* 519-21.

3 Hdt. 8. 40-41.

4 Thuc. 1. 10; 2. 52.

城市生活制造了上等阶层与下等阶层、男性与女性的活动之间的鸿沟。男性可以自由从事政治活动、智力与军事训练、竞技以及绅士们认可的一切事务。另一些劳动则被认为是呆板、卑贱的，适合奴隶而非公民。当然，缺少收入的男性也无法坚守理想，不得不从事卑贱职业。而上等阶层的女性则完全被排除在男性的活动范围之外，她们负责监督奴隶们的劳动——如果她愿意，也可以跟奴隶们一起干活。[1] 由于这些劳动受人轻视，这些劳动者也会被轻视。女性的劳动自有其收获；但由于它与奴隶的劳动性质相同，因此并未在雅典古典时代的意识形态里受到重视。悲剧中女英雄与女奴歌队的亲密交流，以及墓碑浮雕中女主人与奴隶的情景暗示了奴隶与自由女性之间的纽带——他们长期共处，他们的生活并无二致。[2]

从色诺芬（Xenophon）记载的关于苏格拉底与阿里斯托哈斯的对话可以明显看出那个时代对有闲阶层妇女的敌意——她们不事生产，像寄生虫一样整天待在家里无所事事。[3] 阿里斯托哈斯抱怨道，由于寡头政权建立后的政治动荡，他的 14 位女性亲戚搬到自己家里寻求庇护，他没有办法养活她们。苏格拉底建议让她们参加劳动。阿里斯托哈斯反驳道，她们可是生为自由人、不习惯劳动的女性。苏格拉底劝说道，劳动并不是下贱的事情，妇女们也会因劳有所得而更加快乐。女人们适合纺纱织布——那是她 72

1 关于女性的工作，参见 P. Herfst, *Le travail de la femme dans la Grèce ancienne*。

2 相关案例如 Eur. *Hel*. 329, 830; *Phoen*. 198。

3 Xen. *Mem*. 2.7.7-10; cf. *Oec*. 7-10.

们接受淑女教育时学习的一项技能，其目的是能督促奴隶工作，而不是以此挣钱谋生。这个故事的结尾是妇女性情的改善以及男主人对她们态度的好转。不难想象，他可能会让她们永久性地从事这些工作，并从中获利。但我们也要记住，苏格拉底关于改善雅典人生活的建议只适用于私人的小圈子，而他的学生色诺芬是一个理论家、富人和流亡者。不过，苏格拉底关注的问题具有普遍性，早在古风时代，赫西俄德与塞蒙尼德斯的诗篇就已经注意到了这些问题。

为了看家，各阶层女性的主要劳动场所都在室内或住宅附近。她们负责看孩子，照顾生病的奴隶，纺织衣物和准备食物。在当时的人们看来，准备日常饮食是妇女的专职。在普拉提亚被围期间，当城内居民撤离时，还要专门留下 110 名妇女，为继续守城的 400 名男子做饭。[1]

荷马所列举的适合凡间女性和女神的劳动内容与 400 年后雅典女性的工作内容完全相同。雅典城市生活中唯一改善了女性劳动条件的技术进步，是公元前 6 世纪末供水系统的发展。头顶陶瓶运水是女性的职责。由于打水时免不了人群聚集，在泉边闲聊家长里短，或许还会遭到调戏，这种差事往往交给年轻的女奴去做。[2]

妇女们不去市场上采购食品，甚至如今的希腊农村妇女们也

---

1 Thuc. 2. 78. 3. 新娘们会携带一个烘烤大麦用的罐子，那象征着她们在厨房中的职责（Pollux 1. 246）。

2 Hdt. 6. 137.

是如此。[1]人们认为买卖交易是一项经济活动，对女性而言过于复杂，并且他们也想保护女性免遭陌生人注意或被店主勾搭，于是采买就被划分为男人的职业。

富裕人家的妇女们可以只管统筹指挥，不必在每件家务上事必躬亲。色诺芬的一篇作品将家政管理提升为一门学问。《家政论》宣称，明智的丈夫会把这门学问教给年轻的新娘。夫妻之间形成一种搭档关系：丈夫负责外出劳动，带回食品、羊毛和其他 73
商品；妻子负责监督将原材料加工为成品的过程。按照色诺芬的说法，好妻子会同家里的奴隶关系融洽，但她的职责比奴隶还要繁重，因为她要管理家里的财产。色诺芬在这里成功地将苏格拉底“美德即知识”的原则付诸实践。能够掌握家政管理学的主妇实现了质的飞跃，以至于苏格拉底给予了她最高的赞美——声称她拥有“男人的心智”。[2]

贫苦女性（其中包括公民）需要外出劳动。她们中大部分人从事的职业都是女性家务的延伸。她们可以成为洗衣妇、羊毛工和其他领域的纺织工人；也可以做商贩，售卖食品或自己在家里织好的衣物。一部分妇女会出售她们亲手制作的花篮。有些还会担任保姆和产婆。有幅陶瓶画上绘有女性担任陶瓶画工的图像，但我们无法通过这幅肖像判断她是不是公民。[3]

我们了解女性职业的一个重要史料来源是，被释女奴在获得

1 Ernestine Friedl, “The Position of Women: Appearance and Reality”, p. 98.

2 Xen. *Oec*. 9-10. 1.

3 J. D. Beazley, *Attic Red-figure Vase-painters*, p. 571, vase no. 73.

前主人释放后向雅典娜敬献的还愿铭文。[1]按照习俗，她们通常会敬献一只价值100德拉克马[2]的银杯，在铭文中列举敬献者的名单以及她们的出身与职业。这些被释女奴能够从事的体面工作，并不比女性公民的职业丰富多样。

尽管一些妓女暂时获得了财富，但很少有女性能够凭借劳动致富。[3]少数客籍女性确实参与了大规模的经济活动，但这样做的女性公民很少。女性不能买卖土地。雅典法律禁止女性和未成年人签署价值超过1米斗（*medimnus*）大麦的契约（1米斗大麦可供普通家庭消耗6天）。

在公元前5—前4世纪期间，雅典妇女可通过嫁妆、接受馈赠的方式获得财产，或以姐妹、堂姐妹、侄女、姑姑等身份（但很可能不能作为母亲）继承遗产。一些女性精通如何理财，但她们的财产仍由男性监护人管理。[4]雅典的法令与斯巴达和格尔蒂的形成了鲜明对比，后者赋予了女性对财产的实际控制权。

---

1 Helen McClees, *A Study of Women in Attic Inscriptions*, pp. 23, 31-32.

2 德拉克马是古希腊的主要货币单位之一，通常以银币形式出现，是古希腊日常交易中使用最广泛的货币。——译者注

3 关于女性与财产的关系，参见 Schaps, *op. cit.*; A. R. W. Harrison, *op. cit.*, pp. 73 note 3, 108-9, 112-14, 141-47, 236; 以及 G. E. M. de Ste. Croix, “Some Observations on the Property Rights of Athenian Women” 的评论。

4 Lys. 13. 39-42; 32. 11-18. Dem. 36. 14; 47. 57.

男女教育的差异

74

直接参与城邦管理事务——包括担任公职、投票、担任法官和士兵——可能是男性公民的专利。男孩们接受的高等教育集中在修辞学方面，其目的是在公共集会上发表有说服力的演说词，在人前赢得好名声。体育教育也受到重视，以便为城邦培养强健的士兵。但对女孩而言，她们受到推崇的优秀品质是与男孩相反的——她们应该沉默寡言、谦恭顺从，远离男性的享乐方式。[1] 公元前 430 年，政治家伯里克利发表了葬礼演说，告诫阵亡将士的遗孀们，对于妇女而言，最高的荣耀便是少被男人议论，无论是恭维还是中伤。[2] 由于拥有公民权的女孩们将来并不需要进入能帮助男性步步高升的公共生涯，她们只要跟着母亲学习如何做家务就够了。当同龄男孩们还住在父母家里，接受智力和身体训练时，少女们已经结婚生子了。男性与女性教育水平的差距，加上新娘与新郎之间巨大的年龄差距，会让丈夫产生一种优越感和家长式作风，并且夫妻双方也缺少现代意义上的友谊。

各个时代的雅典法律都将妻子视为名副其实的孩子，在法律地位上从属于她的丈夫。男性在 18 岁时成年，女性却无成年一说；生育儿女的妻子自己也还是个孩子。亚里士多德认为，丈夫领导自己的妻子和儿女天经地义，夫妻之间的友谊是“不平等”

---

1 Helen North, *Sophrosyne, passim*; Soph. Ajax 293; Arist. *Pol.* 1. 5. 8 (1260a); Eur. *Andr*. 364-65; *Hercules* 534-35; *Heracl*. 476-77; *Iph. Aul.* 830.

2 Thuc. 2. 45. 2.

的：夫妻关系是建立在实用性目的之上的，与男性之间的平等关系截然相反，而后者才是构成社会与政治组织的基础。亚里士多德承认，丈夫与妻子彼此需要，但他们之间是赐予者与受赐者的关系。[1]亚里士多德描述的是雅典古典时代的父权制家庭，但他的影响是广泛且持久的。

75

泛雅典娜节、埃琉西斯秘仪与地母节

宗教是女性参与的主要公共领域。但我们必须牢记，雅典的宗教崇拜附属于城邦，是城邦的有机组成部分；而城邦，是掌握在男性手中的。由于无法在此逐一分析有女性参与的所有雅典宗教崇拜，我们只能提纲挈领地研究其中 3 个：对女神雅典娜的崇拜，崇拜得墨忒耳和少女神（Korē）的埃琉西斯秘仪，以及完全由女性庆祝的地母节（Thesmophoria）。[2]

雅典娜是雅典城的保护神。雅典娜的女祭司是个十分重要且具备一定影响力的人物。女祭司职务由显贵的埃特奥波塔斯家族世代继承。希罗多德记载了民主派在政治上利用女祭司名望的

---

1 Arist. *Pol.* 1. 2. 12 (1254b); 1.5 (1259-60). Arist. *Eudemian Ethics* 7. 10. 8-9 (1242a); 7. 3. 3 (1238b); 7. 5. 5 (1239b). 1869 年，密尔（John Stuart Mill）针对亚里士多德的女性观进行了回应。他声称，由于现实生活中两性关系的存在，二者的真实本质已无从知晓。

2 关于雅典崇拜形式的详细讨论，参见 L. Farnell, *Cults of the Greek States*; L. Deubner, *Attische Feste*; M. P. Nilsson, *Geschichte der griechischen Religion* 及其他相关著作。

两个例子。[1]公元前 508 年，当斯巴达国王克莱奥梅尼试图以反对民主派改革家克里斯提尼为借口，插手雅典政治并进入雅典娜圣所时，女祭司提醒他，此地是不许多利亚人（即异邦人）涉足的。无独有偶，公元前 480 年萨拉米斯海战之前，女祭司宣布雅典娜的圣蛇已离开卫城，从而支持了撤离雅典城的决议。献给雅典娜女祭司的铭文与还愿祭品十分常见，在希腊化与罗马时代尤其如此。她们当中部分人的名字被铭刻在了狄俄尼索斯剧场的座位上。[2]女性与男性共同参与泛雅典娜节（Panathenaea），那是每年一度在雅典娜生日举行的庆典，其中四年一度的主庆典更为隆重。从宗教角度看，该节庆的核心特征是杀献动物牺牲。在祭祀之前，人们会举行将牺牲牵至祭坛的游行。帕特农神庙浮雕中描绘了男男女女混杂在游行队伍中的情景。特别值得注意的是其中的提篮少女（*kanēphoroi*），她们在游行队伍中提着神圣的篮子。这些提篮少女是从贵族家庭中选出的处女。她们的贞操可以保佑神圣祭品与篮子里神圣用品的吉祥。如果阻止入选者参加游行，那将构成对她名誉的诋毁。在改变历史进程的女性中，哈尔摩狄 76
奥斯（Harmodius）的妹妹十分醒目——尽管她只是被动的、不知情的、有待复仇的受辱者。僭主庇西特拉图的儿子们起初邀请她担任提篮少女，但后来又拒绝让她承担该任务，声称她不适合这项工作。妹妹的受辱促使哈尔摩狄奥斯和他的朋友阿里斯托革顿

1 Hdt. 5. 72; 8. 41.

2 McClees, *op. cit.*, pp. 9, 36.

于公元前514年采取刺杀行动，从而为自己赢得了雅典解放者的声誉。[1]

在每四年一度的大泛雅典娜节上，人们要给古老的雅典娜像制作并穿上一件新长袍。[2] 缝制袍子的工作由两位捧袍少女（*arrēphoroi*）起头，她们是7—11岁之间的女孩，由王者执政官从贵族家庭中选出，负责这一年里的各种宗教事务。其他女性继续缝制长袍，并配上刺绣。在泛雅典娜节上，这条长袍会被像船帆一样展开，挂在靠轮子行进的船体上方。帕特农神庙的浮雕描绘过向雅典娜敬献长袍的情景。

雅典人每年会在埃琉西斯举行大小秘仪，以便敬奉得墨忒耳和她的女儿——少女神珀耳塞福涅（Persephone）。[3] 最初的仪式与谷物的播种和收获有关，并发展成对人的长生不死的隐喻。埃琉西斯秘仪一直作为最受尊敬的希腊崇拜形式世代相传，直至多神教灭亡的时代。但我们对该秘仪的具体信息所知甚少，也并不理解它如此流行的原因。

埃琉西斯秘仪起初是贵族欧摩尔波斯家族的私人崇拜，于公元前600年之前已被雅典城邦接管。主持该秘仪的大祭司（*hierophantēs*）在全体雅典祭司中地位最高，由欧摩尔波斯家族的一名成员终身担任。其他由男性担任的职务是地位仅次于大祭

---

1 Thuc. 6. 56-58; Arist. *Const. Athens* 18.

2 C. J. Herington, *Athena Parthenos and Athena Polias*, pp. 32-33.

3 除 L. Farnell, *Cults of the Greek States*; L. Deubner, *Attische Feste*; M. P. Nilsson, *Geschichte der griechischen Religion* 外，关于埃琉西斯秘仪的研究还可参见 G. E. Mylonas, *Eleusis and the Eleusinian Mysteries*。

得墨忒耳、特瑞普托勒姆斯与少女神。来自埃琉西斯的还愿浮雕，表现了披头散发的得墨忒耳正在哀悼，少女神正在教导特瑞普托勒姆斯耕种谷物，并为他戴上桂冠。公元前 450—前 440 年希腊雕塑的罗马仿制品，现存于雅典国家博物馆。

司的火炬手（*dadouchos*），他的助手是一名女祭司——女火炬手（*dadouchousa*）。参与秘仪的还有两名女主祭（*hierophantides*）：她们也来自欧摩尔波斯家族，终身任职，但可以结婚。两位女主祭分别侍奉得墨忒耳和少女神，是大祭司的主要助手。此外还有一批“圣女（*panageis*）”，又被称作“蜜蜂（*melissae*）”。她们共同居住在与世隔绝的房屋里，不与男性进行任何接触。“蜜蜂”可能指的是这种昆虫的无性繁殖特征。我们不清楚这批圣女的职责是什么。 77

与大祭司尊贵程度不相上下的是得墨忒耳的女祭司。她来自菲莱乌斯家族或欧摩尔波斯家族。跟大祭司一样，得墨忒耳的女祭司每天会从每个加入大小秘仪的成员手中获得 1 欧宝（obol，价值极低的小硬币）。这位女祭司具有名年的功能：在埃琉西斯，重要事件的年代是用女祭司的名字和她任职期间第几年发生此事的方式记录的。[1]

所有讲希腊语的妇女、男子与儿童，只要没犯过杀人罪，都可以参加秘仪。秘仪之前的准备仪式包括盆浴净化、斋戒、供奉牺牲与喝一种大麦饮料（*kykeōn*）。只有女性才有资格参与手捧神圣器皿仪式（*kernophoria*），那也是准备仪式之一。秘仪参加者还会观看妇女们表演的圣舞，这种舞蹈是为了纪念埃琉西斯妇女们为尊奉得墨忒耳起舞的时代。仪式中的内容还包括朗诵诗歌、展示圣物以及某种戏剧化的表演——其内容可能是表现得墨忒耳在女儿被劫时的悲痛欲绝以及女儿归来之际的喜出望外。得墨忒耳的女祭司会同时扮演得墨忒耳和少女神两个角色。[2] 考虑到古代世界尤其是中东地区流行的是以女神母亲与儿子的陪伴关系为核心的各种传说，雅典人这种以母女关系为核心的独特宗教信仰着实令人吃惊。

另外一个纪念得墨忒耳但明确仅限女性参加的节庆活动是地

1 阿哥斯（Argos）的赫拉女祭司们也具有名年的功能。

2 Mylonas, *op. cit.*, p. 310.

母节。[1]与埃琉西斯秘仪不同，地母节始终只流行于乡村地区。它的特别之处在于原封不动地保留了古老的仪式。雅典人庆祝地母节的时间是秋季播种之时，意在通过丰产魔法确保谷物播种后的收成。这种仪式的具体性质与举行天数存在着广泛争议，以下解释似乎较为可信。

地母节需要庆祝3天。第一天被称为“降（*kathodos*）升（*anados*）日”。得墨忒耳保佑的动物——猪，在夏初时预先被扔进地下洞穴，具体时间可能是在纪念得墨忒耳与少女神的白伞月节（Scirophoria）期间。到了地母节第一天，妇女们下到洞穴里，找回猪的骸骨，将骸骨与谷物种子混合起来放在祭坛上。第二天被称为“斋戒日（*nēsteia*）”。参加斋戒的妇女们坐在 78
地上，模拟着得墨忒耳失去女儿时的行为。到了第三天“顺产日（*kalligeneia*）”，猪的骸骨和谷物种子会被播撒在田地里。

只有声名毫无瑕疵的妇女们才会被获准参加地母节。[2]她们在为节庆筹备的3天里以及整个地母节期间都必须避免房事，但她们会大讲一些在丰产仪式中特有的污言秽语。妇女们自行从她们当中挑选出长官。[3]男性对该节日的参与仅限于以下情况：富有的男性必须代表自己的妻子，以捐赠或税款的形式承担节庆的

---

1 除L. Farnell, *Cults of the Greek States*; L. Deubner, *Attische Feste*; M. P. Nilsson, *Geschichte der griechischen Religion* 外，还可参见 Ar. *Thesm.* 和 Jane Harrison, *Prolegomena to the Study of Greek Religion*, pp. 120-62。

2 Isae. 6. 49-50.

3 Isae. 8. 19.

费用。[1]

关于这种完全由女性参与的节庆何以会存在，学者们提出过种种解释。一种假说认为这种女性崇拜形式是从母权制时代延续下来的，当时所有的宗教都是由女性控制的。另一种解释认为，妇女们在较早的社会里负责园艺，因而会参与丰产崇拜。无论当时的社会结构究竟如何，女性与分娩和丰产的联系是显而易见的；我们也不难理解人们试图通过女性影响庄稼收成的冲动。

对雅典古风与古典时代历史的比较给了我们这样的印象：女性在古典时代被迫退出了历史舞台的中心位置。显然，公元前5世纪的历史中没有哪个可敬的女性的故事，能够跟庇西特拉图宫廷里那些女性成员的事迹相提并论。在比较古风与古典时代的雅典，以及比较雅典社会与斯巴达或罗马社会之后，我们有理由认为，一些雅典女性（至少是社会上层的女性）曾在贵族社会中呼风唤雨；而没有一个女性能够在民主制下享有同等地位。公元前5世纪民主制取代贵族制，导致了全体女性的地位下降，且对有时间和手段展示和享受财富的贵族妇女的打击最为沉重。我们还有理由认为，在凭借出身是否高贵、家庭是否富有等标准区分男性社会地位的秩序崩塌之后，个体男性之间的平等关系随之变得令人无法容忍。他们统治的欲望已变得如此强烈，以至于雅典男性公民们开始宣称自己是一个整体阶层，其地位凌驾于所有其他社会成员之上，包括异邦人、奴隶和女性。

---

1 Isae. 3. 80.

第5章
雅典古典时代女性的私生活

在临终之前，苏格拉底直截了当地打发走了自己的妻子克珊 79
西佩，表示自己希望在男性朋友们的陪伴下死去。这一戏剧化的夸张情节反映出了那个时代夫妻之间的感情距离。[1] 丈夫与妻子之间的疏远也延伸到了其他领域。雅典的男性和女性各自过着不同的社会生活，而我们手头的大部分信息都是关于男性的。一个似乎容易一点的处理办法是去描述男性的生活，然后轻描淡写地声称，女性并未参与其中的大部分事务。

女性的幽居生活

男女有别在空间上得到了强调。男性一天中的大部分时间都会待在公共场所，如集市上或体育馆里；受人尊敬的女性则待在家里。与男性逗留徘徊其中的富丽堂皇的公共建筑相反，雅典古

---

1 Pl. *Phd.* 3. 60A.

母亲给婴儿哺乳的场景，红像陶水瓶，约公元前440—前430年。这种表现母亲在家宅庭院中为婴儿哺乳、丈夫在旁注视的场景十分罕见。高背座椅表明她是家中的合法妻子。她的手镯与刺绣披风表明，这个家庭是相当富有的。一名女奴或亲戚站在旁边，右手拿着一只纺锤。她的左手向后伸，正在从身后盛放羊毛的篮子中取出未纺的羊毛。画面中标出了这些传说中人物的名字：男子为安菲亚劳斯。坐着的女子为他的妻子埃瑞福勒（Eriphyle），婴儿是阿尔克迈昂（Alcmeon）。纺织女子头上的铭文字样为“德谟（Demo）”。我要感谢艾尔弗瑞德·克瑙尔（Elfriede Knauer）提醒我关注该陶瓶，以及克莱瑞福·格兰多安（Claireve Grandjouan）对该情景的解读。该陶瓶画公布于Ulrich Gehrig, *Führer durch die Antikenabteilung* (Berlin: Staatliche Museen Preussicher Kulturbesitz, 1968), F2395。

典时代的私人住宅通常是阴暗、肮脏、有害健康的。[1]

女性之所以待在家里，不仅仅是因为她们的工作性质没有提供多少外出的机会，还因为受到了公共舆论的影响。许多家庭都会拥有至少 1 名女奴，[2] 但即便可以使唤女奴，妇女还是会受到家庭、丈夫与孩子种种需求的束缚。[3] 相对富有的妇女们通常会有更多时间待在家里，差遣手下的奴隶们出去跑腿。没有奴隶可使 80 唤的贫苦妇女们就无法做到大门不出，二门不迈。[4] 事实上，妇女们也喜欢结群搭伴，在打水、洗衣服或借东西的时候彼此闲聊几句。

各个阶层的女性都会外出参加节庆与葬礼。妇女与哀悼之间的密切联系在较早时期就已非常显著，并一直延续到了古典时代。为了促进雅典城邦的民主化，梭伦立法限制了女性对葬礼的参与度，因为雇佣大批妇女进行仪式化哀哭正是显赫家族展示其自身财富的手段。从前在庭院里进行的停尸环节如今挪到了室内。只有 60 岁以上的妇女以及侄女和更近的女性亲属，才有资格进入死者的停尸房，跟随男性送葬队伍护送遗体前往墓穴处。[5] 克珊西佩在苏格拉底被处决当天受到了冷遇，但苏格拉底的举动并不是常态。当一些男子被臭名昭著的三十僭主判处死刑时，他

1 R. E. Wycherley, *How the Greeks Built Cities*, p. 187.

2 Dem. 24. 197.

3 Ar. *Lys*. 17-19, 880-81.

4 Arist. *Pol*. 4. 12.9 (1300a); 6. 5. 13 (1323a); Xen. *Oec*. 7. 35-36.

5 Dem. 43. 62; Alexiou, *op. cit*., pp. 15-22.

们会召唤自己的姐妹、母亲、妻子和其他女性亲属前来探监。[1]

女性是否会参加戏剧表演是一个争议较大的问题。她们似乎确实参与过，但持相反观点的说法也具备可信度。[2]戏剧节庆活动源自对狄俄尼索斯的崇拜，所有角色都应由男演员扮演。但欧里庇得斯的《酒神的伴侣》（*Bacchae*）表明，女性也是狄俄尼索斯崇拜的狂热参与者。但没有奴隶照看孩子，妇女们可能都没有时间参加一整天的表演，甚至无暇观看一场完整的戏剧表演。这一争议的有趣之处在于，尽管近年来关于该话题的讨论连篇累牍，但女性无论是缺席还是在场，其实都没有被古代作家的现存文本注意到。

两性隔绝的习俗在私人住宅的设计中也有所体现——住宅内部空间会被划分出专属于男性和专属于女性的区域。[3]女性通常住在相对幽深的房间里，远离街道与房屋的公共区域。如果一座房屋分为两层，妻子会带着女奴住在楼上。性别空间的划分可以限制女奴在没有主人准许的情况下生儿育女。[4]

然而，一些线索似乎暗示，这种通行的体统标准在伯罗奔尼

1 Lys. 13. 39.

2 如 Ehrenberg, *op. cit.*, pp. 27-28 note 2; 201。根据可能由狄杜姆斯（Didymus）于公元前 1 世纪创作的《埃斯库罗斯传》，曾有观众席上的妇女在《复仇女神》（*Eumenides*）上演时流产。

3 根据 D. M. Robinson and J. Walter Graham, *Excavations at Olynthus 8: The Hellenic House*, pp. 167-68 的解释，这种布局是雅典所独有的。但 Hdt. 5. 20 描述了马其顿王宫中的女性专属区域，3. 123 则提及了波吕克拉底家中的男性专属区域。Plut. *Pelopidas* 9. 5 提及了底比斯的女性专属区域。

4 Xen. *Oec.* 9.4-5; 根据 Dem. 47. 56 的记载，女奴们是住在高塔中的。

撒战争后期被废弛了。安多基德斯提及过一个臭名昭著的三角婚 81
姻关系，其中涉及卡利阿斯和2名女性公民，一个是他的合法妻子，另一个是他的丈母娘——但做了他的妾，最后还为他生了一个儿子。[1]还有一个例子是亚西比德的妻子希帕瑞特，她离家去办离婚手续时似乎展现出了非凡的独立性。

另外一名出身高贵但举止乖张的妇女是阿尔克迈奥尼德斯（Alcmaeonides）的妻子阿伽里斯特。她是证明亚西比德在查尔米德（Charmides）家里庆祝了秘仪的三位证人之一。[2]按照和平时期对妇女约束的严格程度来看，她能够在深夜目击这一庆祝活动，并公开指认几名参与者的做法是不同寻常的。

自由女性通常过着离群索居的日子，以免被近亲之外的男性看到。一位演说家坚称，一些良家妇女甚至不愿意被男性亲属看到，而陌生男子在另一位男子的家中侵扰女性的做法已相当于犯罪行为。[3]在公元前4世纪初，一名杀害妻子情夫的男人描述了其居住环境的鲜明图景：

> 雅典人啊，当我决定结婚，并迎娶一位妻子过门时，起初我既不过多干预她的生活，也不允许她过于放纵地为所欲为。我尽可能密切地关注着她的举动，一丝不苟地尽着自己作为丈夫的职责。但在儿子出生以后，我开始信赖她，将自

1 Andoc. 1. 124-27.

2 Andoc. 1. 16.

3 Lys. 3. 6-7; Dem. 47. 53.

己的全部财产都交到她手里，认为这是我们亲密关系的最可靠凭证。

雅典人啊，她起初是极其优秀的妻子。她聪明、节俭，将家里的一切料理得井井有条。但在此之后，我的母亲过世了，她的撒手人寰成了我后来一切麻烦的根源。因为就在我妻子参加葬礼的时候，这个男人看见了她，并慢慢勾引了她。他总是等着我们家里去集市买菜的女奴，给她出主意，最终收买了她。

先生们，我必须先向你们交代，我的小家分为上下两层，女性的活动空间在上，男性的活动空间在下，二者的面积是相等的。

我们的儿子出生后，他的母亲亲自哺乳。为了避免她每天下楼给孩子洗澡时出什么意外，我搬到了楼上，女人们搬到了楼下。这样一来，我的妻子经常下楼跟孩子一起睡，以便随
82 时给他喂奶，免得他哭闹。这种做法久而久之便成了惯例。

这种局面维持了很长时间，我从未产生过任何怀疑。头脑简单的我相信，自己的妻子是雅典城里最贞洁的妇女。

先生们，日子一天天地过去。有一次，我突然从地里回来。晚餐过后，我的儿子开始哭闹。事实上是因为家里的女奴故意挑逗他哭闹，因为当时那个情夫就藏在家里——这是我后来得知的事情。

我吩咐妻子去给孩子喂奶，不要再让他哭闹了。她起初表示拒绝，似乎很高兴看到我离开许久后回家。最后我生气

了，命令她赶紧下去。

她说：“对，那样一来，你就可以挑逗这里的小侍女了。你之前喝醉了的时候就拉扯过她！”

我大笑起来。她起身走出房间时带上门，假装在开玩笑，把门闩上了。我没有多想，完全不曾怀疑，因为我很想在长途跋涉后睡个好觉。

第二天早上，她回来打开了门。我问她夜里为何大门有响动。她说孩子身边的灯灭了，她得出去向邻居借个火。

我没再多说什么，认为事实的确如此。但是先生们，我突然发现，她的脸上似乎化了妆，尽管那时离她兄弟去世还不到30天。但即便如此，我还是什么都没说，一言不发地离开了。[1]

上文的陈述者优弗利图斯（Euphiletus），正在针对蓄意杀人罪的指控为自己辩护，因为他和朋友们一道杀死了被他们捉奸在床的埃拉托色尼。

这段话引起了人们对优弗利图斯动机的一些怀疑。在妻子为他生了一个儿子之后，他们的婚姻目的便实现了。优弗利图斯小心翼翼地指出，妻子的不检点行为是在孩子出生以后，因而他儿子的合法身份是不容置疑的。他自己搬到了楼上，可能是在那里与女奴偷情。他承认妻子对自己有过这方面的指责。我们有理由相信，这一指责并非无的放矢；不然就无法解释为什么深夜给孩

1 Lys 1. 6-14.

子换洗的是母亲，而不是女奴。尽管我们无法证实此事，但优弗利图斯很可能扣留了妻子的嫁妆，把它留给了儿子，作为对她通奸行为的惩罚。如果戴绿帽子的丈夫必须退还嫁妆，那么他就等于是为并非由自己犯下的罪行遭受惩罚；而倘若与人通奸的妻
83 子在没有嫁妆的情况下回到亲戚身边，他们可能要因为没教育好她而被课罚金。优弗利图斯的经济状况一般。他承认自己房子很小，家里只有一名女奴，并且没有找奶妈。即便如此，他还是坚持在家中划分出专属于丈夫和妻子的不同区域，虽然妻子有时候会睡在丈夫房里。（他声称自己起初不过多干预妻子的生活，可能是很少与她同房的委婉说法。）

良家妇女们的衣饰也能遮挡陌生男人的目光。按照现代标准来看，当时女性的服饰是很简单的。[1] 古典时代良家妇女常穿的衣服布料通常为羊毛或亚麻，妓女们则会身穿用番红花染色、如薄纱般透明的衣服。女性的服饰风格为爱奥尼亚式或多利亚式。两种风格的衣饰都可以搭配披肩（*himation*），披肩也可以像头巾一样罩在头上。由于爱奥尼亚式希顿衬袍更能蔽体，它被更多地用作公共场合的服饰。短袍则被当作家居服、睡衣和衬裙。凉鞋和拖鞋的样式很多。有人会穿用皮条拴起来的夹趾凉鞋，以及绑带绑至小腿肚的凉鞋。一些妇女还会穿厚底鞋，以便让自己看上去更高。[2]

1　关于当时的女性服饰，参见 U. E. Paoli, *La donna greca nell' antichita*, pp. 13-35。

2　Xen. *Oec*. 10.2; 根据 Angel, “Paleoecology”, p. 29 的统计，当时女性的平均身高为 61.5 英寸（约 1.56 米），男性则为 66.8 英寸（约 1.70 米）。

陶瓶画描绘了妇女们沐浴和梳妆打扮的场景。她们会烧掉或拔掉自己多余的体毛。[1] 主妇和妓女们都会使用化妆品。皮肤白皙的女子被认为是更有魅力的，因为那表明这位妇女足够富有，不需要到太阳底下暴晒。为了营造这一效果，妇女们通常会在身上涂抹白色铅粉或打遮阳伞防晒。她们还会在两颊涂抹胭脂。

尽管女性的服饰非常简单，她们的首饰和发型有时却相当复杂。妇女们喜欢披散着头发，头顶戴着冠冕或头带，或者把头发盘成一个发髻，用发带或网兜固定住。她们有时也使用假发。女奴们通常留着短发。那个时代保留下来的一些精致珠宝至今仍令人叹为观止：它们跟铜镜、化妆品盒一道保存在妇女们下葬的墓穴里。

一些妇女的墓碑浮雕会描绘她们从奴隶呈上的盒子里挑选珠宝，或是对着镜子打扮自己。我们在第 3 章中已经注意到，古风时代的阿提卡境内缺少纪念妇女的墓穴，并大胆猜测，此类坟墓 84
的缺失可能跟公元前 6 世纪反奢侈法案的生效有关。由于妇女的服饰与活动往往是对丈夫财力的一种展示，当考古学家们在女性墓葬中发现反映家族地位的标志以及有闲阶层使用的日用品时，也就不足为奇了。

1 Ar. *Lys*. 88, 149; *Thesm*. 215-47, 538-40; Ehrenberg, *op. cit*., pp. 34, 179. 一些陶瓶画中会表现体毛。

一名女性的墓碑，约公元前400年。画面上表现了女奴为女主人手捧首饰盒的亲密场景。女子身穿带袖上衣、长袍与披肩。但她身穿的衣物透明且暴露。现藏于大都会艺术博物馆。

赫格索（Hegeso）的墓碑，约公元前400年。赫格索舒适地坐在躺椅里，把脚放在脚凳上，正在从奴隶手持的首饰盒中挑选一条项链。现藏于雅典国家博物馆。

女性的身体状况：早婚早育带来的损伤

对几何陶时代墓葬的研究表明，女性在生儿育女阶段的死亡率会提高。分娩是一件困难的事情。美狄亚曾声称，自己宁愿去前线冲锋陷阵3次，也不愿生1个孩子。[1]许多妇女都会向分娩女神厄勒梯亚敬献感恩祭。死于分娩的妇女的长袍会在布劳伦献给阿耳忒弥斯，[2] 因为后者乃是女性生命周期的保护女神。一些古典时代的浮雕也会表现明显死于分娩的妇女形象。[3]从古典时代起，直至罗马时代，向医神阿斯克勒庇俄斯（Asclepius）提供馈赠的女性一直比男性多。[4]

母亲和接生婆通常会帮妇女分娩。[5] 一些男医生也会帮忙。但希波克拉底的《格言集》（*Aphorisms*）中的一些例子表明，他们实际上也帮不了什么忙：

30. 急性疾病对于孕妇而言是致命的。

31. 孕妇失血时容易诱发流产，尤其是在胎儿很大的情况下。

32. 如果女性呕血，这一现象会在来月经时停止。

41. 确定一名妇女是否怀孕，可以让她在没吃晚饭的情况

---

1 Eur. *Med*. 250-51.

2 Eur. *Iph. Taur*. 1404-9.

3 Kurtz and Boardman, *op. cit*., p. 139.

4 McClees, *op. cit*., pp. 17-22.

5 Eur. *Alc*. 318.

下喝蜂蜜酒。如果她胃部岔气，就是怀孕了；反之则没有。

42. 如果孕妇怀的是男孩，她的气色会很好；怀女孩的话，气色会很差。

43. 子宫肿胀对孕妇而言是致命的。

48. 胎儿是男孩的话会向右倾，是女孩的话会向左倾。

49. 当医生用药帮助分娩后的孕妇打喷嚏，以便排出胎盘时，要记得堵住孕妇的口鼻。

85 早婚早育以及长期生活在室内都对雅典女性的健康很不利。在一生可生育的20年中，女性的妊娠次数主要集中在头10年里。这意味着她们在16—26岁期间面临着极高的生育风险。值得注意的是，尽管普鲁塔克出于某些原因仍主张早婚，但他也称赞过斯巴达女孩们18岁才出嫁的习俗，认为这个年龄段的女性身体更适合生儿育女。色诺芬、柏拉图和亚里士多德都相信斯巴达社会中与女性相关的习俗更合乎健康标准。色诺芬称赞斯巴达人一视同仁地养育女孩和男孩，指出这种举动在希腊人中并不常见。[1]而关于男童女童的区别对待，有时从新生儿哺乳期便开始了。在公元前489年，波斯波利斯城内向爱奥尼亚妇女发放的“母亲津贴”中，生男孩的母亲分到的葡萄酒、大麦酒和谷物是生女孩的

1 Plut. *Lycurgus* 14; Xen. *Const. Lacedaemonians* 1. 3.

两倍。[1]

色诺芬也赞成斯巴达人鼓励女性锻炼的做法，认为那有助于她们保持适合生育的身体状态。斯巴达妇女的健壮体格引得喜剧《吕西斯特拉特》中的雅典主妇们议论纷纷。[2]当然也有人认为，承担烦琐的家务，尤其是在织布机前穿梭往返，也为雅典妇女们提供了足够的锻炼机会。

在《理想国》中，柏拉图为女性设计了一套锻炼身体的计划，并指出男女首次做父母的最佳年龄为女性20岁，男性30岁。后来，在《法律篇》中，他将女性婚育的最低年龄下调至16—20岁之间。[3]

亚里士多德主张强制孕妇们锻炼身体，他建议通过一项法令，要求孕妇每天必须出门，膜拜保佑分娩的诸位神明。他还声称，女性过早生育是不妥的，因为在这种情况下生女孩的概率更大，并且母亲们会忍受更大的痛苦，也容易在分娩时死亡。他建议男女的最佳婚龄为女性18岁，男性37岁。[4]

确实有很多女性活到了适育年龄之后。但我们手头关于停经的记载要远少于月经初潮的记载，说明活到那一阶段的妇女相对

---

1 关于母亲的配给份额，参见Richard T. Hallock, *Persepolis Fortification Tablets*, pp. 344-53（爱奥尼亚妇女们的相关信息载于1224号泥板文书）。本条注释得自于恩斯特·巴狄安（Ernst Badian）的指点。

2 Ar. *Lys*. 80-83.

3 Pl. *Republic* 5. 452; 5. 460E. Pl. *Laws* 6. 785; 8. 833D.

4 Arist. *Pol*. 7. 14. 4; 7. 14. 9 (1335a-b).

86 较少。停经的年龄通常在40—50岁之间。[1] 梭伦的丧葬法令准许60岁以上的非近亲女性参加吊唁，说明确实会有一部分妇女活到高寿。[2] 高龄男性同样存在，但老年人口仅占总人口很小的一部分。

性生活

女性公民的性行为受到法律约束——其中大部分法令被归在梭伦名下，而梭伦本人是一名同性恋。[3] 如果监护人当场抓住与人通奸的未婚女性，他有权把她卖为奴隶。但我没听说过任何一个这样的案例，如此严厉的惩罚或许只是一种震慑，也或许是做父亲的并不希望家丑外扬。由于公民婚姻的目的是生育合法子嗣，通奸构成了一种公然冒犯——因为它有可能让一个跟丈夫毫无血缘关系的孩子（甚至可能是非雅典人的后裔）进入丈夫的家庭和本氏族的家族崇拜体系以及雅典公民的登记簿里。通奸的男女双方都会受到严厉惩罚。尽管存在这些惩戒措施，还是会有通奸案的材料保留下来。

无论通奸具体是强暴还是诱拐，男性都会被视为法律上的施暴者或主动方，女性则被视为被动方。按照法律的要求，丈夫必须休弃被强奸的或与人私通的妻子。遭到指控的女性没有机会为

1 Amundsen and Diers, "The Age of Menopause in Classical Greece and Rome."

2 Dem, 43. 62. 4. Davies, *op. cit.* 中列举的一些女性活到了晚年，但她们都是有产阶级的成员。

3 关于这些法律，参见 A. R. W. Harrison, *op. cit.*, pp. 32-38, and Lys. 1。

自己辩白，她的监护人可以代表她这样做，但辩护成功的希望很渺茫。被定罪的女性不得参加公共节庆活动，不得佩戴珠宝；最严厉的处罚是她有可能成为社会的弃儿，再也无法找到丈夫。

对通奸男人的处罚，集中反映了雅典人对于家庭和女性的态度。强奸罪的处罚力度比诱奸罪轻，诱奸是比强奸更恶劣的罪行。因为诱奸意味着双方交往了一段时间，诱奸者在此期间获得了女方的好感，并侵犯了丈夫的财产。在一个只有成年男子和男孩被视为家族永久性成员的城邦里，从父家进入夫家的女性很
容易被丈夫怀疑她对自己家族的忠诚。因此，愤怒的丈夫有权利 87
（但无义务）杀死诱奸者。强奸者会引起女方的仇恨，因而对丈夫的威胁较小。对强奸罪的处罚方式是罚一笔钱。

此外，雅典关于性行为的法律并不仅限于约束人们不得做什么，还会要求人们应该做什么。如女继承人的丈夫应当每月与她同房 3 次。这表明婚姻的主要目的在于生育继承人；但普鲁塔克也提供了另一个维度的解释，声称所有丈夫都应该每个月与贤惠的妻子亲热 3 次，因为这样有助于缓解紧张的婚姻关系。[1]

每月同房 3 次被视为是对“贤惠”的公民妻子足够的性生活关怀，许多妻子拥有的性生活次数显然低于这一标准。雅典古典时代两性的社会分隔，以及规范夫妻关系的法律条文，都意味着夫妻之间的性生活更多只是一种义务，而非情感上的亲密关系。在《吕西斯特拉特》中，丈夫们确实是因为性饥渴而屈服的，但

---

1 Plut. *Solon* 20. 3.

这并不意味着夫妻性生活里有情感上的交融。如果丈夫没有外出作战、过同性恋生活或是与妓女同居，他很可能会在生育了足够数量的儿女后单独睡觉，或与女奴同床，以避免妻子冒堕胎或杀婴的风险。因此，我们有理由认为，大部分雅典女性公民的性生活是不如意的。

由于严厉惩罚措施的威慑，通奸对男女而言都不是令人心安理得的明智做法。雅典的社会氛围也不鼓励女性之间的同性恋关系。因此，自慰似乎是相对容易被接受的满足妇女性欲的方式。一些陶瓶画上描绘了女性用来自慰的拟阴茎形状的工具。《吕西

使用两条人造阴茎的女子。古风时代后期的红像陶酒杯，画家署名尼科斯特斯（Nicosthenes）。画面上描绘了一名带有阿非利加地区体态特征的裸体女性。现藏于大英博物馆。

斯特拉特》中那些良家妇女们也会提到此类用具：

> 吕西斯特拉特：这是我在许多不眠之夜反复把玩的东西。 88
>
> 卡伦尼克：如果你反复把玩，它肯定会变得越来越细。[1]

在这种性饥渴的氛围下，女性的自慰现象几乎可以说是见怪不怪。柏拉图为此虚构了一则神话（他将其归在阿里斯托芬名下），以此来解释女同性恋的自然起源，[2]不过我们手头并无坚实证据可以表明女性公民之间确实存在同性恋关系。然而，在古代史的研究中，我们不能认为“无记载便不存在”的论证方式是可靠的，很可能流传下来的史料只是不屑于描述无男性参与的性行为而已。

在讨论雅典良家妇女之间是否存在同性恋关系时，我们倒是可以先关注雅典社会所欠缺的两点重要特征，同时也是斯巴达及莱斯博斯岛上的米蒂利尼市所具备的。我们可以确定这两个地方存在女同性恋。与其他城邦不同，在雅典，女性通常不会受到同性群体的高度尊敬；并且雅典少女们也不会像斯巴达和莱斯博斯妇女那样在常见的全女环境中接受教育。雅典女性幽闭闺阁，从少女时代起便被切断了与男性（包括她们的丈夫）的联系，而且

---

1 Ar. *Lys*. 26-28. 原文为 {Λ Υ.} “Ἀλλ’ ἔστιν ὑπ’ ἐμοῦ πρᾶγμ’ ἀνεζητημένον | πολλαῖσί τ’ ἀγρυπνίαισιν ἐρριπτασμένον. | {ΚΛ.} Ἦ πού τι λεπτόν ἐστι τοὐρριπτασμένον.” 阿里斯托芬在此使用了双关语，字面意思也可以解释为“这是我在许多不眠之夜反复权衡的事务 / 反复权衡总是好的。”——译者注

2 Pl. *Sym*. 190A-B.

与女性群体之间的联系也被切断了，除了母亲、姐妹与女奴，她们几乎很少与其他女性联系。

另一方面，我们又很清楚，雅典妓女们不仅拥有多个异性恋伴侣，彼此间还建立了同性恋关系——相关证据同样是陶瓶画上供两名女子同时使用的阴茎形用具。不过，良家妇女和妓女之间的差异巨大，以至于我们不敢借助对其中一个群体的认知去推测另一个群体的情况。相反，我们必须将后者视为一个独特的群体加以研究。

妓女

早在古风时代，娼妓行业便已盛行于希腊。大城市可以提供大量妓女，尤其是那些水手们来来往往的海滨城市。如前所述，
89 让雅典成为希腊大陆上极具吸引力的城市的原因之一，便是那里设立了由女奴提供服务的城邦妓院。[1]

充当妓女的并不只有奴隶。跟其他奴隶一样，妓女也有可能被主人赐予自由，或设法向慈善家（有时是自己从前接待的主顾）贷款来赎身。她会利用自己作为自由人妓女的收入来偿还贷款。[2] 通过这种方式，许多被释女奴以及没有雅典公民权的自由人妇女长期定居在雅典，以妓女的职业谋生。她们需要注册登

1 Ath. 13. 569d-e.

2 Dem. 59. 30-32; Lacey, *Family*, p. 172 及相关注释。

记，并缴纳一种特别税种。这一社会群体中最高级的一类妓女是艺妓（*hetairai*），也被称为“伴侣”。许多高等妓女不仅拥有美丽的外表，还接受过文化教育，具备艺术天分。这些禀赋使她们在雅典男人们的聚会上成为比合法妻子更理想的伴侣。在公元前5世纪的雅典城里，最著名的女性乃是拥有外来血统的阿斯帕西娅（Aspasia），这并非偶然现象。她以“伴侣”的身份起家，最后当上了雅典政治领袖伯里克利的夫人。阿里斯托芬戏称，伯里克利是在她的影响下发动了伯罗奔尼撒战争的。[1] 普鲁塔克的态度则要温和得多。他写道：

> 有材料指出，阿斯帕西娅之所以深受伯里克利青睐，是因为她非常聪明，在政治上也十分机敏。苏格拉底有时会带着学生去拜访她；他的好友们也会带着自己的妻子去聆听阿斯帕西娅讲话——尽管她主管的机构并不体面：阿斯帕西娅负责教育一批少女同伴，将她们培养成高级妓女。埃斯库罗斯声称，出身低微、性格粗俗的牧羊人吕西克勒斯由于在伯里克利去世后同阿斯帕西娅生活在一起，就成了全雅典城最重要的人物。因此，柏拉图在《美涅克塞努》中的很多说法是正确的（尽管第一部分有些胡说八道），即阿斯帕西娅因担任许多雅典人的修辞学教师而闻名于世。然而，伯里克利对阿斯帕西娅的爱情主要是一种情色之爱。他的合法妻子是自

1 Ar. *Ach.* 526-34.

己的近亲，之前与希波尼库斯结过婚并为他生育了“富有者”卡利阿斯。后来又嫁给了伯里克利，为他生育了克珊西普斯和帕拉鲁斯。再后来，当他们发现婚后生活并不和谐时，伯里克利征求妻子的同意，把她嫁给了另一名男子，自己则娶了阿斯帕西娅，并与她恩爱有加。传说他每天动身前往广场
90 前以及回家后都会同阿斯帕西娅热吻。

她在喜剧中被称作翁法勒、得阿涅拉或赫拉再世。克拉提努斯在下文中公开称她为娼妇。

“索多米将阿斯帕西娅视若赫拉，但那是一个不知羞耻为何物的娼妇。”

此外，她似乎为索多米生了一个私生子。因为欧波利斯在《人民》中安排他问道：

“我的私生子还活着吗？”

米罗尼德斯答道：

“是的，要不是因为畏惧那个邪恶的妓女，他早该长大成人了。”[1]

现代学者们的研究驳斥了普鲁塔克的若干说法。伯里克利似乎至少是在与妻子离婚5年后才开始同阿斯帕西娅交往的。她为伯里克利和自己的下一任丈夫吕西克勒斯各生了一个儿子。[2]

---

1 Plut. *Pericles* 34. 3-6.

2 Davies, *op. cit.*, pp. 458-59.

在柏拉图的《美涅克塞努》(它当然并非一部严肃作品)中，我们听说阿斯帕西娅创作了上文提及过的一篇葬礼演说词。这篇演说词告诫女性公民要注意规范自己的行为举止。在《美涅克塞努》中，阿斯帕西娅要求妇女尽全力养育子女。[1]听起来似乎并不是受过教育、思想自由的阿斯帕西娅能讲出来的话。但我们也必须牢记，她告诫的对象是公民们的妻子，而非像自己那样的女性。

已婚雅典男性是可以与妓女同床的。当然，主人或主人的朋友也可以同女奴发生性关系。[2]我们很少听说他们的妻子表示反对，尽管优弗利图斯的妻子拿丈夫与女奴的亲密关系开过玩笑。然而，当亚西比德炫耀自己寻花问柳的自由，居然把妓女们带到自己家里时，他的妻子一气之下弃门而去，想要与丈夫离婚。她有一大笔嫁妆（结婚时10塔兰同[3]，生儿子时又有10塔兰同），如果离婚申请被批准，亚西比德就不得不把嫁妆退回去。因此，当希帕瑞特想在执政官那里提交离婚申请时，亚西比德直接抓住了她，带着她穿过市场回家去了。没有任何人敢拦阻他。希帕瑞特继续同他生活在一起，没多久就去世了。[4]亚西比德本人在流放生涯中名誉扫地，他死后，一名对他忠诚不贰的妓女提曼德拉

1 Pl. *Menex*. 4. 236B; 4. 237E-238B.

2 Xen. *Oec*. 10. 12.

3 塔兰同是古代中东及希腊罗马世界使用的质量与货币单位，通常用来形容黄金或白银的重量，一些权威学者估计1塔兰同的实际重量在20—40公斤之间。——译者注

4 Plut. *Alcibiades* 8. 3-6; Andoc. 4. 14.

91 （Timandra）操办了他的葬礼。

男性很少在30岁之前结婚。除了去找妓女和女奴外，未婚男子是没有什么异性恋机会的。由于当时总人口中的女性似乎少于男性，共用女性或妓女成为了解决办法。一些男子会纳妾，同后者建立基本上稳定不变的性伴侣关系。当一名男子同妾住在一起后，她就跟合法妻子一样被视为该男子性生活中的财产。强暴或绑架妾所受到的惩罚与冒犯合法妻子一样。在公元前451—前450年的公民权法令颁布之后，合法婚姻同非正式结合之间的重要区别在于，妾所生的孩子不被视为公民，并且他们的继承资格也存在一些问题。

妓女们被冠以只认钱的坏名声。在雅典，她们是唯一能够独立掌控大量钱财的女性。从被萨福兄弟释放的埃及妓女罗多皮斯（Rhodopis）的时代起，世人便相信，妓女们可以用她们的钱财干很多惊天动地的大事。相传，罗多皮斯出资建造了一座金字塔。希罗多德认为这个故事不足凭信，但却描述了他认为是罗多皮斯献给德尔斐的昂贵祭品。[1]这是希腊人关于挥金如土的妓女的众多故事中最早的一个。

罗多皮斯和阿斯帕西娅只是大获成功的特例。在缺乏男性保护人的情况下，妓女的生涯其实充满风险。诚然，尼埃拉养活过3个孩子，但妓女群体的弃婴行为似乎比女性公民更普遍。妓女们可能宁肯要女儿，也不要儿子；因为女儿可以继承自己的职业。

---

1 Hdt. 2. 134-35.

她们也会买下身为奴隶的少女，或捡来别人遗弃的女婴。[1]她们把这些女孩养在妓院里，训练她们从事自己的行当，以便将来年老色衰时有所依傍。

从现代人的眼光来看，雅典妇女的生活是暗无天日的，尤其是在与雅典男性所享有的机会相比时。但我们无法判断当时的大部分女性是否真的对此心怀不满或怏怏不乐。女性公民受到法律的关照和保护，她们也满足于自己的子女可以成为公民。由于嫁妆制度的存在，大部分女性一生都可以衣食无忧；寡妇和老妇人还会受到法律的特别保护。[2]尽管当时的喜剧折射出对女性的敌视，
但它们同时也反映了夫妇之间的爱情。女性的意见是具备一定影 92
响力的。例如，尼埃拉的指控者提醒陪审团，如果他们将她无罪开释，就将面对自己妻子、女儿和母亲们的质问。[3]尽管家里有奴隶忙里忙外，主妇离家后还是会受到特别的思念，因为孩子们和这个家需要她的照料。[4]墓葬浮雕中表现了全家人——丈夫、儿女和奴隶——在妻子去世之际的哀伤。下面这段文字乃是公元前4—前3世纪期间铭刻于雅典港口比雷埃夫斯（Piraeus）的一则墓志铭：

卡瑞斯特拉特长眠于她的墓穴之中。她生前得到了丈夫

---

1 Dem. 59. 18-20.

2 Aeschin. 1. 28; Arist. *Const. Athens* 56. 6.

3 Ps.-Dem. 59. 100. Cf. Lacey, *Family*, pp. 172-74.

4 Ar. *Lys*. 865-97; Ehrenberg, *op. cit*., chap. 8; Eur. *Ale., passim.*

的爱恋，去世后受到了他的悼念。[1]

尽管在现代女性眼中，高等妓女和深居简出的家庭主妇都不值得羡慕，我们却很容易将前者理想化，并对后者加以同情。[2]高等妓女可以接触到我们今天心向往之的雅典文化生活，人气十足、并非奴隶身份的妓女享有跟自己喜欢的任何人交往的自由。[3]我们手头拥有的史料肯定存在偏见，但有个客观事实是，我们知道有一些妓女尝试像良家妇女一样生活，却从未听说过女性公民想当妓女。因此，我们有必要重新审视雅典古典时代的两种女性角色——男子的性伴侣与妻子——哪一种才是更优越的。

---

1 G. Kaibel, ed., *Epigrammata Graeca* 44. 2-3. Cf. R. Lattimore, *Themes in Greek and Latin Epitaphs*, p. 275.

2 如 Clive Bell, *Civilization*, pp. 238-45。

3 Xen. *Mem*. 3. 11. 1.

第6章

雅典古典时代文学中的女性形象

戏剧中的女性与真实的女性

如果雅典的良家妇女们是深居简出、沉默寡言的形象，我们 93
又该如何解释悲剧和喜剧当中给人留下深刻印象的女英雄们呢？为何女性同男性抗争的主题在古典时代的戏剧中如此普遍？在审视与妇女直接相关的种种复杂解释之前，我们有必要重申一项基本事实：戏剧作家们关注的是个人同世界、同社会关系的方方面面。因此，他们对另一种基本关系——男性与女性的关系——的关注并不出人意料。值得关注的其实是，现实社会中的女性同舞台上的女英雄们之间一望即知的反差。为了尝试解释现实与虚构之间的矛盾，学者们提出了数种假说。

许多悲剧情节来自史诗作者们保存下来的源自青铜时代的神话。正如我们所看到的，史诗中的王室女性掌握着巨大权力——无论是在她们自己家中还是在公共场合的政治意义上。对于熟悉荷马作品的雅典观众而言，即便是离经叛道的欧里庇得斯也没有资格向他们展示一位沉默寡言、低眉顺眼的海伦或克吕泰涅斯特拉。基于同样的理由，底比斯的史诗传说呈现的也是俄狄浦斯的儿子们的手足相残。众人皆知，那个家族幸存下来的成员是安提戈涅和伊斯墨涅。索福克勒斯总不能把两姐妹篡改成两兄弟。一
94 言以蔽之，一些构成古典时代悲剧情节的神话描述的就是强势女性的事迹，古典剧作家们也不可能从根本上改变这些事实。

相信青铜时代母权制社会真实存在的学者们也为我们的问题提供了一种答案：青铜时代神话中男女两性的对立可以解释为，希腊人到来之前当地的土著母权制社会与征服者们引入的父权制之间的真实冲突。

这些神话起源于青铜时代的说法并不能解释，生活在至少700年后的雅典悲剧诗人们不仅对这些故事感到十分亲切，还会着重强调其中女英雄们的权力。例如，在《奥德赛》中，埃吉斯托斯乃是谋杀阿伽门农的首犯；而在埃斯库罗斯的几部悲剧里，作者转而强调，克吕泰涅斯特拉才是阴谋的首要倡议者。神话里的克吕泰涅斯特拉之女厄勒克特拉是一个平淡无奇的角色；在《奥德赛》中，俄瑞斯忒斯是独自为父亲复仇的；但两位剧作家都提升了厄勒克特拉的地位，围绕她和她的两难处境创作了整部戏剧。索福克勒斯同样也被认为虚构了克瑞翁与安提戈涅之间的冲突。荷马也记述过能够制服英雄奥德修斯的卡吕普索与喀耳刻，尽管奥德修斯可以更加轻松地面对其他磨难，但这两位都是女神。史诗中的凡间女性无论地位如何重要，其影响力都不及悲剧中的女英雄；并且她们的权力也不足以像在悲剧中那样，以一种普遍、尖锐的方式引发男女两性之间的冲突。

一些学者认为，生活在雅典古典时代的女性们同悲剧中的女英雄存在直接联系。[1] 悲剧诗人们是以自己认识的现实生活中的女性为原型的。基于这一假说，他们认为，真正生活在古典时代的妇女们并不深居简出，也没有受到严重压迫。他们举出的相关例证如悲剧中的女英雄们会花费大量时间在户外交谈，并不担心自己抛头露面。但这种论点其实缺乏说服力，因为悲剧中的情节主要发生在户外；如果女性角色一直待在家里，剧作家是无从塑造她们的形象的。该观点的支持者们反驳道，如果剧作家们从未有过同女性相处的机会，他们如何能如此准确地把握女性的心理。这些学者忽略了一个基本事实：剧作家们熟悉自己的女性亲属，也有机会同居住在雅典城里的众多异邦女性以及贫苦的女性 95
公民打交道——她们确实是会在城里四处走动的。至少有一类女性——家产殷实的公民妻子们——很可能确实过着大门不出，二门不迈的生活。

学者们不能仅仅以悲剧提供的信息为基础，去判断现实里女性的生活状态。只有在悲剧所反映的观念得到了其他类型史料支持的情况下，我们才能明确承认它适用于现实生活。我们可以说，伊斯墨涅关于妇女不应同男性对着干的言论[2]反映了现实生活中的情况，因为它跟来自古典时代的演说词与喜剧所传递的信息相吻合。但对于克吕泰涅斯特拉谋杀丈夫，美狄亚杀害儿子们，

---

1 Gomme, *op. cit.*; Hadas, *op. cit.*; Kitto, *op. cit.*, pp. 219-36; Seltman, *Women in Antiquity*, pp. 110-11, and "Status of Women"; and Donald C. Richter, *op. cit.*

2 Soph. *Antigone* 61-62.

或是安提戈涅确信政治反抗的合理性等例子而言，我们并不能认为这些行为跟古典时代的真实女性生活有多大关系，即便我们可以援引希罗多德笔下的个别零散先例，说明充满激情、咄咄逼人的女性确实存在（其中包括一名帮助篡位者谋杀丈夫的蛮族王后，一名曾在战斗中与男子交手的女性，一名割掉了对手母亲的乳房、鼻子、耳朵、嘴唇和舌头的女性）。[1]不过，作为古典文学中由男性塑造的女性形象，克吕泰涅斯特拉、美狄亚与安提戈涅等女英雄都是值得我们关注的对象。

一些学者用回溯式的心理分析方法研究了雅典古典时代男孩们的生活体验，以此来解释成年剧作家们对强势女英雄们的描绘。根据社会学家菲利普·斯拉特（Philip Slater）的说法，雅典男孩们的童年主要是在母亲和女奴的陪伴中度过的。[2]父亲白天通常不在家，因而没有人能够帮助留在家里的儿子反抗母亲的管制。当时的母子关系充满了模糊性与矛盾。与世隔绝的妻子对比自己年长、不够体贴、四处乱跑的丈夫怀有一种压抑的敌意。由于丈夫不在身边，儿子便成为一种替代，母亲一边对儿子大吐苦水，一边又对他宠爱有加。她要求儿子必须出人头地，并将自己的人生寄托在儿子身上。感情炽烈的母亲给男孩留下了深刻的印象，这一种子慢慢发展为成熟剧作家头脑中占据主导地位的女性形象。古典时代的剧作家们喜欢选取在他们眼中最为迷人的青铜

1 坎道里斯（Candaules）之妻：Hdt. 1. 10-13；阿尔特米希娅：8. 87；阿麦斯特里丝：9. 112。参见托米丽丝（Tomyris）对居鲁士尸体的报复：1. 214。

2 Slater, *op. cit.*

时代神话，因为它们反映了存在于自己身上的矛盾。“压抑的母亲”这个解释与儿子塑造的女英雄权力以反比例关系得到强化：96
母亲的感情越是受到压抑，她的行为越是自相矛盾，剧作家儿子所描绘的女英雄就越可怕。

斯拉特的假说是一次值得关注、试图回答一个困难问题的努力。有些读者可能会断然否定这种借助心理分析来解释古典历史的做法。但既然古老的神话有助于我们理解当下，那么利用现实中的批判工具去研究神话似乎也是合理的。不过斯拉特的分析确实存在着问题，正如相对传统的研究也有问题一样。首先，尽管雅典的成年人确实过着两性分居的生活，但我们并不能确定父亲们会长期远离自己的儿子们。对现代社会中早出晚归的父亲形象的迁移深刻影响了斯拉特对古代世界的印象。事实上，喜剧显示了父子关系有时会非常亲密：儿子们可以在父亲受邀时一起出门；一位父亲声称自己养育了襁褓中的儿子，并为他买过玩具。[1]其次，读者可能会接受斯拉特的假说，认为受到父权制社会束缚的女性会心怀怨恨，无论她们自己是否知道这一点。正如我们在第 5 章中看到的那样，一些女性的墓志铭表明，她们的生活是很美满的——当然这一证据需要打些折扣，因为铭文是由尚在人世的家庭成员选择措辞的，负责此事的可能大部分都是男性。但即便是在今天，许多人依旧相信，妇女可以在扮演持家者的角色中找到

---

1 Ar. *Birds* 130-32 and *Clouds* 1382-90, 863-64. Ehrenberg, *op. cit.*, p. 197. Marie-Thérèse Charlier and Georges Raepset, “Etude d’un comportement social: Les relations entre parents et enfants dans la société athénienne à l’époque classique.”

幸福，尤其是在履行社会传统赋予她们的职责的时候。因此，雅典妇女们很可能极少会面对属于罗马女性的那种内部冲突——后者经常产生的挫败感来自于她们有机会涉足男性主导的领域，但被男性专横地剥夺了近在眼前的相对自由。从现代观点来看，是否更有理由认为从早到晚不断纺织的无聊任务导致了雅典妇女的精神错乱，或者正相反，它让妇女们在圆满完成任务后获得了满足感？

我个人并不相信，我们能够通过斯拉特充分了解雅典母亲们的生活状态；但他的研究对于分析男性剧作家富有创造性的想象力而言，确实是有用的。在解释悲剧中的强势女性时，我们必须将目光投向悲剧诗人，以及其他负责戏剧评判并选出心目中最佳作品的男性评论者。关于女性的神话是由男性创造的；在由男性主导的文化中，它跟有血有肉的妇女们其实关系不大。这种说法
97 并不是要否认剧作家们的创造力受到了现实中他们认识的某些女性的影响。但与此同时，它也是整个公元前 5 世纪雅典社会环境的产物——成年男女彼此隔离的现实导致了对未知事物的恐惧。最后还有他所继承的文学遗产，包括史诗与古风时代诗歌中的厌女元素。

厌女心态源自对女性的恐惧。它反过来又塑造了男性优越的意识形态。但这只是意识形态而已，并非事实。因此，它无法得到证实，而是不断受到人们的质疑。男性的地位并非一成不变。母权制与阿玛宗人的神话说明，女性占据统治地位的局面曾经存在过。在阿里斯托芬现存的 11 部喜剧中，有 3 部表现了女性对

男性的成功抗争。像菲德拉那样深居简出的女性会渴望通奸，像克瑞乌萨那样的妻子会在婚前生下私生子，就连得阿涅拉那样的贤妻都会谋杀自己的丈夫。这些都是胜利者的梦魇：失败者有朝一日将会崛起，让从前的主人体验自己过去的待遇。

最重要的是，在荷马与悲剧作家之间的时代，城邦与约定俗成的行为准则已发生变化；在重组后的社会中，妇女和其他被剥夺了从前特权的群体都处于弱势地位。许多悲剧表现了妇女对既定社会秩序的反抗。正如埃斯库罗斯的《奥瑞斯提亚》指出的，像雅典这样的城邦，只有通过打破家族或血缘纽带，并将父权制家庭纳入到父权制城邦的管理之下，才有可能走向繁荣昌盛。但妇女们却同这一政治原则格格不入，因为她们的利益是私人的，与家庭绑定在一起的。因此，戏剧安排她们走出女性的生活空间，但她们关注的仍是儿女、丈夫、父亲、兄弟和比奥林波斯众神（他们是城邦的支持者）崇拜更原始、更重视家庭的宗教。这是舞台上的女英雄形象同现实生活中的雅典女性的共通之处。

悲剧中女性角色的反抗

许多悲剧探讨过女性与男性适宜的行为举止。这并不是说，它足以构成任何一部悲剧的核心主题。《阿伽门农》的主题是正义的伸张问题；但本小节对这部悲剧的讨论会撇开这一主旨，聚 98
焦在性别角色与对立这一次要话题上。

无论在哪个时代，女性举止的特征都是顺从与谦逊。《安提戈涅》中的伊斯墨涅、以阿伽门农家族为题材的几部剧作中的克律索忒弥斯（Chrysothemis）、《埃阿斯》中的忒克墨萨（Tecmessa）、《特剌喀斯少女》中的得阿涅拉以及悲剧中的女歌队都扮演着“正常”的妇女角色。由于正常的女性举止受到各种限制，行为超出传统限度的女英雄们有时会被形容为“像男人一样”。但这一头衔对妇女而言却并非恭维。亚里士多德认为，如果一名女性被视为跟男性一样，或者十分聪明机智，那对于她而言并不合适。[1]

与男性英雄一样，女英雄也并非寻常人物。在自身受到压迫的父权制文化之下，大部分妇女像伊斯墨涅那样逆来顺受。一些女英雄——如克吕泰涅斯特拉、安提戈涅与赫卡柏——则学会了占据统治地位的性别作风，以此来实现自己的目标。心理学家阿德勒将这种现象称之为“男性化抗议（masculine protest）”。[2]在《奥瑞斯提亚》三联剧中的第一部作品《阿伽门农》中，埃斯库罗斯笔下的克吕泰涅斯特拉掌握着政治权力，精心设计了一系列复杂行动——包括从特洛伊传递信号火炬，欺骗丈夫踏上紫色地毯，最终策划并实施了对他的谋杀。怙恶不悛的她炫耀着自己的性自由，宣称卡珊德拉的死将增添自己的快乐；并且只要情人埃吉斯托斯继续为她的壁炉点火，她的地位就可以高枕无忧。这一

---

1 Arist. *Poetics* 15. 4.

2 A. Adler, *Understanding Human Nature*, pp. 124-25. 关于将克吕泰涅斯特拉表现为男性、强调其谋杀动机为觊觎阿伽门农权力的分析，参见 R. P. Winnington-Ingram, “Clytemnestra and the Vote of Athena”。

双关语尤其令人震惊，因为传统上应由女性为父亲或丈夫的壁炉生火。

因此，由阿戈斯老人组成的歌队认为，克吕泰涅斯特拉的行为是男性化的，并称呼她为“夫人”，以此提醒她注意自己的女性身份。这一质问显得她好像是一个傻孩子。但克吕泰涅斯特拉用一篇复杂、精彩、展示了自己地理知识的演说予以回应。面对迟迟没有明白自己已谋杀了阿伽门农的歌队，克吕泰涅斯特拉不耐烦地反唇相讥道：“你们盘问我，仿佛我是一个愚蠢的女人似的。”歌队则继续思考着他们的国王被一名女子杀死的事实。倘若如《奥德赛》说的那样，是埃吉斯托斯亲手杀了阿伽门农，歌队就容易接受多了。在老人们眼中，克吕泰涅斯特拉与埃吉斯托 99
斯之间性别角色的倒置简直是匪夷所思。

在《奥瑞斯提亚》三联剧中的最后一部《复仇女神》中，埃斯库罗斯让男性和女性回归到各自的领域。选择弑母以报复母亲谋杀父亲的俄瑞斯忒斯得到了阿波罗和雅典娜的保护。神秘可怕的复仇女神［从前被称作“愤怒女神（Erinyes）”］被制服了，服从于支持父权制的奥林波斯诸神的统治。从此以后，她们将作为“善意女神（Eumenides）”赢得文明世界居民的爱戴。

由男性化的女性担任女英雄的做法在索福克勒斯的《安提戈涅》中得到了充分展现。这部剧以俄狄浦斯的女儿们哀叹僭主克瑞翁颁布的法令开篇。她们的哥哥波吕涅刻斯战死了。但克瑞翁禁止掩埋他的尸体，以此惩罚他对母邦的背叛。当安提戈涅要求为死者履行祭仪时，伊斯墨涅以她们不是男人为借口推托：

“我们生为女子，无法与男人们抗争。”她使用了具有深意的动词“*phyō*（生育）”，表明女性无法同男性抗争，是由自然（*physis*）而非人为的法则决定的。

专横的统治者克瑞翁对女人抱有特别的敌意。他的偏见是父权式的。他不能理解儿子海蒙对安提戈涅的爱，并将女人比喻为“待耕的田地”。我们需要在此回想起《复仇女神》中阿波罗的态度：真正的生殖者是播种的男性，而“被耕种的田地”只要是个女人就够了。《俄瑞斯忒斯》中的主人公又重申了这一主张。[1] 在《第二性》中，波伏瓦追溯了“阴茎 / 犁—女性 / 犁沟”的比喻作为父权制权威与女性处于屈从地位的常见象征。[2] 此外，正如现代女性主义者们所指出的，使用高压手段的男性无法设想两性之间平等的权力关系，因而害怕女性一有机会就会反过来压迫他们。于是，作为一名专横的男性统治者，克瑞翁始终害怕自己被一名女子盖过风头，并警告自己的儿子要避免这种现象的发生。

然而，伊斯墨涅——可能是她在安提戈涅陪伴父亲之际留在
100 了底比斯的缘故——却接受了父权制社会的信条：男性生来便要统治，而女性天生就应当服从。安提戈涅严厉地驳斥了妹妹关于女性自然举止的观念。波吕涅刻斯被偷偷埋葬了。克瑞翁、卫兵和歌队全都认为，只有男性能够做出这样的事情。安提戈涅在不得不向克瑞翁承认是自己埋葬了兄长时，选择了用一个阳性代词

1 Eur. *Or*. 553-57.

2 Simone de Beauvoir, *The Second Sex*, p. 73 note 8.

来称呼自己。反过来，克瑞翁也注意到了她的男性气质，也用一个阳性代词和分词去称呼她。他在决定惩罚她时宣称："如果她获得了胜利，不受惩罚，那么我成了女人，她反倒是男子汉了。"无独有偶，希罗多德也记载了跟随薛西斯（Xerxes）远征希腊的女王阿尔特密希娅（Artemisia），后者被当成一个男人来看待。同他们作战的雅典人愤慨于一名女子竟敢拿起武器同自己厮杀，因此单独悬赏捉拿女王。[1]

克瑞翁相信，敢于触犯自己禁令的安提戈涅是像男性一样行动的——因为真正的女性是不会反抗的。于是他在公布对两姐妹的惩处时断言："现在她们只是女流而已。"然而，他继续用阳性称谓称呼她们。这种反复使用阳性形容词修饰阴性名词的做法值得我们注意：因为在古典希腊文中，形容词的性通常要与它所修饰的名词一致（一般在泛指的情况下，人们也会用阳性称谓去指代一名女性）。[2]

一些学者可能会援引希腊语的男性指向特征：在提及人类生活的普遍事实时，即便讲话者所指的对象就是女性，也可以使用阳性称谓。因此，偶尔出现几个词性错位，是可以理解的。但在《安提戈涅》里极其频繁地用阳性称谓去称呼女性，且是在具体而非泛指的情况下（这在希腊语中十分罕见），应该是剧作家的有意安排，以此刻画那位具有男性气概的女英雄。在她倒数

1 Hdt. 8. 88, 93.

2 R. Jebb, ed., *Sophocles: Antigone*, p. 91 note 464, p. 124 note 651. Cf. R. Kühner and B. Gerth, *Ausführliche Grammatik der Griechischen Sprache*, 2, part I, p. 83.

第2篇讲话中，安提戈涅表示自己情愿为兄弟而不是丈夫和儿子牺牲：

101 倘若我已为人母，或丈夫已去世，我不会违背城邦的意志，去做这件事。我是依据什么原则才这么说呢？如果丈夫死了，我可以再找一个；儿子夭折了，我还能跟别的男人再生一个。但我的父母已在墓中长眠，他们不可能再为我生育一位兄弟了。

希罗多德也讲述过一位妇女的故事：她在面临要保丈夫、儿子还是兄弟的命时，出于跟安提戈涅同样的理由选择了兄弟。[1]

一些研究索福克勒斯的学者们认为这篇讲话是伪作，或声称其中包含的情感同女英雄的身份并不相称。[2]他们认为，把兄弟看得比儿女更重非常古怪。但在雅典古典时代的语境下，安提戈涅的选择是合理的。当时母亲同儿女的亲密程度是无法与今天的模范母亲们同日而语的。幼儿极高的自然死亡率似乎不利于牢固的母子关系的建立。此外，父权制规定孩子属于父亲，而非母亲。是否要抚养孩子是由父亲决定的，并且父亲在离婚时拥有对儿女的抚养权；妻子则由她的父亲或兄弟（如果父亲已故）监护。因

---

1 Hdt. 3. 119. 参见Shakespeare, *Antony and Cleopatra*, III, vi, 15-20中屋大维娅拒绝在弟弟和丈夫之间做出选择的情节。

2 Jebb, *op. cit.*, p. 164. 参见C. M. Bowra, *Sophoclean Tragedy*, pp. 93-96; A. J. A. Waldock, *Sophocles the Dramatist*, pp. 133-42。

此，兄弟姐妹之间的纽带是非常宝贵的。

对兄弟的重视也合乎男性化女子的特征：由于外部力量阻止她展示自己的爱抚、哺育等能力，她很可能会拒绝扮演贤妻良母的传统角色。[1]男性化的女子经常会同家族中的男性成员结成同盟。在这样的背景下，我们需要注意到安提戈涅对妹妹反复的坚决的驳斥。她对自己母亲的评价也非常苛刻，指责她“婚床上的大胆罪行”。而歌队只看到她继承了父亲的性格，称她为“残酷父亲生育的残酷女儿”。安提戈涅对妹妹居然无视到了这样的程度，以至于她自称俄狄浦斯家族唯一的幸存者。[2]

安提戈涅最终回归了传统的女性角色。她哀叹自己身为未婚未育处女而死的命运，并在被克瑞翁活埋后自杀。在古典神话中，自杀是一种带有女性特征、多少有些怯懦的死亡方式。跟得阿涅拉、伊俄卡斯忒与克瑞翁的妻子欧律狄刻（Eurydice）一样，埃阿斯因为听到了无法忍受的消息而选择自杀。海蒙与菲德拉、阿尔刻提斯（Alcestis）、拉俄达弥亚、狄多（Dido）、厄瓦德涅（Evadne）和赫洛（Hero）一样都是为了爱情而自杀，证实了克瑞翁之前对他女性化特征的担心。在所有悲剧描绘的女英雄里，安提戈涅是最有可能从苦难中吸取教训，成为与俄狄浦斯相提并 102
论的悲剧形象的。但她的死亡扼杀了这种可能性。

1　Deutsch, *op. cit.*, pp. 285-86, 289-92.

2　考虑到这位女英雄对家族中女性成员的残酷态度，我们不得不对关于她具备“女性天性和对亲情的绝对忠诚”，以及她代表着“包容一切的母性之爱”等感性评价表示惊讶（C. Segal, “Sophocles’ Praise of Man and the Conflicts of the *Antigone*”, p. 70）。参见 E. Fromm, *The Forgotten Language*, p. 224。

海蒙的命运诠释了爱情的毁灭性力量。歌队表达了这样的观念：

> 爱情，不可抗拒的爱情，你在少女柔软的面颊上守夜，你在海上漫步，走进旷野中的房屋。凡人与诸神都无法逃避你，而被你缠上的人必将陷入疯狂。你让清醒的头脑误入歧途，现在又挑起了儿子与父亲的这次冲突。美貌新娘眼中的爱意征服了一切。[1]

《安提戈涅》是一部复杂、神秘的剧作。按照雅典的法律规定，克瑞翁是安提戈涅的监护人，因为他是她关系最近的男性亲属。[2]因此，从城邦的立场来看，他需要对安提戈涅的罪行负责，并且他对安提戈涅的惩罚既是私人的，又是政治行为。同时，他也是死去的外甥们最亲近的男性亲属，因而应当安葬外甥的是他自己，而不是安提戈涅。克瑞翁将他所认为的国家利益置于个人义务之上。

克瑞翁和安提戈涅之间的区别是两性之间的传统差异。弗洛伊德认为："妇女向周围施加着保守的影响力……女性代表着家族和性生活的利益，建设文明的工作则日益成为男性的事务。"[3]《安提戈涅》中的歌队列举了男性对文明有所贡献的发明：帆船、航

---

1 Cf. Eur. *Hipp*. 525-63.

2 A. R. W. Harrison, *op. cit*., p. 22; Soph. *Oed. Col*. 830-33.

3 Sigmund Freud, *Civilization and Its Discontents*, p. 73.

海、耕种、狩猎、捕鱼、驯养动物、语言交流、建造房屋、制定法律与建立政府。它们主要是男性从事的活动。

希腊人相信，男性是文化的承担者。例如，根据神话传说，卡德摩斯（Cadmus）将字母表带到了希腊；特里托普勒摩斯（Triptolemus）教会了希腊人如何使用犁，尽管催促他这样做的是女神得墨忒耳；剪刀、锯与其他发明都被归在代达罗斯（Daedalus）的名下。属于女性的那些具体成就——可能存在于纺织、烹饪、园艺和篮子编制等工作中——没有出现在索福克勒斯的清单中，也没有出现在埃斯库罗斯的《被缚的普罗米修斯》里。[1]

由于克瑞翁对男女之间二重性的必然缺乏洞察，安提戈涅走向了死亡，而他自己也遭到了灭顶之灾。他的妻子在自杀之前诅 103
咒他。在一个要求子女表现出孝顺服从的社会里，海蒙选择了未婚妻而非自己的父亲，并且他的选择并没有受到谴责，他的死并不是对忤逆的惩罚。《安提戈涅》和其他许多悲剧都展示了因过分重视所谓的男性品质（如控制、镇压、文化与过度理性）而牺牲了生活中所谓的女性特征（如本能、爱情与家族纽带）——它毁掉了克瑞翁这样的人。理想的情况也许是（我们只能自行推断，因为索福克勒斯并未提供解决方案）男性价值观与女性价值观的和谐共存，并让前者主导后者。[2]

---

1 Aesch. *PV* 436-71,476-506; 但参见 Soph. *Oed. Col.* 668-719，其中包括橄榄种植。

2 弗洛玛·齐特林（Froma Zeitlin）为我提供了这一启示。

欧里庇得斯笔下的女性：一曲新歌

> 神圣的河水在倒流，一切秩序都在逆转。男子汉的心变得奸诈，当着神发的誓也不再可靠。传言变得对我们有利，给女人的生活带来了好名声。女人开始受到尊敬，不会再遭到恶言的诽谤。诗人将停止古来有辱我们名节的歌声，诗人之神阿波罗，没有把诗歌的天才赋予女人的心灵；不然，我也能用歌声来对付男人。[1]

在上演于公元前431年的欧里庇得斯的剧作《美狄亚》中，女性歌队这样唱道。这些诗句是否直接反映了诗人的态度？考虑到那个时代并没有女性悲剧作家，欧里庇得斯是否在利用自己的诗才为女性创作？在古典文学所有的女性形象里，欧里庇得斯笔下的女性向现代评论家们提出了最棘手的难题。

然而，在古代批评家那里，欧里庇得斯是唯一一个以厌女闻名的悲剧作家。在同时代阿里斯托芬的喜剧《地母节妇女》中，一群妇女指责欧里庇得斯诽谤女性，将妇女们描写成妓女和荡妇：

> 诸位女士，我以地母地女的名义说，我之所以站起来讲

---

1 Eur. *Med.* 410-29. 译文引自《古希腊悲剧喜剧全集·欧里庇得斯（中）》，张竹明译，南京：凤凰出版传媒集团·译林出版社2007年第1版，第471—472页。——译者注

话，并不是因为我爱出风头，而是因为我看见你们长期被欧里庇得斯——一个女菜贩的儿子——欺负，用各种各样的 104
话辱骂。哎呀，我真是难受！还有什么他没有利用来糟蹋我们？哪里有剧场、悲剧演员和歌队，他就在哪里诽谤我们，管我们叫淫妇、男人迷、酒鬼、叛徒、长舌妇、废物、丈夫的祸害；致使男人们一从剧场回来，就瞟我们一眼，随即到处查看，怀疑有奸夫藏在屋里。这样一来，我们从前搞惯了的那些事，现在不行了。是他把这类坏念头传授给了我们的丈夫：如果有妻子编织花冠，她就会被认为是在同别人搞恋爱。如果有妇人在屋里走动不小心把一只瓦罐掉在地上打烂了，她丈夫就会说："这一定是你在思念谁。莫非你在思念那个科林斯的外乡人？"如果有人问某个少女是不是病了，她哥哥立刻就会说："她的脸色一点也不使我喜欢。"如果有妇人不能生育，想弄个婴儿来冒充，现在也躲不过丈夫的注意，因为他会坐在产褥旁边等候。从前常有老头子娶年轻的媳妇，欧里庇得斯却在他们面前诽谤我们，因此如今没有一个老头子愿意结婚，这都是因为有了他的一行诗："老头儿的新婚妻子是他的女王。"

虽然他责备过菲德拉，那同我们有什么相干？他没有提起过那个把上衣对着阳光给丈夫看好把情人遮掩起来送走的女人——这件事他从来没有讲过。另外我还知道一个女人，她说了十天肚子痛要分娩，直到她买到一个婴儿；她丈夫四

> 105 处奔走去买催生药；一个老太婆把婴儿带来了，婴儿是装在罐子里的；她把一片蜜蜂窝塞在婴儿嘴里，免得她啼哭。她向主妇点头，示意她把婴儿带来了，那妇人顿时就嚷道："丈夫，走开，走开！我猜想我马上就要分娩了。"这小东西把罐子的肚皮踢了一下。她丈夫高高兴兴地走了；她随即把蜜蜂窝从婴儿嘴里掏了出来，婴儿就呱呱地哭起来了。于是那个把婴儿带来的可恶老太婆笑嘻嘻地跑到男主人面前对他说："你生了一个狮子，一个狮子，是你的模样，一身都像你，连那个都和你一样，像松树的小球果那样，弯弯的。"难道我们没有干过这些坏事吗？我以阿耳忒弥斯的名义说，我们干过。我们所受的罪并不大于我们所犯的罪，为什么要生欧里庇得斯的气呢？[1]

由于阿里斯托芬喜剧中戏谑与严肃的界限往往十分模糊，并且他笔下的世界经常是黑白颠倒的，古人和今人其实都很难判断作者究竟是相信欧里庇得斯厌女，还是认为事实恰恰相反。受阿里斯托芬影响，许多在欧里庇得斯去世后为他撰写简短传记材料的作家都将他描述成一个厌女者，并重复了他母亲是菜贩的侮辱性说法。在公元 2 世纪中期从事写作的奥鲁斯·盖利乌斯（Aulus Gellius）写道：

---

1 译文引自《古希腊悲剧喜剧全集·阿里斯托芬（下）》，张竹明译，南京：凤凰出版传媒集团·译林出版社 2007 年第 1 版，第 309—310，314—315 页。——译者注

> 相传，欧里庇得斯几乎对所有女性都抱有强烈的反感，那可能是因为他天生就回避同妇女打交道，也可能是因为他同时拥有两位妻子（按照雅典的法律，这是合法的行为），她们让欧里庇得斯觉得婚姻是可耻的。[1]

欧里庇得斯的古代传记作家们并不可靠，因为他们会不假思索地从欧里庇得斯本人的作品中抄录材料，并往作者的生平上生搬硬套。例如，在公元2世纪末写作的阿特纳奥斯（Athenaeus）就记载了一则轶事，说法与盖利乌斯完全不一致：

> 诗人欧里庇得斯爱恋过许多女人。至少希罗尼姆斯曾在《历史评注》中写道："当有人对索福克勒斯讲，欧里庇得斯在其悲剧中是一名厌女者时，索福克勒斯回道：'他在床第上肯定是爱女人的。'"[2]

除了古代批评家的说法外，欧里庇得斯的剧作本身也提供了厌女的证据，尽管我们并不一定要将剧中角色的言论算在作家头上。散见于欧里庇得斯笔下的厌女桥段十分醒目。在其作品中，希波吕托斯和俄瑞斯忒斯（在《俄瑞斯忒斯》中）等厌女者、安德洛玛刻等受虐狂、美狄亚与菲德拉等咄咄逼人的女子，以及悲

---

1 Aul. Gell. 15. 20.

2 Ath. 13. 557e; cf. 13. 603e.

106 天悯人的女性歌队随时都可能发表厌女言论。在这些描述中，妇女们通常被视为一个笼统的无名群体，被简单地定义为“女人”。类似的情况在男性那里极其罕见。这些言论无非是一些陈词滥调，即便是在今天也不陌生。但这些段落却因其强烈的敌意而引人注目，使我们很容易忘记，它们在欧里庇得斯现存的著作中的占比其实很低。

其中有一些简短的老生常谈包括“女性擅长作恶”[1]“女性是苦难的源泉”[2]等等。另一些说法指出，只要性生活令女性满意，她们就会心满意足；[3]聪明的女人是危险的；[4]继母永远是邪恶的；[5]贵妇容易与人通奸；[6]女人会邪恶地使用魔法和毒药。[7]欧里庇得斯笔下篇幅最长、最广为人知的攻击女性的言论来自希波吕托斯：

> 啊，宙斯，你为何让女人，这假的金子，人的祸害，居住在阳光底下？如果你想要播种凡人的种类，也不应该靠女人来完成。只要凡人向你的庙里献上金子、铁或一定分量的铜，各按贡物的价值购买子女的种子，自由地待在家里，不受女人的牵累。可是，如今是，我们刚要把这祸害迎进家里，

---

1 Eur. *Med*. 408-9.

2 Eur. *Or*. 605.

3 Eur. *Med*. 569-73.

4 Eur. *Med*. 285, 319-20.

5 Eur. *Ion* 1025, 1330; *Alc*. 304-19, 463-65.

6 Eur. *Hipp*. 409-10.

7 Eur. *Ion* 617, 844, 1003; *Andr*. 33, 157.

就要把家里的一笔财富扔了出去。从另一个事实也可以明白女人是个大害，生她养她的父亲要拿出嫁资打发她走，以除掉一个祸害。但是，把这毒草拿进家去的人还开心地给这最坏的偶像穿上美丽的衣服，用袍子装饰她，这不幸的人就这么消耗着家里的财富。他无法选择：或攀得一门高贵的亲戚高高兴兴地守着一个不喜欢的妻子，或娶得一个好妻子结下一门无用的亲戚，他要取得一个好的必须搭配一个坏的。有一种人最轻松：家里养着一个呆妻子，一个没用的废物。我憎恶聪明的女人，我的家里不许有女人其才智超过女人所必需的范围。因为，库普里斯在聪明女人心中种下较多的狡诈，
无能的女人因智力不够，得免于荒唐行为。不能让女仆接近 107
妻子，只可使牲畜陪她同住，牲畜只会咬人不会说话，让她没有人交谈，也听不到人给她什么回答。但是现状是：坏女人在房间里想出坏主意，女仆们带到外边来。即如你，坏东西啊，来叫我去玷污父亲不可侵犯的婚床。我将用流动的水灌我的耳朵，洗去这污秽的话语；听了这话都觉得受了污染，我又怎能去做这坏事？女人啊，你要明白，是我的虔敬救了你；如果不是我无意中受到神誓的约束，我会毫不犹豫地把这事去告知我的父亲。如今忒修斯不在家，在这期间我将离家住到外边去，并且闭口不言。但是等我父亲一回来，我就回家，看你和你的女主人怎么面对他；我凭这次经验已经知道了你的大胆。愿你们灭亡！我厌恶女人，永远永远，即使有人怪我老说这话。因为她们真的总是很坏很坏。因此，要

> 么叫什么人来证明她们的贞洁，要么还是让我永远谴责她们。[1]

我很难相信，像欧里庇得斯这样高雅的剧作家——他质疑过关于异邦人、战争和奥林波斯诸神的雅典传统信仰——会希望自己的听众毫无保留地接受这套厌女信条。事实上，他是将厌女的极端看法作为一种工具，以此来审视普通民众是如何看待妇女的。当然，欧里庇得斯也并没有为女性的权利辩护。希腊悲剧并非意识形态宣传的常用载体：剧作家在现实生活中目睹了太多矛盾，无法将它们整合为同一种立场。欧里庇得斯是在提出质疑，而非进行说教。由于对欧里庇得斯笔下女英雄们的呈现方式存在不同理解，一些批评家认为他同情女性，另一些认为他厌恶女性。

我个人对欧里庇得斯的主观评价是正面的。我并不认为作家
108 描写过坚强、自信、成功与渴望性爱的女性形象（即便她们同时也是自私或邪恶的），就足以表明他厌女。其他一些女权主义者们同我的看法一致：英国妇女参政论者曾经在集会时背诵欧里庇得斯作品中的演讲。不过，我们有必要补充一点：传统的古典学批评家们——他们的人数要远多于女权主义者——认为，美狄亚和菲德拉的形象抹黑了全体女性，并因为欧里庇得斯将我们的注

1 Eur. *Hipp*. 616-68. 译文引自《古希腊悲剧喜剧全集 · 欧里庇得斯（中）》，张竹明译，南京：凤凰传媒出版集团 · 译林出版社 2007 年第 1 版，第 573—575 页。——译者注

意力聚焦在这些女杀手身上，而给他贴上了厌女标签。妇女解放的纲领在女性中所引起的不可避免的争议跟我们对欧里庇得斯的主观评论的两极化非常相似。对于女权主义者所坚称的女性拥有跟男性一样的能力（无论是善是恶），只是女性被社会所规训，才陷入到如今的被动局面——都有无数保守派否认妇女们绝非女权主义者所声称的那样。

在欧里庇得斯的悲剧中，有许多女性犯下了恶行。然而，剧作家之所以要将古老的神话搬上舞台，并不是为了说明女性是邪恶的，而是要引导观众质疑这些对妇女的传统评价。通过刻画女性个人、剖析她们行为背后的原因，欧里庇得斯驳斥了厌女那些陈词滥调所表达的观念。自从阿伽门农在《奥德赛》中审判克吕泰涅斯特拉之后，她的罪行便玷污了全体女性。[1] 欧里庇得斯重复了那些指控，但通过克吕泰涅斯特拉与女儿的对话为她做了强有力的辩护：

> 廷达鲁斯把我给了你的父亲，不是为了让他杀我或杀我所生的子女。他把我的女儿从家里带到了船队羁留的奥利斯，谎称要把她嫁给阿基琉斯为妻；在那里他把伊菲革涅亚放在了祭火上，割断了她雪白的面颊。如果他是为了救城邦免于灭亡，或是为了保全别的儿女，有益于家庭，为了多数人牺牲一个人，倒还情有可原；可是，事实上他杀了我的女儿，

---

1 Hom. *Od.* 24. 196-202.

> 只是因为海伦是个荡妇，以及那个把她找回来的愚人不知惩罚弃家私奔的妻子。这件事情上我虽然受到伤害，但还不至于愤怒到去杀自己的丈夫；可是他又把一个神灵附身的疯狂女郎带到我的身边，让她抢占我的婚床，一个家里养着两个新娘。[1]

109 而在其他段落中，菲德拉也思考过人性的道德缺陷（并非专门针对“弱势性别”），她意识到世人可能知道何为道德，但并不去付诸实施。[2]

海伦在所有提及其名字的古典悲剧中都会遭到斥责，欧里庇得斯的那些作品也不例外。[3]但欧里庇得斯也写过一部完整的剧作《海伦》，剧作中利用了另一个关于海伦的神话传说，即海伦根本不在特洛伊，而是被囚禁在埃及，并在整个特洛伊战争期间都是贞洁的。

自我牺牲或献祭是女性在男性群体中赢得盛名的标准方式，自我主张则会给妇女带来恶名。但在欧里庇得斯笔下，这条准则没那么简单。美狄亚与赫卡柏都被深深地激怒了。她们拒绝逆来顺受，并对折磨她们的人展开了可怕的报复。美狄亚杀死了自己的儿子们，并用魔药毁掉了丈夫的新娘与岳父。赫卡柏则刺瞎了

---

1 Eur. *El*. 1018-34. 译文引自《古希腊悲剧喜剧全集·欧里庇得斯（中）》，张竹明译，南京：凤凰传媒出版集团·译林出版社 2007 年第 1 版，第 140—141 页。译文有改动。——译者注

2 Eur. *Hipp*. 378—84.

3 如 Eur. *Hec*. 941 and *Tro*. 773; *Iph. Taur*. 326,524; *Rhes*. 261。

仇人的双眼，并杀了他的两个孩子。正如《安提戈涅》所指出的，复仇的欲望并不合乎女性的身份。[1]欧里庇得斯在提到赫卡柏的时候，经常使用阳性形容词。[2]她的复仇在世人眼中是如此可怕，以至于她最终幻化成了一只吠叫的母狗。美狄亚成功脱身了；但因为她深爱着自己的孩子，我们可以想见她挥之不去的痛苦。当我比较欧里庇得斯与索福克勒斯笔下的女主人公时，我更喜欢欧里庇得斯所塑造的美狄亚与赫卡柏，因为她们是成功者。在索福克勒斯的《特剌喀斯少女》中，得阿涅拉天真地调好了一味药，希望能够唤回丈夫对自己的爱情。但事与愿违，这剂药折磨了她的丈夫，并致其死亡。安提戈涅勇敢执着地捍卫自己的理想，愿意为理想而死；但她的临终遗言不是总结自己的成就，而是哀叹自己未婚先死。美狄亚与赫卡柏足够刚强，永远不会后悔自己的决定。

欧里庇得斯也向我们展示了若干自我牺牲的女主角，她们赢得了传统观念的赞誉。但在我看来，剧作家并非完全赞许她们的行为。在自我牺牲的少女当中，伊菲革涅亚自愿引颈受戮，声称在战争中"一位活下来的男子要胜过一万个那样的妇女"。[3]无独有偶，波吕克赛娜（Polyxena）也以一种高尚的方式承受被献祭给阿基琉斯鬼魂的命运，赢得了士兵们的赞誉。[4]埃瓦德妮

1 Eur. *Heracl*. 979.

2 Eur. *Hec*. 237, 511, 1252-53.

3 Eur. *Iph. Aul*. 139.

4 Eur. *Hec*. 545-83.

（Evadne）决定自杀，因为她在失去丈夫后无法独活。[1] 海伦一旦得知自己的丈夫已死，也很可能做出同样的举动。[2] 阿尔刻提斯以
110 死表明自己对丈夫的爱，从而赢得了全体妇女的尊重，但她的公公却认为这很愚蠢。[3] 欧里庇得斯有意设计了这些情节，以便让读者产生怀疑，那些男子是否真的值得女性为他们牺牲。

被欧里庇得斯选作剧情蓝本的许多神话都隐含着性道德的双重标准。据我们所知，他是第一位同时从女性和男性的视角去看待这一问题的作家。许多丈夫都有寻花问柳的毛病。在特洛伊陷落后遭受奴役的安德洛玛刻哀叹道：

> 啊，最亲爱的赫克托耳，如果说爱神也曾使你拈花惹草，那么，为了你，我曾关照过你的情人，我曾多次哺养过你的私生子，免得你心里难过。[4]

以美狄亚与克吕泰涅斯特拉为首的一些妻子，对她们的情敌和丈夫怀有公开的敌意。另一方面，赫耳弥俄涅（Hermione）认为，合法的妻子在钱财、家庭地位和子女身份等方面都占据优越

1 Eur. *Supp*. 990-1071.

2 Eur. *Hel*. 352-56; *Tro*. 1012-14.

3 Eur. *Alc*. 623-24, 728.

4 Eur. *Andr*. 222-25; cf. 465-85, 911; *El*. 945-46,1033; *Med*. 155-56. 老加图的妻子也曾为她奴隶的儿女们哺乳，以便他们能在被共同养育的情况下爱她自己的儿子。译文引自《古希腊悲剧喜剧全集 · 欧里庇得斯（下）》，张竹明译，南京：凤凰传媒出版集团 · 译林出版社 2007 年第 1 版，第 318 页。——译者注

地位，并且丈夫不忠总比嫁不出去要好。[1] 欧里庇得斯在描写菲德拉仅仅因为动了通奸的念头而自杀，并指出贞洁受到怀疑的女性会被人指指点点，而男性无需有此顾虑的时候，似乎是在质疑丈夫可以寻花问柳、妻子只能从一而终的父权制原则。[2] 欧里庇得斯不是在主张女性应当享有与男性同等的性自由，而是建议丈夫应该跟妻子一样从一而终，这样对所有人都好。

父权制的恐怖构成了女性无尽苦难的背景音，尽管这对情节的发展并不必要。令女性蒙羞或无法忍受的怪异婚姻或非法同居关系在欧里庇得斯的作品中比比皆是。安德洛玛刻不得不与杀害自己丈夫的凶手同床共枕。卡珊德拉成了她的家庭与城市的毁灭者、阿伽门农的小妾。赫耳弥俄涅嫁给了曾威胁要杀死她的俄瑞斯忒斯。克吕泰涅斯特拉嫁给了阿伽门农——杀害她儿子和第一任丈夫的凶手。菲德拉嫁给了曾诱拐自己姐姐、征服自己祖国的英雄。阿尔刻提斯在还阳后“重新嫁给了”让她代替自己去死的丈夫。[3]

欧里庇得斯向我们表明，父权制以各种可能的方式戕害着女性。为了赢得某位丈夫的青睐，少女必须同时保住她的贞操和嫁
妆。[4] 一些女性遭到了强暴，生下了她们不得不遗弃的私生子。这 111

1 Eur. *Andr*. 1350.

2 Eur. *El*. 1039-40.

3 Eur. *Andr*.; Tro.; Or.; *Iph. Aul*., 1148-56; *Hipp.; Alc.*

4 Eur. *Med*. 232-35; *Andr*. 675, 940.

些女子会遭到谴责，而强奸她们的男性却不会。[1] 如果婚后未能生育子嗣，妻子们必然要受到非难。[2] 尽管婚姻并不美好，老姑娘的命运还是更加悲惨。[3]

欧里庇得斯笔下总是充满了对母亲们的同情。他塑造的所有妇女形象都爱自己的子女，并为他们奋力抗争。[4] 美狄亚也并非不爱自己的孩子，只是为了惩罚伊阿宋才谋杀了他们。女性以做母亲为荣，尤其是拥有儿子的母亲；而母亲为战死的儿子哭泣也成了欧里庇得斯反战剧作中的典型情节。[5] 但在父权制社会里，父亲才是双亲中更宝贵的那一位。赫拉克勒斯孩子们的苦难构成了《赫拉克勒斯的子孙》（*Heralcleidae*）的核心情节。失去丈夫的母亲们会称自己的子女为“孤儿”。[6] 选择赴死的阿尔刻提斯认为她的孩子们更需要父亲而非母亲，但也怀疑丈夫是否会像自己那样爱孩子们。[7]

在细节方面，欧里庇得斯展示了希腊作家中少有的关于女性日常生活的丰富知识。他知道参加完宴会的丈夫会倒头就睡，妻子则需要时间铺床。由特洛伊妇女组成的歌队讲述道，在特洛伊陷落当晚，“我的丈夫已经入睡……我则在铺床时对着闪闪发亮

---

1 Eur. *Rhes*. 中的雷苏斯（Rhesus）之母；*Ion* 中的克瑞乌萨（Creusa）；已佚剧作《智慧的麦兰尼佩》（*Melanippe the Wise*）中的麦兰尼佩。

2 Eur, *Andr*. 中的赫耳弥俄涅（Hermione）；*Ion* 中的克瑞乌萨。

3 Eur. *Iph. Taur*. 219; *Supp*. 790-92; *Heracl*. 523, 579-80, 592-93; *Med*. 233-34.

4 Eur. *Phoen*. 355; *Iph. Aul*. 918; *Andr., passim; Hec., passim.*

5 Eur. *Tro*. 84,792-85; *Med*. 1090-1115; *Andr*. 720-79; *Hec*. 650-56; *Hel*. 367.

6 Eur. *Supp*. 1132-35.

7 Eur. *Alc*. 303.

的金色镜子梳理头发”。[1] 欧里庇得斯知道分娩痛苦而折磨，因而女儿临盆时最好有母亲在身边帮忙，并且分娩后的女性会衣衫不整、面容憔悴。[2]

尽管这些戏剧设定的背景为青铜时代，但剧中各角色对女性礼仪的评论合乎的却是雅典古典时代的传统：女性，尤其是未婚女性最好待在家里。[3] 她们不可显摆自己，不可趁着丈夫不在的时候外出，或在公开场合同男人讲话。[4] 妇女们外出时需要佩戴面纱。[5] 不可盯着男子的脸看，连自己的丈夫也不行。[6]

在古典时代之后，欧里庇得斯的作品较其他悲剧诗人的更流行。即便在将垂死的处女奉为最可贵的殉道者的早期基督徒身上，以及努力传播一种除旧布新的信仰、挑战旧有宗教的女性（她们酷似欧里庇得斯笔下的酒神的伴侣）那里，我们也能看到 112
他的影响。

索福克勒斯与埃斯库罗斯笔下的女性拥有一种英雄气质，跟古典时代的女性关系不大。欧里庇得斯所塑造的女性形象则更加贴近现实生活。在这方面，欧里庇得斯的悲剧诗篇同喜剧作品较为近似。

---

1 Eur. *Hec*. 924-26.

2 Eur. *Med*. 250-51; *Phoen*. 355; *Hipp*. 161-69; *Ale*. 315-19; *El*. 1107-8.

3 Eur. *Or*. 107; *Tro*. 646; *Heracl*. 476; *Iph. Aul*. 996.

4 Eur. *El*. 343-44, 1072-75; *Iph. Aul*. 830-34.

5 Eur. *Phoen*. 1485-86.

6 Eur. *Hec*. 975; *Tro*. 654.

阿里斯托芬笔下的女性

阿里斯托芬可被恰如其分地称作欧里庇得斯和柏拉图之间的桥梁，因为他分别批评过二者关于女性的基本观点。这三位作家探讨过若干个相同的主题，包括女性的性需求和婚姻关系。在继续我们的分析之前，我想提醒读者注意，女性绝非阿里斯托芬冷嘲热讽的唯一对象——那位喜剧诗人是整个社会的批评者与教导者。我们还应牢记亚里士多德的箴言——喜剧所表现的人物形象比真实的人物更糟糕，而且这种文学体裁本身就需要加入淫秽下流的元素。这在现代读者眼中有时毫无趣味可言。

女性占据主角地位的三部喜剧分别是创作于公元前 411 年的《吕西斯特拉特》和《地母节妇女》，以及创作于公元前 391 年的《公民大会妇女》。[1] 这三部喜剧反映了从仇视妇女到同情妇女的不同态度。而在剔除了喜剧中必然存在的荒诞成分之后，这些作品或许也反映了雅典观众的感情。

散见于阿里斯托芬其他喜剧作品中关于女性的其他看法都汇集在他的《吕西斯特拉特》中。该剧上演于血腥的伯罗奔尼撒战争的第 20 个年头。许多试图解决希腊政治问题的理性方案的尝试均以失败告终。在创作于公元前 414 年的《鸟》中，阿里斯托芬甚至设想过天上的和平国度。而在《吕西斯特拉特》中，他转向了另一个荒诞的解法：由希腊女性们发起一场性罢工。在雅典

1　Ehrenberg, *op. cit.*, chap. 8 对阿里斯托芬笔下的女性形象进行了出色的社会学分析。

女性吕西斯特拉特和斯巴达女性拉墨比托（Lampito）的率领下，妇女们退守固若金汤的雅典卫城。由一些气喘吁吁、性饥渴的男性所表演的色情场景表明，这一计策取得了成功。妇女们达到了她们的目标：彼此交战的希腊城邦宣布缔结和平，丈夫们带着自己的妻子回家了。这一剧情的浅层次元素似乎是在表达对女性的 113
恭维：她们在男性失败的地方取得了成功。

女性主义者们或许并不认可性可以成为对抗男性的武器，熟悉雅典人双性恋传统的古典学家们则会直接质疑性罢工的有效性。[1]一个更具釜底抽薪意味的问题是：阿里斯托芬在喜剧中呈现的女性形象究竟是否具备吸引力。在我的印象里，他对女性的态度并不比一般雅典人好多少。

女主角吕西斯特拉特的确是一个聪慧、成功的人物；但她也承认，自己的知识是从父亲和其他老人的谈话中听来的。她是剧中一个明显具有厌女倾向的冷嘲热讽的传播媒介——她告诉观众，女性从不守时，最喜欢的活动就是喝酒与床笫之事。吕西斯特拉特抚摸过拉墨比托的身体，并对参加罢工的女性的肉体魅力发表了下流评价。她显示出对自己身上女性特质的憎恶；但由于她自己就是女性，我们有理由认为，她关于女性的看法需要得到修正。

《吕西斯特拉特》中的若干元素又在其他剧作中再度出现。《公民大会妇女》中的女主角珀拉克萨戈拉（Praxagora）便酷似

1 Germaine Greer, in *The Female Eunuch*, p. 315则称赞了吕西斯特拉特的斗争技巧。

吕西斯特拉特，尽管阿里斯托芬对其性格的塑造并不那么明确。珀拉克萨戈拉承认，她通过聆听男性讲话，获得了公共演讲的才能。她也对那些才智不足以执行自己为她们所设定的计划的妇女们颇有微词。[1] 与欧里庇得斯笔下女性之间显而易见的惺惺相惜相反，阿里斯托芬笔下的女性并不忠于彼此。在向一位青年男子献媚的时候，少女会唾弃相对年长的女性。妻子们则鄙夷、忌妒妓女。[2]

女性的嗜酒与贪婪是阿里斯托芬作品中司空见惯的笑料。我们不妨将它们同欧里庇得斯对类似主题的处理进行对比。在《酒神的伴侣》中，悲剧诗人欧里庇得斯讲述了终日忙于纺织的妇女们为何痴迷于酒神带来的狂欢和愉悦。在对菲德拉的描述中，欧里庇得斯显然也是理解女性同难以抑制的肉欲冲动作斗争的。阿里斯托芬只是指出，这些邪恶是女性与生俱来的弱点。

在《吕西斯特拉特》中，男性同样是贪婪的，但他们能更好地控制自己的欲望。阿里斯托芬笔下的男性更青睐异性恋关系。在《吕西斯特拉特》的结尾处，男人们迷恋上了注视和平女神的
114 裸体；与妻子同床的欲望最终迫使丈夫们放弃了战争。但在妻子罢工期间，阿里斯托芬也向男人们提供了其他选择：同性恋或去找妓女——后者并未被妇女们邀请参加罢工。与男性相反，妇女们彻底失去了性生活，最终食言溜出卫城返回家中。性罢工对女

1 Ar. *Eccl.* 93, 156, 166, 243-44, *et passim.*

2 Ar. *Eccl.* 717-24, 1161.

性的伤害比男性更大，甚至可被视为一场针对女性的罢工。尽管饱受性饥渴的困扰，妇女们从未想过找同性恋女友或著名的雅典男妓——供男性享乐的年轻男奴。

在《吕西斯特拉特》中，女性与男性都被视为饕餮之徒。妇女们反战的原因之一在于，她们最喜欢的那些美食，其中包括一种特殊的鳗鱼，已经难得一见了。另一方面，专属于男性的食谱则在许多黄色笑话中被人提及。

阿里斯托芬对老妇人的描述似乎很不客气。全体妇女都有的毛病在老太婆身上尤其扎眼。她们是一批女色情狂，爱慕年轻男人，[1] 总是醉醺醺又淫荡好色的样子。

在阿里斯托芬笔下，女装是低人一等的象征。我们可以说，《公民大会妇女》中夫妻互换衣服的行为只会令男性感到难堪；吕西斯特拉特让一名官员身着女装，以便对他进行羞辱。我们会联想到欧里庇得斯在《酒神的伴侣》中对彭透斯形象的刻画。彭透斯也会因男扮女装而感到难堪，但他在欧里庇得斯笔下是一个并未受到同情的角色。

阿里斯托芬很少表达同情，但他也曾记载过战争给妇女们带来的痛苦。母亲失去儿子，少女们丧失了结婚的希望。阿里斯托芬是核心家庭的坚定拥护者。他厌恶欧里庇得斯笔下的女主角们，因为她们通奸破坏家庭，还把私生子带入家中，他还批评了

---

1 Ar. *Clouds* 553-56; *Eccl., passim.*

要求废除家庭的乌托邦计划。[1]

115

乌托邦文学

一夫一妻制婚姻模式的实行，被视为人类通向文明进程的重要一步。根据一则通过后古典时代史料才得知的神话，雅典人将这项制度归功于他们传说的第一位国王刻克洛普斯（Cecrops）。在他统治期间，当雅典娜与波塞冬为雅典庇护者的身份展开竞争时，雅典城内人数占优的妇女们投票选择雅典娜，男人们投票选择波塞冬。为了进行报复，男人们取消了妇女的投票权，并宣称此后孩子们不再以母亲的名字命名。在此之前，性生活是混乱的，孩子们并不知道谁是自己的生父。此后，婚姻被男性设计成了对女性的一种惩罚措施，同时伴随着女性政治平等地位与性自由的丧失。[2]

古典时代的乌托邦文学希望引导读者回归到所谓雅典社会的若干原始特征中去。在女性生活方面，这些特征包括一夫一妻制的缺失，孩子知母不知父的状态，以及参与政治事务和拥有性自由的权利。在乌托邦文学的语境下，女性比在其他任何形式的古代文学或现实生活中都更接近平等状态。在《奥德赛》（第6—8卷）所描绘的法埃奇亚乌托邦式聚落中，两性的地位比荷马史诗

1 如 Ar. *Thesm.*, 331-40, 395-423, 476-517; *Frogs* 1047-52。

2 Finley, “Utopianism Ancient and Modern”; Pierre Vidal-Naquet, “Esclavage et gynécocratie dans la tradition, le mythe, l’utopie.”

中的任何一个地方都更平等。从古典时代留存至今的重要乌托邦作品中，柏拉图的《理想国》与《法律篇》清晰地描述过妇女该有的生活。[1] 亚里士多德也提到过其他古代作家设想的乌托邦社会的若干特征。

希腊人所想象的乌托邦并非完全平等的社会，无一例外都存在着阶级分层。在《理想国》中，柏拉图将妇女们纳入了精英统治阶层。他笔下最高等级的女性——城邦管理者——反映了柏拉图关于女性潜力的信念。城邦管理者阶层内部还有进一步的尊卑划分：其中男性的地位总体上比女性高。乌托邦中并不存在性别平等，但柏拉图承认，男性在社会生活才能方面的独特之处仅仅只是力气更大。女性城邦管理者可以同时统治较低等级的男女。因此，至少部分女性的地位是高于许多男性的。 116

女性之所以能在乌托邦作品中占据相对较高的地位，并非因为现实生活妇女享受着某些好处，也不是出于对她们不幸命运的同情，而是为了消除城邦内部纷争，碰巧涉及到女性议题而已。私人财产是导致此类争端的一个重要原因。哲学家卡尔西顿的法里亚斯（Phaleas of Chalcedon）设计了穷人与富人缔结婚姻的方案，主张通过富人为穷人提供嫁妆的手段来实现财富平等。[2] 柏拉图则在《理想国》中更进一步，主张废除乌托邦社会中等级最高的公民的私有财产。

1 Pomeroy, "Feminism in Book V of Plato's *Republic*"; Dorothea Wender, "Plato: Misogynist, Paedophile, and Feminist."

2 Arist. *Pol*. 2. 4. 2 (1266a-b).

废除私有财产意味着，没有男性还会需要身世明确的合法继承人。那样一来，乌托邦社会便可放开对女性的性垄断——它往往被视为男性之间纷争的主要原因。希罗多德曾记载过，阿伽图西人（Agathyrsi）内部有随意性交的习俗，因此他们彼此之间亲如兄弟，不会忌妒与仇恨。[1]在《理想国》中，城邦管理者内部无需遵守一夫一妻制原则。柏拉图建议将城邦管理者阶层中的女性与儿童作为男性的共同财产，并用很长篇幅详细讨论了如何防止父母辨认他们的后裔。他建议达到婚龄的女性们组成一个公妻团体，却没有提及在一夫一妻制取消后势必同时存在的公共丈夫团体。显而易见的是，公妻制乃是消灭一切私有财产过程中的一环。事实上，与公妻对应的法律术语恰恰是“*koina*（公有财产）”。[2]

跟其他一切无法彻底从乌托邦社会中清除的非理性欲望一样，性欲需要受到严格管控，两性结合也必须被控制。在批评《理想国》一类的相关主张时，阿里斯托芬指出女性需要满足自己的性欲，尤其是老妇们要求年轻男子们先与自己同床共枕，然后才能去找更有吸引力的少女。[3]但《理想国》并未考虑女性城邦管理者的争风吃醋，仅仅探讨了男性成员的类似心态：柏拉图认
117 为那会促使他们更频繁地同女性发生关系。

---

1 Hdt. 4.104. 参见 1. 216 中关于玛萨格塔人（Massagetae）当中公妻团体的记述，以及 4. 172 和 4. 180 中关于其他族群内部性关系杂乱的记载。

2 Pl. *Republic* 5. 449C; 5. 457C-D.

3 Ar. *Eccl.* 468-70, 616-20.

男性会为了争夺妻子而产生敌意以及异性恋是一种奖赏的观念，引出了柏拉图关于雅典良家妇女性欲问题的另一个维度。分享妻子与儿女——换言之，废除私人家庭和家庭组织模式——可以增进男性之间的好感。公妻制成了乌托邦哲学的典型特征，并且也出现在了斯多葛学派哲学家芝诺（Zeno）与克里希普斯（Chrysippus）、犬儒学派哲学家第欧根尼以及雅姆布鲁斯（Iambulus）所描绘的理想社会之中。[1]

在乌托邦社会中，公开与私下的卖淫行为都是不存在的。在《公民大会妇女》中，妇女们禁止了卖淫行为。[2]柏拉图特意除了艺妓的名——因为这些女性代表着一个奢侈、堕落的群体。他没有提及其他妓女，但我们很难想象，她们能在《理想国》的上等阶层中派上什么用场。在公元前3世纪后期或公元前2世纪犬儒学派哲学家克拉特斯（Crates）所描绘的乐园中，也存在着公妻与公共子女，妓女则被明确排除在外。[3]

柏拉图在《理想国》中指出，男女在本性上是相似的；两性之间唯一的重要区别在于，男性生育儿女，由女性分娩。除了体力方面的差距，两性在其他方面都十分相似，因此也被分配到了相似的职责。柏拉图相信教育的作用，因而为管理者（不论男女）设计了相同的课程，帮助他们更好地履行职责。他还为女性管理者提供奶妈和保姆，以减轻她们的育儿负担。

---

1 Diog. Laert. 7. 131; Diod. 2. 58.

2 Ar. *Eccl*. 716-19.

3 Diod. 2. 55-60.

柏拉图的许多观念都源于对斯巴达妇女的理想化。与斯巴达妇女一样，女性管理者要接受一整套体育锻炼，直到成年后生儿育女为止。她们可以为多名男子生育合法子嗣，前提是他们都来自体面的社会阶层。她们也可以自由出入公共场合。柏拉图甚至比斯巴达人更进一步，他要求女性进行裸体锻炼，并将生育年龄从 18 岁推迟到 20 岁。

考虑到雅典女性备受约束的生活以及古典文学的厌女倾向，《理想国》对女性管理者的规定是非常引人注目的。柏拉图对婚姻与核心家庭的批评和他想要在性别平等的教育模式下以及城
118 邦抚育儿童的机制下实现男性化的生活方式，预告了现代激进女权主义者如舒拉米斯·费尔斯通（Shulamith Firestone）、西蒙娜·波伏瓦等人的思想。并且《理想国》中消灭私有财产的主张也会让人联想到马克思主义关于财富积累和一夫一妻制婚姻形式让女性陷入奴役之中的学说。[1]但柏拉图哲学并非纯粹的女权主义思想。[2]总的来说，他并不相信女性可以跟男性平起平坐，尽管某些女性的潜力要高于部分男性。他还反复将妇女与儿童相提并论——那是因为在他的故乡雅典，女性通常 14 岁就结婚了。

在其晚年著作《法律篇》中，柏拉图描述了一个比《理想国》更现实可行的社会。这是《理想国》中的理想主义同雅典现实生活妥协的一个结果。其中对女性规定的区别始于《法律篇》

---

1 Frederick Engels, *The Origins of the Family, Private Property, and the State*, p. 120.

2 Pomeroy, "Feminism." 需要注意的是，在柏拉图的其他著作中，他并不认为女性是同男性平等的。参见 *Timaeus* 90E-91A，其中怯懦或作恶的男子会在来世变成女人。

中的一个概念，即两性之间除了生殖作用不同之外，还存在着显著的差别。在《法律篇》中，柏拉图强化了传统的性别角色，要求女性顺从、谦逊、举止有度、性情文静；男性应当争强好胜、积极进取。女孩所受的教育与男孩相似，但侧重点有所不同。例如，柏拉图为两性都设计了体育锻炼方案，但女孩们不需要参加其中军事色彩更浓且更有竞争性的项目。已婚妇女需要穿衣锻炼，不能赤身裸体。在《理想国》中，妇女们可以充当战士；但在《法律篇》里，女性只有在生育后且遇到紧急情况时才能服役。性别差异甚至体现在音乐上：女性适合学习通俗歌曲，男性则适合高贵阳刚的音乐。

在《法律篇》中，女性会受到其生理特征更多的制约。一夫一妻制婚姻形式具有强制性。女孩们的婚龄在16—20岁之间，男人的婚龄则在30—35岁之间。随后是长达10年的生育期。只有在生儿育女之后，妇女们才能自由地以其他身份为城邦服务。年长的妇女们可以从事更受尊敬的工作，但这些工作强化了传统的性别角色。她们负责监督婚姻相关法律的执行，以及家庭与生
儿育女等事务。她们可以与任何爱恋自己的人同床，但不得生育 119
儿女或在这些婚后事务中吸引公众的关注。

在分析欧里庇得斯、阿里斯托芬与柏拉图作品中的女性角色时，我们可以把自己的关注点同伯罗奔尼撒战争（公元前431—前404年）期间传统生活模式的废弛联系起来。修昔底德描述过具体的战事，以及它们对社会生活的深刻影响。

在古代战争的客观条件下，被杀害的男性要多于女性，导致

女性的人口比例有所上升。公元前415年，雅典大规模远征西西里岛，加上公元前411年斯巴达占领德西利亚，雅典人被迫全年作战，而不是像以前那样只在夏季作战，而这进一步加剧了男女比例的失衡。我们有理由设想，许多雅典妇女会被迫放弃自己的幽居状态，从事之前专属于男性的工作。

或许一些女性也放下了自己大家闺秀的架子。尽管关于这一时期的主要史料来源——修昔底德没有怎么记述过妇女们的情况。创作于伯罗奔尼撒战争后半段的阿里斯托芬的诸喜剧表明，希腊各城邦中普遍的传统道德崩塌，对女性与家庭生活产生了破坏作用。希帕瑞特、卡利阿斯第二任妻子与阿伽里斯特（见第118页）的情况无疑都是兵荒马乱的社会背景所造成的结果。

我们知道，在丈夫们长期在外作战期间，斯巴达妇女们曾享有高度自由；我们还会看到类似情况下，罗马妇女们也很可能会享受到这种自由。但在古典时代的雅典，男性离开城邦的时间是相对短暂的；并且我们也看不到，古典时代女性的政治、法律或经济地位在伯罗奔尼撒战争结束后发生了哪些永久性的变化。[1]不过，一些知识精英确实开始重新评价女性的社会地位；[2]并且我们在造型艺术领域也可以明显看到，艺术家对女性形象的描绘发生了明显变化——但那一话题最好还是留到希腊化时代的章节里讨论。

---

1 P. Herfst, *op. cit.*, p. 99.

2 Joseph Vogt, *Von der Gleichwertigkeit der Geschlechter in der bürgerlichen Gesellschaft der Griechen*, pp. 211-55; R. Flacelière, “D’un certain féminism grec”; Wender, *op. cit.*, pp. 84-85.

第7章

希腊化时代的妇女

希腊化世界同之前的时代存在显著差别。城邦政治自治地位的丧失，导致了个人与社会、个人与个人之间政治关系的变化。这些变化又反过来影响了女性在家庭与社会中的地位。而它们对具体女性的影响，则主要取决于她所从属的社会阶层，以及她身处的具体环境。 120

我们所掌握的关于希腊化时代女性的信息异常可观，与较早时代希腊女性相关史料的稀缺形成了鲜明对比。[1]希腊化时代的王室女性的信息之所以如此丰富，其原因既在于这些令人印象深刻的女性对古代作家们产生了影响，也在于她们参与了男性的政治活动——毕竟那才是大部分历史学家关注的对象。地位较低的女性身影也开始出现在公共记录之中，因为一些自由人女性已开始在政治与经济事务中获得了更大的影响力，并在婚姻、扮演公共角色、教育和私人生活中拥有了更多选择权。最后，从女奴、宫

1 参见 Grace Macurdy, *Hellenistic Queens* 与 W. W. Tarn and G. T. Griffith, *Hellenistic Civilization*。

廷侍女到王后的女性生活情景也被那个时代的文学艺术作品保存了下来。通过对雕塑、陶瓶画、新喜剧与其他艺术形式的细致研究，我们可以在很大程度上洞察那个时代女性的性生活与日常生
121 活的本质特征。同时代哲学家们的评论——他们往往呼吁妇女们回归传统的女性角色——也足以说明，那个时代妇女的地位已随着社会变迁发生了变化。

马其顿征服者的妻子与母亲们

位于希腊北部荒凉地区的马其顿由国王统治着。于公元前359年登上马其顿王位的腓力二世征服了希腊其他地区，宣告了希腊城邦独立时代的结束。腓力之子亚历山大率领马其顿大军东征，最终（在其继位者之间长达50年的战事之后）建立了若干马其顿王朝：其中包括希腊的安提柯王朝、埃及的托勒密王朝和小亚细亚的塞琉古王朝。但这些统治者之间的权力斗争，只在牵涉到宫廷女性的情况下才跟我们的主题有关。学者们通常将希腊化时代界定为从公元前323年亚历山大之死，到公元前30年罗马占领埃及之间的3个世纪。但我们采用的时间断限[1]将会相对灵活。

在马其顿的统治家族中，母子之间的纽带要比夫妻之间的更

1 时间断限指的是划分历史阶段的界线，通常以重大事件如战争或改朝换代来标示。——译者注

为稳固、重要。许多马其顿国王实行着正式或非正式的多妻制。由于他们通常不愿在多位妻子中确定一名地位更高的王后，从而明确她的子嗣成为王位的继承人，宫廷内部因而充斥着阴谋与斗争，这很可能导致国王自己死于渴望权力、为自己儿子积极谋划的母亲之手。流传至今的传说将马其顿王后们描绘成野心勃勃、阴险狡诈、冷酷无情的形象。这些故事的共同点是王后们动用手腕（往往是用毒药）铲除政治对手、与自己竞争的其他王后及其子嗣，谋杀丈夫，以及希望自己能在儿子统治期间享有比丈夫在位时更多的权力。显然，这些女性在传统上属于男性的竞技场中角逐，使用各种男性计谋与手段，此外还有被视为“女人的武器”的毒药。 122

除了我们还会在后文中提及的克利奥帕特拉七世之外，马其顿宫廷贵妇中最强大、光辉的人物当属奥林匹娅斯（Olympias）和阿尔西诺伊二世。奥林匹娅斯作为亚历山大大帝的生母闻名于世。她在丈夫腓力二世的宫廷里跟与自己为敌的腓力妻子、情妇以及她们的子嗣斗争，最终确保了亚历山大登上马其顿王位。尽管她最终失败并遭到放逐，奥林匹娅斯无疑是一名才华横溢且意志坚定的女性。普鲁塔克为我们提供了关于她独特品质的更生动的证据：

> 有人曾看见一条蛇爬到了熟睡中的奥林匹娅斯身边。据说那是腓力不再热恋她的最主要原因。因此，腓力不再经常与她同床共枕——也许是因为他害怕奥林匹娅斯对自己使用

魔法，也可能是因为相信她曾与某位神明同房过。但这个故事还有另一个版本：自古以来，这一地区的所有妇女都对俄耳甫斯秘仪与纪念狄俄尼索斯的狂欢十分热衷……奥林匹娅斯则比其他妇女对这些神圣仪式更狂热，并以更粗犷的方式进行庆祝。在那样的场合下，狂欢者身旁会有驯服的从常春藤与秘仪使用的篮子里爬出的大蛇。它们缠绕在妇女们的手杖与花环上，令男人们毛骨悚然。[1]

这样一位母亲对亚历山大产生的心理影响，一直是历史学家们长期探讨的话题。

公元前336年腓力遇刺后，亚历山大被立为国王。那次谋杀被归咎于奥林匹娅斯——或许并不公平（她当时已被流放），尽管由自己20岁的儿子继承父业确实对她大有好处。两年后，亚历山大动身前去征服波斯帝国。亚历山大外出征战期间，奥林匹娅斯掌管着马其顿宫廷。她同亚历山大留在国内的总督安提帕特（Antipater）争夺权力。就政治立场而言，亚历山大支持安提帕特，但他在情感上始终忠于自己的母亲。

虽然强势母子联盟的模式在历史上反复上演（这与罗马皇后的行为如出一辙，但与罗马人有所不同，马其顿的宫廷贵妇们通常不会受到淫乱无度的指控，她们只是运用性来实现其政治野心），希腊化时期的国王们还是会像古风时代的希腊僭主们那样，

---

1 Plut. *Alexander* 2. 4-5.

利用女性进行政治联姻。马其顿公主们的婚姻往往是由她们的男 123
性监护人安排的，以便巩固男性之间——监护人与丈夫之间——的联盟。当政治上更有吸引力的联盟出现时，这些王朝联姻便会解除。然而，丈夫单方面放弃一位王后、选择另一位的举动有可能会导致暴力冲突；一旦失意新娘的父亲或监护人参与其中，这种婚姻联盟往往会引起国际纠纷。贝勒尼基与安条克二世的婚事便是众多不幸婚姻里的一个典型案例。

公元前 253 年，埃及的托勒密二世为女儿贝勒尼基和塞琉古的安条克二世缔结了外交联姻。托勒密效法古风时代出手大方的僭主们，为女儿准备了一份豪华嫁妆，以至于她有了一个“带来嫁妆者（Phernophoros）”的绰号。安条克二世离弃了他的前妻——堂妹拉奥蒂克（Laodice）。但他后来（显然是出于个人选择）回到了拉奥蒂克身边，且并未正式与贝勒尼基解除婚姻。托勒密在嫁女儿时，原本是希望新郎能够放弃之前的妻子们以及她们所生的子嗣；最重要的是，他期望自己女儿生下的儿子可以继承王位。如前所述，为了避免冒犯之前所娶妻子们的家人，并出于个人的种种考虑，新郎们并不总会明确宣布，自己的妻子中哪一位是正妻，以及谁生的儿子会继承王位。[1]

跟之前的奥林匹娅斯一样，拉奥蒂克为了自己的儿子们，决

1 古风时代的类似案例如庇西特拉图同麦加克勒斯（Megacles）之女的婚姻：庇西特拉图已有成年男性子嗣，不愿再生儿子来影响他们的继承权利。他同意跟麦加克勒斯之女缔结政治联姻，但用非自然的方式与她同房。麦加克勒斯受此污辱勃然大怒，丧失了让自己的外孙当上僭主的希望，他转而成为自己女婿的敌人。Hdt. 1. 61.

定孤注一掷。她抓住机会毒死了安条克，谋害了贝勒尼基和她的儿子，以确保自己所生的长子——塞琉古的继承权。当时的埃及国王、贝勒尼基的哥哥托勒密三世虽率军赶到，但来得太迟，已无法救下他的妹妹。但他宣布要为妹妹报仇，并利用这一借口发动了第三次叙利亚战争（公元前 246—前 241 年）。[1]

贝勒尼基的悲剧故事不是个例，托勒密王朝积极地为王朝中的女性安排婚事。在前 8 位托勒密王朝君主中，有 4 位迎娶了自己的姐妹。[2] 希腊人或马其顿人从不鼓励迎娶自己的亲姐妹，视之为乱伦行为。但这是埃及本地王室的习俗，并且王室成员希望自
124 己被视为本地王室的继承人。[3] 此外，兄弟姐妹内部联姻也可以排除外部势力对宫廷的影响。托勒密王室中的第一桩亲兄弟姐妹的婚姻缔结于托勒密二世与阿尔西诺伊二世之间，并且二人也都在生前被公开封神——从而复兴了另一项埃及传统习俗，并被其继承者们所效仿。[4]

阿尔西诺伊二世同她的弟弟共同治理国家约 5 年，直到她在公元前 270 年去世为止。她在统治期间以叛国罪指控所有的竞争对手，将其逐一铲除，这与马其顿宫廷中的情形如出一辙。她是第一位让自己的肖像与丈夫共同出现在钱币上的埃及王后，并得到了忒奥克里托斯（Theocritus）与卡利马科斯（Callimachus）

1 App. *Syr.* 65; Pliny *HN* 7.53; Macurdy, *op. cit.*, pp. 82-90.

2 分别是托勒密二世、托勒密四世、托勒密六世和托勒密八世。

3 埃尔皮尼茜跟自己同父异母兄弟克蒙（Cimon）在雅典的婚姻并不合乎常规。参见 Davies, *op. cit.*, pp. 302-3.

4 Tarn and Griffith, *op. cit.*, p. 50.

诗篇的赞美。在阿尔西诺伊二世与弟弟共治期间，埃及在军事与政治事务方面有了很大起色。阿尔西诺伊二世本人对埃及海军实力的扩充做出了贡献。[1]尽管一些历史学家指责她过于野心勃勃，但大部分史家都承认，她在治理埃及期间展示出的才华是高于自己的弟弟的。

奥林匹娅斯和阿尔西诺伊二世只是一长串拥有希腊血统的王后中的两位，这份名单中的最后一人乃是著名的克利奥帕特拉。公元前 51 年，年方 17 岁的克利奥帕特拉七世与她的弟弟（当时只有 10 岁的托勒密十三世）共同继承了埃及王位。两位继承人之间的纷争在尤利乌斯·恺撒的协助下得到了解决：后者让克利奥帕特拉与她更小的弟弟托勒密十四世留在了宝座上。公元前 47 年，克利奥帕特拉生下了一个儿子。她为他取名为恺撒里昂（Caesarion），因为她声称恺撒是孩子的父亲。恺撒邀请她前往罗马城。她以恺撒情妇的身份在那里生活了两年，直至恺撒遇刺。返回埃及后，她按照希腊化时期君主的惯常作风，消灭了所有威胁自己王位的潜在对手，杀害了身为共治者的弟弟，以及自己的妹妹阿尔西诺伊。鉴于克利奥帕特拉与马克·安东尼的亲密关系，我们还要在下一章中更详细地谈到她。不过，我们必须在一长串精明强干、野心勃勃的托勒密王后所树立的传统之下，去谈论克利奥帕特拉其人。而从克利奥帕特拉本人的角度来看，她与罗马人的同居行为是一种合法的王室联姻，有可能为埃及女王

1 Macurdy, *op. cit.*, p. 125.

带来巨大的成果与收益。

除非嫁给自己的亲兄弟，希腊化时代的王后是无法凭借自己的血统独掌朝纲的。只有在托勒密王室已经走向式微的埃及，才
125 有一位国王的女儿（贝勒尼基三世）和一对姐弟（克利奥帕特拉七世与托勒密十三世）继承过王位。但许多女性作为妻子或母亲掌握过权力，尤其是作为弱小国王的妻子和母亲。她们有时作为未成年儿子或外出丈夫的代理人，有时凭借个人野心的推动把持着政权。活跃于希腊化宫廷里的富有才干的女性，构成了那个时代提升王室之外上层女性地位的积极因素之一。

公共领域内女性才干的提升

我们可以通过希腊城邦中其他女性地位的社会背景，理解希腊化时代王后们的地位，二者之间存在着互动关系。王后们可以相对自由地活跃于从前专属于男性的活动领域，从而为一些富有的贵族女性提供了效仿的典范。女性所承担的法律、经济责任有所增加，但她们在政治方面的所得却是虚无缥缈的。女性才干表面上的明显提升，很可能产生于这一基本事实：希腊化时代的史料来自于希腊人居住的许多不同地区；而我们对于希腊古典时代女性地位的看法基本是以雅典的情况为基础的，并认为相对而言，斯巴达独特的社会体系使斯巴达妇女成为一种例外。换言之，我们其实有理由猜测，早在希腊化之前，即便是生活在斯巴达之外的非雅典女性也很可能享受着一定程度的自由。但这一猜

想无法得到现存文献的佐证。

正如在世的女王们备受诗人们尊崇并获得许多公共荣誉一样，希腊化时代的希腊世界也发布了一些尊奉女性的公共铭文，其出现频率在罗马治下还有所提升。[1]女祭司与履行宗教仪式的女性们获得了最多的荣誉，即便在古典时代的雅典也是如此。公元前 2 世纪，小亚细亚境内库迈（Cyme）地区的议事会发布了关于阿奇佩（Archippe）的长篇铭文，详细记载了她的慷慨行为，其中包括她为宴请全城居民所花费的开销。[2]即便在雅典城内，伯里克利关于妇女不应被人提及（无论是赞美还是指责）的观点也不再盛行。父亲们会拿出贵族的排场发布公告，表彰为雅典娜的袍子纺织羊毛与刺绣的女儿们。[3]公告会罗列出许多贵族家庭的女孩名字。

女性也可以成为各希腊城邦慷慨馈赠公民权与政治权利（出 126
于外交、经济或文化上的原因）的受益人，这种赠予是这个大融合时代的典型现象。一些女性获得了政治权利，或出任了公职。一些妇女因其贡献而被其他城邦授予了荣誉公民权和异邦人享有的特权。[4]公元前 218 年，士麦那的女诗人阿瑞斯托达玛（Aristodama）被拉米亚的埃托利亚人授予了荣誉公民权，因为她

---

1 参见 McClees, *op. cit.* 与 H. W. Pleket, ed., *Epigraphica II: Texts on the Social History of the Greek World* (hereafter: Pleket) 提供的便利材料汇编。

2 Pleket, no. 3; J. and L. Robert, “Bulletin épigraphique” 81, inscription nos. 444, 445.

3 如 *IG* 2. 5. 477d。

4 Tarn and Griffith, *op. cit.*, p. 99; IG 2. 1. 550.

的诗篇赞美了埃托利亚人及其祖先。[1]还有一篇铭文记载了公元前2世纪希斯特里亚的一名女性执政官。[2]到了公元前1世纪，另一名女性官吏——普里埃内的斐勒（Phile of Priene）——成了第一位主持建造蓄水池与水渠的妇女。[3]她很可能是因为承诺过要动用私人钱财修建公共工程，才当上官员的。我们从中发现了女性地位日趋重要的主要原因之一：她们掌握并开始运用经济权力。

这些女性只是特例而已，大部分女性仍旧被排除在公职之外。然而（至少在我们看来如此），由于在希腊化王权治下，获取公民权及政治特权不再像古典时代的独立城邦中那么遥不可及，男女之间的特权鸿沟被缩小了；并且男性也更愿意同女性分享自己手中相对次要的特权，而非紧抓着它们不放。

尽管王室之外的希腊妇女在政治参与度上的增幅有限，但她们在法律地位上的提升是肉眼可见的，尤其是在私法领域。这种变化更多体现在马其顿征服的新希腊化地区，而不是希腊本土的古老城市。在这些由离开了乡土环境的希腊人统治的地区，由于缺少城邦提供的传统保护，希腊妇女很难获得男性监护人的庇护，因而她既需要有保护自己的能力，又需要有自主行动的法律权限。

来自埃及的纸草材料提供了私法领域的大量证据。但我们不应认为希腊化时代的法律是统一适用的，或是埃及的习俗同样适

1 *IG* 9. 2. 62.

2 Pleket, no. 2; J. and L. Robert, "Bulletin épigraphique" 76, inscription no. 170.

3 Pleket, no. 5; *I. Priene*, no. 208.

用于其他地区。[1]我们还应区分适用于希腊女性的法律和适用于埃及本土女性的法律——尽管后者还未得到充分研究，却似乎更宽 127
松。当希腊妇女们在希腊法律的传统规范下活动时，她们仍旧需要监护人；埃及妇女们则并非如此。当一位希腊妇女发表公开声明或缔结人身、财产方面的契约时，监护人是必不可少的。此类例子不胜枚举。相关文件表明，女性可以作为买方或卖方、债权人或债务人、借贷方或出贷方。女性会像男性一样承担与这些商业活动有关的各种税款。妇女们还有权在监护人的参与下继承或分配遗产，她们通常会指定自己的丈夫们和孩子们作为继承人。[2]

然而，希腊化时期的埃及女性有时也可以在没有监护人的情况下参与一些活动。妇女有权以自己的名义向政府或执法机构写请愿书，因为这并不涉及契约义务或不必要的抛头露面等问题。在这些请愿书中，一些女性还会利用自己属于弱势性别，且无男性保护人的情况来做文章：这一位要求被视为“缺少保护的可怜女性”而受到特别照顾；那一位声称自己显然值得怜悯，因为她是一名“劳动妇女”；第三位则要求免除自己耕作公有土地的义务，援引了之前仅以弱势性别为理由豁免女性相关义务的裁决案例，

---

1 克莱尔·普雷奥（Claire Préaux）探讨过纸草材料所反映的女性法律地位问题。Préaux, “Le statut de la femme à l’époque hellénistique, principalement en Egypte” 概括了她的一部分研究成果。关于另一种在若干要点上存在分歧的解释模式，参见 Claude Vatin, *Recherches sur le mariage et la condition de la femme mariée à l’époque hellénistique*, pp. 241-54。

2 亚历山大里亚的女性公民（*astai*）不得立遗嘱。参见 *Gnomon of the Idios Logos*, line 15。

并补充说她“无儿无女，甚至无力养活自己”。[1] 寡妇或私生子的母亲可以为她们的女儿安排婚事，让她们的儿子去当学徒。至少在我们获悉的一个案例中，一名寡妇在得到了从前婆婆的许可后，抛弃了亡夫留下的遗腹子。[2]

我们可以通过公元前 311 年的一纸婚约看到已婚女性权利的拓展，以下是一名希腊男子与住在埃及的一名女子之间的婚约：

> 亚历山大之子亚历山大在位的第 7 年，托勒密担任总督的第 14 年，10 月。
>
> 赫拉克利德斯与德米特里娅之间的婚约。
>
> 赫拉克利德斯迎娶科斯岛的德米特里娅——勒普提尼斯与菲洛提斯之女——为自己的合法妻子。他是自由人，她也是自由人。她为这次婚姻带来了价值达 1000 德拉克马的衣物与首饰。赫拉克利德斯将为德米特里娅提供合乎自由人妻子的一切。我们将一起生活在由勒普提尼斯与赫拉克利德斯共同选定的任何地方。
>
> 128 如果德米特里娅被发现背叛了丈夫并让他蒙羞，她将放弃自己随身带来的一切嫁妆。但赫拉克利德斯必须在 3 名认可自己说法的男子面前，证实他对妻子的全部指控。赫拉克利德斯不得将另一名女子带进家里，从而冒犯德米特里娅；

1 *P. Tebtunis* 776. 27-28; *P. Enteuxeis* 82. 7; *BGU* 648. 11-16.

2 *BGU* 1104.

也不得与另一名女子生儿育女，或以任何借口对德米特里娅不忠。如果赫拉克利德斯被发现做了以上任何事情，并且德米特里娅能够在 3 名认可自己说法的男子面前证实其指控，赫拉克利德斯就要退还德米特里娅带来的 1000 德拉克马嫁妆，并赔偿价值 1000 德拉克马的亚历山大银币（上有托勒密的头像）。德米特里娅和她的帮助者有权向赫拉克利德斯索要这份赔偿，并从他在陆地或海上的财产中支取，如同执行法律判决一样。

无论是赫拉克利德斯使用它来指控德米特里娅，还是德米特里娅和帮助她的人用它来要求赫拉克利德斯支付赔偿，这份婚约都是有效的，被视作双方在此达成的协议。

赫拉克利德斯与德米特里娅有权各自保留这份婚约的一件抄本，以便在需要起诉彼此时使用。我们在此为证。[1]

这份婚约中最令人惊奇的地方在于，它承认了两套婚后行为道德规范的存在——一份适用于丈夫，另一份适用于妻子——并且规定两套规范都可以由这对夫妇的友人加以解释。我们需要注意在“让他蒙羞”“冒犯德米特里娅”等表述中显而易见的道德元素：夫妻双方的社会、道德权利与义务都得到了承认。丈夫可能做出的不检点行为被一一列举，妻子方面的则被描述得比较隐晦。在希腊化时代的语境下，我们可以这样理解婚约所规定的义

1 P. *Elephantine* 1. 文件下方有 6 位证人的签名。

务：绝对禁止妻子发生婚外性关系；丈夫则可以偶尔偷情，比如同女奴或妓女。但丈夫不得将另一名女子立为妻妾，或让后者的子嗣继承自己的财产。

通过夫妇友人的裁决来确定婚后冒犯行为，以及用没收部分财产的处罚手段来补偿当事人受到的伤害，都是值得肯定的法律思想。这份婚约还设定了一份理论上的罚金，由妻子嫁妆的价值
129 和丈夫所能提供的等价财产组成。婚约规定，如果 3 位仲裁人确认了违反道德规范现象的发生，这笔罚金将成为被损害一方的财产，以此来惩戒造成伤害的一方。

这份文献并未规范继承问题，或是离婚后公有财产的分配问题。毫无疑问，这些问题是不需要特别强调的，因为关于这些问题的管理模式早在希腊的殖民地象岛中确立了。

母亲亲自安排女儿婚事的例子是罕见的。新娘并不会彻底切断同自己家族的联系，因为新娘的父亲还有可能参与决策新婚夫妇住哪里的问题。前引文献中“德米特里娅的帮助者”可能指她的父亲和其他亲属，他们能在向她丈夫讨公道时提供帮助。这种公道包括索取理论上规定的罚金，因为婚约的目的之一在于保护财产。

随着希腊化时代的发展，新娘父亲的角色逐渐被弱化。父亲以监护人身份安排女儿出嫁的现象依然常见，但一些婚约仅在决定共同生活的女子与男子之间缔结。[1]婚后女儿的自主意志逐渐开

1 P. *Giessen* 2; *BGU* 1052, 通过监护人缔结婚约。

始替代父亲的威权。根据雅典、罗马与埃及的法律，父亲有权违背女儿的意愿解除婚姻。然而，到了日后罗马统治埃及的时期，在埃及的法律体系下，父亲对婚后女儿的权威受到了法律规定的限制——后者强调女方本人的意愿才是决定性因素。如果妻子希望维系婚姻，她便可以如愿以偿。[1]

许多婚约都预见到了离婚的可能，并为夫妻双方解除婚姻关系提供了平等的机会。我们也确实找到了离婚的案例。其中最重要的规定便是必须退还嫁妆。孩子们归父亲所有，但他们不一定要与父亲同住。由父亲养育子女的规定公平合理，因为夫妻的公有财产通常会由他管理。一项缔结于公元前 92 年的婚约讨论了婚后公有财产的保护问题。它清楚地表明，妻子通常会在婚姻解体时蒙受经济损失，因为她分不到公有财产，只能拿回自己的嫁妆。[2] 该文献还相当具体地规定了丈夫在性行为方面的义务，包括 130
不得迎娶第二个妻子，不得在家里养小妾或娈童，不得同另一名女子生儿育女，或抛下妻子前往另一处住宅定居。

相比自身法律地位的有限提升，这一时期妇女们在承担经济职责方面取得了更大的进步。无论是在埃及还是希腊世界的其他地区，良家妇女们都更积极地参与了经济事务。希腊妇女们肯定掌管着手下的奴隶，因为她们经常作为奴隶释放者而被铭文提

1　雅典的情况参见本书上文第 88—90 页。罗马的情况参见本书下文第 232—234 页。罗马时代埃及的情况参见 Naphtali Lewis, “On Paternal Authority in Roman Egypt”。

2　P. *Tebtunis* 104.

及。德尔斐铭文中所列举的公元前150年之前的491名奴隶释放者中，有123名女性。来自克奥斯与特诺斯的土地买卖记录中也记录了许多妇女的姓名。提洛岛史料中关于女性参与经济活动的信息十分丰富：已婚妇女会在监护人的协助下借钱——那意味着欠债的是她们，而非她们的丈夫。并且根据相关史料的记载，债务人的妻子们也“同意”丈夫们进行借贷。[1]与此类似，来自阿莫尔戈斯的铭文表明，丈夫们是在妻子明确赞同的前提下签订财产方面的契约的。此外，正如我们在前文中看到的那样，一些女性通过慷慨解囊支持公共事业而赢得了普遍赞誉。但我们也必须承认，即便妇女们没有在财务交易中提及作为参与者的男性监护人，后者至少也要承担一些法律职能。斯巴达是个例外，那里的妇女有权自行处置其钱财，虽然有时会遭到男性亲属的反对。

斯巴达妇女们是一批引人注目的富有女性。在希腊化时代的斯巴达，最有钱的人物是国王阿吉斯的母亲和外祖母。女性控制着五分之二的城邦土地，并反对旨在重新分配斯巴达财富的经济改革。跟富有的男性一样，她们有时也会在奥林匹亚竞技会中展示自己的赛马，以便引起公众对她们及其财富的关注。她们的名字被镌刻进自己刻写的铭文或竞技胜利者名录中。两位斯巴达女性［库妮斯卡（Cynisca）与欧律勒奥妮斯（Euryleonis）］和一名宫廷女性［阿戈斯的比利斯提克（Bilistiche of Argos），托勒密二

1　相关铭文信息参见Schaps, *op. cit.*, *passim*与M. I. Finley, *Studies in Land and Credit in Ancient Athens*, 500-200 *B.C.*, pp. 78, 101-2。

世之妾］是最早在奥林匹亚赢得赛马冠军的妇女们。[1]

与希腊世界的其他一些地区相反，雅典公民妇女在经济或法 131
律方面获得的解放却几近于无。事实上，从公元前 317 年至公元前 307 年，在法勒鲁姆的德米特里乌斯治下，雅典妇女们享有的自由比古典时代更少。德米特里乌斯的立法反映了亚里士多德的伦理学思想。亚里士多德相信女性灵魂中审慎的部分较少，需要受到监督。[2] 德米特里乌斯组织了一个“妇女举止监察委员会（*gynaikonomoi*）”，负责监管女性的行为，同时也负责限制餐饮浪费。[3] 亚里士多德认为，那些拥有闲暇和财富的城邦应当对女性进行监督。他重点关注的是对社会上层奢侈行为的管理，因为穷人没有奴隶，只能派遣妻子去做应由奴隶承担的差事。[4] 富有且独立的女性，如斯巴达妇女和妓女，可能确实会炫耀掌握在自己手中的财富；但正如我在评价梭伦的反奢侈法案时指出的，富人的妻子可能是丈夫财富的象征。因此，雅典城邦对妇女举止的监督，尤其是对餐饮浪费的限制，事实上是对男性铺张浪费做法的一种约束。

---

1 Arist. *Pol.* 2. 6. 11 (1270a); Plut. *Agis* 4, 7; *IG* 5. 1564a; Paus. 3. 17. 6; 3. 8. 1; 6. 1. 6; 5. 8. 11. 阿哥斯的波吕克拉底（Polycrates of Argos）的女儿们于公元前 2 世纪前期赢得过泛雅典娜节的竞技冠军 (*IG* 2^2 2313, 2314)。

2 Arist. *Pol.* 1. 5. 6-7 (1260a).

3 关于雅典和其他城邦中的妇女举止监察委员会，参见 C. Wehrli, “Les gynéconomes”, and Vatin, *op. cit.*, pp. 254-61。

4 *Arist. Pol.* 6. 5. 13 (1322b-1323a); 4. 12.3 (1299a); 4. 12.9 (1300a).

哲学家们的道德规训

跟在古典时代一样，雅典仍然是哲学的中心，并且雅典的女性公民除了实际事务与家务劳动的训练外，依旧没受到多少文化教育。[1]在希腊化时代初期，世人仍会受到亚里士多德的逍遥学派门徒的影响——后者会通过与个体家庭（父权制城邦的微缩版）的类比来解释人们所扮演的政治角色。亚里士多德的一名弟子泰奥弗拉斯托斯（Theophrastus）用理论化的方式阐述了教育会使女性变得懒惰、唠叨的观点。[2]即便是在我们预期会很自然地鼓励女性接受教育的上层阶级中，父亲也并不教育他们的女儿们。

与此同时，指导个人如何在比城邦广阔得多的世界中生活的新型哲学已应运而生。然而，尽管希腊人身处的世界正在发生变化，当时最流行的希腊化哲学流派——斯多葛主义——仍旧主张
132 女性应回归其传统地位。这一立场在一定程度上可能是对少数地位较高的妇女（但她们是非常引人注目的）步入男性领域这一事实的回应。新毕达哥拉斯学派——一个明显对那个时代的经济、政治与社会变迁持悲观态度的小型派别——聊以自慰的方式便是，为女性制定纷繁复杂、限制严苛的行为准则，以便让自己在一个与他们的几何定理格格不入的世界里保留一点和谐。仅有的两个理论上支持解放女性的思想流派——标新立异的伊壁鸠鲁学派与犬儒学派——并未赢得多少地位高贵的信徒，并未对官方看待女性的

1　W. S. Ferguson, *Hellenistic Athens*, p. 89.

2　Stob. 16. 30.

态度产生多少影响。

斯多葛学派的创始人芝诺曾构想过公妻制度，跟柏拉图《理想国》中共享女性的思路近似。但他的门徒放弃了乌托邦式的计划，要求自己的信徒们实行一夫一妻制。[1]斯多葛主义要求建立男性之间的平等与兄弟情谊的主张，虽然在打破阶层壁垒方面做出了贡献，却并未建立两性之间的平等。罗马人又对斯多葛主义进行了改造。在很大程度上，正是通过罗马人的影响，结婚生子才被拔高为一种道德、宗教与爱国义务。

斯多葛学派的实用主义是对特定社会需求的回应。由于世人不愿结婚，以及弃婴习俗的存在，希腊诸城邦的人口正在不断下降。公元前 2 世纪，史学家波利比乌斯将独身倾向和不愿养育儿女的心态归咎于世人的做作、贪婪与懒惰。[2]然而，对一些人而言，结婚的传统动机——它们本质上是宗教、经济与政治性的——已不复存在。人们从前会出于对祖先的宗教义务而结婚，其首要目标是延续家族血脉，维系家族的崇拜与墓地。但到了希腊化时代，古典时代的价值观正在丧失影响力。公共理想被实现个人欲望的目标所取代。很多人选择背井离乡。其中一些离开祖先的居所前往城市，因为他们畏惧希腊化诸王与日后罗马人的好战无厌所带来的战火。另外一些人移居海外殖民地，从而抛弃了祖先的
133 墓地。跟早先的殖民时期——黑暗时代的情况一样，尽管也有人

1　关于芝诺，参见 Diog. Laert. 7. 131. 关于婚姻的后世观点，参见 Stob. 57. 25。

2　Polyb. 36. 17; Tarn and Griffith. *op. cit.*, pp. 100-104.

会选择拖家带口，但妻子与家庭事实上是殖民者眼中的负担。

希腊化时代的另一个突出特征是，富人与穷人之间日趋拉大的鸿沟：许多人由于贫穷失去了自己的土地。决定穷人婚姻的经济因素是很难归纳的，但贫穷程度乃是决定性要素。我们一方面有理由认为，妻子儿女乃是穷人可资利用的免费劳动资源；另一方面，丈夫无力养活妻子与全家的赤贫状态也是客观存在的。

对于社会各阶层的男人——包括公元前 5 世纪后期的贵族克侬（Conon）与色诺芬——而言，他们还可以选择全新、更刺激的生活方式。对于到处漂泊、四海为家的雇佣兵和冒险家而言，他们的性需求是很容易得到满足的，并且妾带来的负担比妻子更小。浪迹天涯者很少会有养孩子的需求。他的子女们不大可能会在父亲故乡之外的城邦里获得公民权。在这样的社会背景下，社会上层缔结婚姻的另一个传统动机——政治联姻——仅仅适用于极少数大权在握、筹划着王朝联姻的人物。对于他们的臣民（其中包括上层阶级）而言，追求政治权力已不成其为婚姻的目的。

面对希腊化时代急剧变化着的道德标准，新毕达哥拉斯学派关注的是女性的恰当举止，就该主题写了若干著作。关于这些文本的作者究竟是生活在罗马、亚历山大里亚还是其他地方，以及他们的写作年代究竟是早在公元前 4 世纪，还是迟至公元前 1 世纪，目前还存在着学术争议。作为于公元前 6 世纪后期在克罗顿（Croton）创建流派的哲学家，毕达哥拉斯拥有许多女性门徒，她们与男性门徒在地位上是平等的。毕达哥拉斯学派的追随者需要遵守宗教方面的纪律。专门针对女性的相关规范没有流传

下来，但其中很可能包含着经济花销与性生活等方面的禁欲或节
欲措施——如果许多丈夫让自己的妻子跟随毕达哥拉斯学习的传
说属实。一些探讨女性适宜举止的新毕达哥拉斯学派文本流传了
下来，其中有若干篇被归在女作家名下。它们的作者也有可能是 134
男性，但这些假说都无法得到切实证明。“特阿诺（Theano，毕达哥拉斯妻子或女儿的名字）”创作了若干希腊化时代的文本，其目的是为丈夫在外寻花问柳的女性规定其得体举止。“麦丽萨（Melissa）”讨论了女性的义务问题，特别强调了远离奢侈生活的重要性。“佩里克提奥尼（Perictione）”是柏拉图母亲的名字，据说她曾是毕达哥拉斯的门徒。希腊化时代的若干论文是伪托柏拉图母亲之名写就的，但这一署名方式的欺骗色彩显而易见。真正的作者可能是后世的某位佩里克提奥尼，或是将其作品献给“佩里克提奥尼”的新毕达哥拉斯学派弟子。这类作品中有一篇鲜为人知的文章，可以让我们一睹流行于后世的“女诫”文体的早期原型：

> 我们有理由认为，和善的女子必须拥有智慧与自制等美德。她必须足够聪明，才能成为一个既正直、勇敢（原文意为“阳刚”），同时又善解人意、懂得知足、不在乎旁人空洞无益的评头论足的人。而只有具备了这些美德，一位女子才能做出对她自己、对丈夫、对儿女和家庭有益的行为。倘若这样一位女子有机会治理城市或人民，她甚至有可能造福一座城市，就像我们在合法的君主制体制下看到的那样。毫无

疑问，通过控制自己的欲望与激情，女性会变得忠诚与和善，不至于沦为奸邪情欲的玩物。相反，她会对自己的丈夫、儿女和家庭充满爱意。因为那些渴望婚外情（原文意为“他人的睡床”）的妇女必将成为家中所有自由人与奴仆的仇敌。那样的女子必将用诡计和谎言来对付自己的丈夫，同时向他告所有人的黑状，以便显得只有她自己高尚清白，操持着家里的一切，尽管她事实上享受着无所事事的生活。这些举动会给该女子和她的丈夫带来灭顶之灾。因此，但愿如今的妇女们能够听从以下这些行为准则。在身体的吃穿用度和自然需求方面，她们的衣着、洗浴、涂油、发式和装饰性黄金宝石的穿戴必须节制有度。因为那些吃喝各种山珍海味、穿得珠光宝气的女子会受到各种罪恶——床笫之事以及其他恶
135 行——的诱惑。穷人家的女子只需要解决饥渴问题，披着山羊皮衣服的女子只要穿得暖和就够了。消费来自遥远异域的价格高昂或受人珍视的商品无疑是一种巨大的罪恶。身穿奇装异服，并涂成紫色或其他怪异颜色的行为则是一种愚蠢的浮夸做法。因为身体需要的只是避寒和避免裸露而已，并不需要其他东西。愚昧的世人一味追求浅薄与新奇。良家女子不应佩戴来自印度或其他任何异域的黄金与宝石，也不应梳理各种奇巧的发式，她不应涂抹阿拉伯香水，脸上扑白粉，涂红脸颊或涂黑眉毛与睫毛，不应费尽心机给自己变白的头发染色，也不应过于频繁地沐浴。因为追求这些东西的女性会显得缺乏自制力。真正的美丽来自智慧，而非养尊处优的

妇女们用来享乐的那些东西。女性不应认为高贵血统、财富、出身于大城市，以及赢得王室与显贵的青睐是必要的。因为如果一名女子拥有这些得天独厚的条件，她就没什么可抱怨的；但如果事实并非如此，渴求这一切也并无益处。没有这些福利的生活难不倒聪明的女性。即便命运的馈赠是丰厚的和令人惊讶的，也不要让你的灵魂去追逐它们，而是应当远离这些诱惑。因为当有人来找女性的麻烦时，这些东西带来的祸害远多于福利。阴谋、邪恶与仇恨每每与这些东西如影随形，拥有这些资源的妇女永远无法过上安宁的日子。渴望幸福的女子必须敬畏神明，遵守祖传的法律与制度。仅次于这些（诸神）的是父母，她必须敬奉、尊重自己的双亲。因为父母在各方面都酷似诸神，并庇护着自己的子孙后代。妇女应按照法律的要求，在日常生活中服侍自己的丈夫，不要存有私心，要珍惜、守护自己的婚姻。因为她的一切都以此为根基。妻子要与丈夫同甘共苦，即便他命途多舛，或因无知而犯下过错；即便他健康欠佳、酗酒成性或与其他女子偷情。最后一种过失只能属于男性，女性绝不可犯，否则便会为她招致残酷的报复。因此，女性必须遵守法度，不可模仿男人。她必须忍受丈夫的暴躁、吝啬、牢骚、妒忌、虐待和一切乖张举动。她应当包容他的这些缺点，视之为丈夫天性的一部分。只有关爱、善待丈夫的女子才是和善的女性，才真正爱着自己的家庭，能让全体成员各得其所。心中没有爱 136
意的女子则不愿过问家务、子女、奴隶或他们的安危，而是像敌人一样诅咒他们毁灭，像仇家一般祈祷丈夫早亡。她痛恨丈夫喜欢的所有人，就像她肯跟所有男人同床一样。因此，我认为拥有智慧、懂得节制的女子才是和善的。她不仅有益于自己的丈夫，还能帮助她的子女、其他亲戚、奴隶和整个家庭——那里包含着她的全部财产、亲人和朋友。她会勤俭持家，谈吐高雅，在家庭成员的共同生活方式上秉持能让大家接受的见解，在行为举止上与丈夫所欣赏的亲友保持一致。她对甘苦的意见要与丈夫心目中的想法完全一致；否则，她的全部生活就将陷入混乱。[1]

与新毕达哥拉斯主义和斯多葛主义（尤其是被罗马人发扬光大的那种斯多葛主义）有所不同，伊壁鸠鲁主义和犬儒主义追求的是个人幸福，而非家庭与国家的福祉。伊壁鸠鲁与早期犬儒学派哲学家第欧根尼都不欣赏传统的婚姻；虽然伊壁鸠鲁承认，在特定情况下是可以结婚的。[2] 第欧根尼提倡公妻制。但与之前的乌托邦式理论家有所不同，他还认为女性的意愿是至关重要的，“只有在男方说服女方同意的情况下，婚姻才能得到认可”。[3]

---

1 Holger Thesleff, *The Pythagorean Texts of the Hellenistic Period,* pp. 142-45 = Stob. 4. 28. 10. 关于毕达哥拉斯的女弟子们，参见 Porph. *Pythagoras* 19 与 Diog. Laert. 8.41-42。关于新毕达哥拉斯主义，参见 Thesleff, *An Introduction to the Pythagorean Writings of the Hellenistic Period*。

2 Diog. Laert. 10. 119.

3 Diog. Laert. 6. 72.

受教育程度的改善

伊壁鸠鲁准许女性跟男性一样在自己的学园里接受教育。犬儒学派从未组织过传统意义上的学园。但我们知道一位按照犬儒主义原则生活着的女哲学家。她是克拉特斯（Crates）之妻希帕基娅（Hipparchia）。希帕基娅跟丈夫一道出现在公众场合，参加宴饮，以花费时间接受教育而非纺纱织布而感到自豪。[1]

哲学家希帕基娅是来自希腊东北部地区玛罗涅亚（Maroneia）的贵族。有证据表明，在希腊世界的其他地区，也有一些女性至少接受过田径、音乐与阅读等方面的基础教育，其内容与当时流 137
行的男孩教育模式完全相同。

女性如今已有机会接受体育教育。田径项目本是男性教育体系中的核心部分。它之所以能在希腊化时代对女性开放，恰恰是因为古典时代的理想已不复流行。古典时代的田径项目为业余选手提供了展示个人身体素质与拼搏精神的机会。而在希腊化与罗马时代，职业运动员取代了业余选手，田径变成了一项用来观赏的体育运动。

除了在奥林匹亚竞技会中一些与男子分开进行的比赛项目，以及在伊利斯纪念赫拉的各年龄组少女赛跑项目外，希腊女性迟至公元1世纪才开始以个人身份参加田径比赛，那时她们的姓名才开始出现在相关铭文中。纪念来自特拉勒斯（Tralles）的3位

---

1 Diog. Laert. 6. 97-98.

女性运动员，公元前375—前350年期间。来自西西里阿尔梅利纳广场（Piazza Armerina）附近卡萨勒罗马庄园的马赛克局部。

女运动员的德尔斐铭文宣称，其中一位名叫赫德娅（Hedea）的女子在雅典赢得了基特拉琴伴奏歌唱比赛，在涅米亚（Nemea）赢得了赛跑比赛，并在地峡运动会上赢得了驾驶战车比赛。[1]

比参加职业比赛的资格更重要的是具备读写能力。我们在埃及纸草中看到，在希腊化与罗马时代，尽管必须找人代签的文盲女性的比例仍高于男性，但一些女性已经可以在契约上亲自签字。[2]

在女性识字率与受教育程度有所改善的背景下，女诗人的

---

1 L. Moretti, ed., *Iscrizioni Agonistiche Greche*, no. 63 = Pleket, no. 9. Cf. H. A. Harris, *Sport in Greece and Rome*, pp. 178-79.

2 R. Calderini, "Gil *agrammatoi nell'Egitto greco-romano*", p. 23. 参见 *P. Oxyrhynchus* 1467(A.D. 263) 记载的一名因自己具备读写能力而要求特殊待遇的女性。

重新出现也就顺理成章了。居住在特洛斯岛（Telos）的埃瑞娜（Erinna）是一名堪与萨福媲美的女诗人。[1] 两人都以私人生活为题材，也都是伟大的艺术家。埃瑞娜的原创性体现在她开始运用抑扬格六音步体创作哀歌——后者在传统上只能用哀歌体（六五步）或颂诗格式撰写。埃瑞娜在 19 岁那年写下了自己的著名诗篇《纱锭》：

从白马上跳下，踏着狂乱的步子；
“……”我大声叫唤；亲爱的……乌龟，
绕着大院松软的草地不断地跳跃。
我为这些，可怜的鲍姬丝，深深叹息和悲哀。 138
它们在我心里……仍是带着温暖的
玩具；可它们本身已是灰烬，
……我们抱着玩偶……在厢房里（如同）
新娘……；某一回黎明时分，
你母亲一边对一些纺纱的……吆喝，
一边来此，要你帮忙撒盐，
当时你还小，摩尔嫫给你带来……恐惧，
她头上有两只大耳朵，走路用
四条腿；她不停变化面孔，一会儿这样，一会儿那样。
后来，当你上了一个男人的床榻，你完全忘掉了

1 关于埃瑞娜，参见 Palatine Anthology 7. 11. 2。

年幼时你从母亲那里听到的那些话，
亲爱的鲍姬丝！阿佛洛狄忒把忘却（植入）……
此刻，在为你的……哭泣的同时，我离弃了你；
因为我非圣洁的双脚不能走出家门，
我既不能把目光对着你的尸体，也不能
披头散发地哭泣，因为艳红色的羞愧[1]

这首长诗的片段已足以证明，埃瑞娜为何在古代为人称道。这首诗哀悼的是她的毕生挚友鲍姬丝。标题《纱锭》点出了纺织羊毛的主题——它在现存残篇中仅出现过一次，但或许在全诗中出现得更频繁。作者在回忆她们一起度过的童年时，反复传达出一种忧伤的情绪：扮演乌龟的游戏、玩布娃娃以及对妖怪摩尔嫫的恐惧（在希腊儿童的幻想中，这些妖怪是些成年女性。她们失去了自己的孩子，就想吞吃别人的孩子。她们的性欲也是永不满足的。[2] 因此，对摩尔嫫的提及意味着从少女时代向婚后生活的转变）。埃瑞娜没能去看朋友的遗体最后一眼——或许是出于某种宗教禁忌，但更可能是因为年轻的未婚女子不适宜进入鲍姬丝丈夫家中，后者并非她的亲属。

139 鲍姬丝婚后不久便去世了。埃瑞娜在为鲍姬丝写就的墓志铭中援引了死神哈得斯新娘的传统主题：

1 译文引自《古希腊抒情诗集·第三卷 独唱琴歌作家》，王扬译，上海：上海人民出版社 2018 年 10 月第 1 版，第 1151 页。——译者注

2 Slater, *op. cit.*, pp. 63-65.

我是属于新娘鲍姬丝；当你走过我这令人悲伤的
石碑，愿你对底下的哈得斯这么说：
“哈得斯，你真凶狠。”你眼前石碑上秀丽的文字
向你道出了鲍姬丝的无比悲惨的命运，
这个女孩，许墨奈奥斯为她在杉木堆上高歌时，
她的岳父却把这些杉木当作火葬堆点燃；
你也同样，许墨奈奥斯，你把婚姻的优美曲调
变成了一阵阵凄凉的悲哀哭泣。[1]

跟她的朋友鲍姬丝一样，埃瑞娜也在写下几首展示自身才华的诗篇后早夭。她去世时肯定还未结婚，因为一位后世诗人将她描述为“哈得斯的童贞新娘”。[2]

埃瑞娜究竟何许人也？她是一位拥有诗才的普通女子吗？也许她是像希帕基娅那样行为乖张、随心所欲的贵族女性，不愿结婚只想写诗，抑或是跟萨福一样，是某个有文化的女性群体中的佼佼者？

高等妓女、妾与底层妓女

上层女性享有的这种特殊地位，同世人对待希腊化社会下层

1 译文引自《古希腊抒情诗集·第三卷 独唱琴歌作家》，王扬译，上海：上海人民出版社 2018 年 10 月第 1 版，第 1155 页。——译者注

2 *Palatine Anthology* 7. 13.

女性的态度关系不大。这些下层女性中包括高等妓女——除王室与贵族妇女外，她们是那个时代文化程度最高的女性；但她们与此同时也是臭名昭著的。在很大程度上，我们能够看到的关于希腊化时代妓女生活的图景被过分美化了，并且这种印象还被新喜剧中的人物形象进一步加深了。

新喜剧取代了悲剧和旧喜剧，成为雅典最受欢迎的戏剧样式。它试图反映现实生活，并在情节中添加了很多妓女形象。由于这些场景通常设置在户外，而体面的城邦妇女，尤其是未婚少女必须待在家中，于是高等妓女和女奴是仅有的能参与到戏剧情节中的女性。在新喜剧的浪漫氛围中，有一种套路会反复出现：一名自由男子疯狂地爱上一名年轻女奴。他想出种种计策，试图从女奴的主人那里把她买来或偷来，将她纳为自己的侍妾。此时，
140 女孩的父亲现身，通过她在襁褓中被人发现时就佩戴的饰物，确认她就是自己失散多年的女儿。知晓自己身世的女孩从此获得了自由身份，并没有因为之前的职业留下任何污点。父亲解释了从前迫使自己丢弃襁褓中的女儿的难处，并为她的出嫁准备了嫁妆。

如此一来，这部喜剧便拥有了一个皆大欢喜的结局。如今已成为良家妇女的新娘，便不能再参与此类戏剧中典型的冒险活动了。倘若她是悲剧中的神话女英雄，她的婚姻肯定会引起人们的兴趣。但良家妇女是不适合抛头露面的，因此，舞台布景也不会设计室内场景。新喜剧的情节——它们的确都是灰姑娘式的套路——通常都以结婚告终。

毋庸置疑，现实生活中很少会有妓女在她的一生中有这样的

福气。对大部分妓女而言，她们的身世都是一段辛酸往事。妓女往往不是她们自愿选择的职业。弃婴行为在当时的社会环境下司空见惯，或许比古典时代还要常见。根据劳伦斯·安吉尔的估算，希腊化时代平均每位女性生育 3.6 个婴孩，存活数目是 1.6（而古典时代的相应数据是 4.6 与 3.0）。[1] 根据塔恩（Tarn）的研究，公元前 3—前 2 世纪的铭文证据也可以表明，单孩家庭在当时最普遍。世人更希望养男孩，很少会有人家养活 1 个以上的女儿。[2] 一些被遗弃的婴儿会被他人捡去，交给奶妈养育。除非能够自证自由人身份，被遗弃的婴儿会自动成为奴隶。有现代学者认为，养育一名婴儿的成本要比购买一名成年奴隶更高，但相关证据表明，一些奴隶贩子愿意进行这样的投资。[3] 许多此类女婴的命运便是以妓女职业谋生，从而缓解丢弃女婴所导致的自由人男女比例失衡问题。但这些女子无法成为合法妻子；由于缺少可嫁娶的自由女性，许多男性自由人是注定要过单身生活的。

身为奴隶的妓女所能指望的最幸福结局，是被主人释放并获得自由。但即便在获释的情况下，她也要像所有被释女奴那样，继续为从前的女主人或男主人效劳。[4] 她的儿女有可能被宣布为 141
自己主人的财产，或许还会被卖给妓院。不过，科林斯声名狼藉的妓女尼埃拉是一个例外，她有权保留自己的子女，并且只需向

1 Angel, “Ecology and Population”, p. 100 and Table 28.

2 Tarn and Griffith, *op. cit.*, pp. 100-104; Vatin, *op. cit.*, pp. 230-33.

3 关于收养弃婴的记载，参见 *P. Oxyrhynchus* 37 (A.D. 49) ;关于遗弃女婴的记载，参见 *P. Oxyrhynchus* 744 (1B.C.)。

4 Hyperides, fragment B, 45: “Against Demetria”; Tarn and Griffith, *op. cit.*, p. 105.

为自己赎身的前情人承担一项义务——远离科林斯城。[1] 另外，我们要了解一个基本事实：无论妓女本人是奴隶还是被释女奴，她们大部分主顾都是奴隶、释奴或出身低微的自由人，而非家财万贯、风度翩翩的公子哥。

卖淫行为有可能为妓女带来收益；如果她身为奴隶，也可能给她的主人带来收入。公元90年，来自罗马治下埃及行省科普托斯（Coptos）地区的关税清单铭文显示，妓女们的过路费为108德拉克马，而其他女性只需20德拉克马。[2] 这一差别不太可能是因为社会政策或对不道德行为的罚款，更可能是因为妓女的支付能力更高。

少数高等妓女——她们被委婉地称为“伴侣”——过着更加风光的日子。她们的故事让我们联想到伯里克利的情妇阿斯帕西娅的相关传说，或许是因为古代趣闻轶事的叙述者们着实缺乏想象力。[3] 跟阿斯帕西娅一样，希腊化时代的高等妓女们也同许多政界的头面人物交往——主要是马其顿宫廷的成员们。流言声称，著名的高等妓女塔伊丝（Thaïs）先后迷住了亚历山大与托勒密一世，并为后者生了3个孩子；一些高等妓女跟阿斯帕西娅一样学识渊博；哲学家伊壁鸠鲁的“伴侣”莱昂提翁（Leontion）在哲学著述方面足以同泰奥弗拉斯托斯相匹敌。

---

1 Ps.-Dem. 59. 30-32.

2 *OGIS* 2. 674. 本注释及相应解释得自于拉斯克（M. G. Raschke）的指点。

3 关于不同时代高等妓女的重要史料信息来自于雅典尼乌斯（Athenaeus）、马克昂（Machon）、阿尔奇福戎（Alciphron）与琉善（Lucian）等作家。关于弗吕涅，另参见Ferguson, *op. cit.*, p. 88。

理所当然地，高等妓女们必须美貌过人。弗吕涅（Phryne）乃是阿佩勒斯[1]绘制《阿佛洛狄忒出海图》以及普拉克希特勒斯创作著名裸体像《克尼多斯的阿佛洛狄忒》时的模特。同阿斯帕西娅一样，弗吕涅也在雅典受过审讯。她被指控组织了一个不道德的团体，用于崇拜色雷斯的神祇伊索岱忒斯（Isodaetes），从而腐化了一批少女。但演说家许佩瑞德斯恰好是她的情人之一，为她辩护并打赢了官司。

托勒密王室非常容易受到高等妓女们的吸引（至少从传言看如此），无论他们是否迎娶了自己的姐妹。与阿斯帕西娅导致了伯罗奔尼撒战争爆发的说法相似，也有传说声称，阿伽索克莉娅（Agathoclia）不仅通过自己对托勒密四世的影响力统治着埃及，还要在一定程度上为托勒密五世即位之初亚历山大里亚的暴民骚乱负责。[2]

造型艺术及文学作品中的性爱表达 142

同此前时代对女性或保守或亵渎的表现方式相比，希腊化时代的文学与造型艺术展示出了对女性性爱之美的新兴趣。我们很难判断，这些新的性道德观念在多大程度上影响了良家妇女们的生活。但我们有理由根据罗马妇女的情况加以类推，部分希腊妇女可能在一定程度上接受了写给高等妓女的建议，如奥维德的

1 古希腊最著名画家之一，尤擅画人体，他的画作均已失传。

2 关于阿伽索克莉娅，参见 Ath. 13. 577 与 Polyb. 15. 31-33。

《爱的艺术》，以便满足个人的需求。

古风、古典与希腊化时代造型艺术中对女性身体的不同描绘方式——穿衣、裸露部分肢体或赤身裸体——充分反映了社会观念的变化。但当艺术史学者们对这些风格变化（它并非总是跟雕塑与陶瓶画中的趋势同步）进行认真分类时，只有少数研究者尝试去解读其心理与社会意义。[1]对于本书的研究主题而言，希腊化艺术中最值得注意的特征，是雕塑作品中赤裸女性形体的发展。为了研究这一现象，我们必须简要回顾一下古风与古典艺术作品中对女性的早期呈现方式。

穿衣的女性形象在雕塑与陶瓶画等希腊艺术形式中都有存在。裸体女性存在于各时代的陶瓶画中，但直到公元前 4 世纪才经常出现在雕塑作品中。我们需要按照希腊原作的创作年代去历时性地讨论这些形象，尽管其中一部分雕塑只能通过罗马时代的仿制品去了解。

我们之前在讨论男孩与少女的雕像时已经了解过，古风时代希腊雕塑中的男性身体通常是赤裸的，女性躯体则被衣物包裹得严严实实。雅典人对其男性的裸体习俗引以为傲，认为它象征着希腊人与蛮族的区别，诠释着前者的高贵性。早期，希腊和外邦的运动员都要缠着腰布进行训练，但在公元前 720 年左右，希腊人开始进行裸体训练。[2]这种传统上所讲的“英雄主义”裸体习

1 参见 Otto J. Brendel, “The Scope and Temperament of Erotic Art in the Greco-Roman World”; K. Clark, *The Nude*, especially pp. 23-145; and Havelock. *op. cit.*。

2 Thuc. 1. 6. 5; cf. Hdt. 1. 10.

俗在雅典是男性的专利——这在男同性恋或双性恋的社会背景下是很好理解的。除斯巴达妇女外，希腊世界的良家妇女都不能参加田径比赛，并且也没有脱衣活动的机会。柏拉图的一条古怪建议便是让女性进行裸体训练。[1]这种立场可能来自于东方或爱奥尼亚人。希罗多德在《历史》中讲述的第一则轶事便是，萨迪斯（Sardis）国王怂恿外人偷看王后的裸体，王后的震怒直接导致了萨迪斯的王位更迭。[2]碰巧看到阿耳忒弥斯裸体的阿克泰昂，他的结局同样也是死亡；而根据一些作家的说法，忒瑞西阿斯也是因为看到雅典娜沐浴而失明的。相应地，在古风与古典时代的雕塑中，几乎所有女性（无论是凡人还是神明）的身体都是被包裹着的，极少例外。公元前 5 世纪，有两座最著名的女性全裸雕塑，一座是埃斯奎林的维纳斯像，另一座是《鲁多维奇宝座浮雕》侧面的吹笛者像。局部裸露的女性雕像略多一些，以表现她们的强烈感情，其中包括巴尔贝里尼的乞援人像、垂死的尼俄珀女儿像和被劫掠的拉庇泰妇女像。 143

雕塑毕竟是一门公共艺术。在相对私密的陶瓶画领域，裸体女性的形象屡见不鲜。尤其是在古风时代后期（公元前 530 年左右）生产的酒杯上。由于酒是由狄俄尼索斯掌管的，因此描绘萨堤尔（Satyrs）与酒神女信徒（Maenads）交媾的场景非常多。还有许多表现宴饮场合中集体性行为的样本。正如充斥着酒杯与调

1 Pl. *Republic* 5. 452A-B.

2 Hdt. 1. 8-12.

萨堤尔与酒神的伴侣。古风时代后期的红像陶酒杯（约公元前490—前480年），被视为画家玛克戎（Macron）的作品。现藏于大都会艺术博物馆。

酒器皿的男性墓葬所反映的那样（见第3章），饮酒是一种理论上专属于男人的行为。绘有色情图案的酒杯主要用于社会上层男性的宴饮——良家妇女是永远不会受邀参加此类宴会的。这些酒杯描绘了男人的种种性行为。其中一些是同性恋，但更多的是异性恋。

我们几乎可以确定，那些色情陶瓶画上的女性是妓女。除传统意义上的性交场景外，很多场景展现的都是她们为男性提供快乐，而非自己享乐。舔阴的场景比口交更罕见，并且笔者还没见到过两种行为同时出现的例子。陶瓶画反映了希腊人的各种性交姿势。在文学作品尤其是喜剧中，这些姿势都有自己的名称：
144 其中许多名目来自于摔跤姿势，另一些则是现代学者们无法理解的。[1]

这些女性画像中有个十分引人注意的点，她们的臀部都过分突出，并且还存在大量的异性恋肛交场景，其中一部分可能是对男同性恋行为的暗喻。

除了色情画之外，描绘女性沐浴的场景是另一个展示裸体女性的机会，但其裸体形象无法与同时代雕塑中男性的英雄主义裸体形象相提并论。陶瓶画领域的证据表明，如果雕塑家及其赞助者想要在作品中描绘裸体女性，他们是可以找到模特的。

韦伯斯特（T.B.L. Webster）注意到公元前475—前450年期间女性艺术形象的显著增加。[2]在此之前，表现运动员与骑手的陶瓶画数量约为男女合像与清一色女性画像的3倍。而在希波战争结束后，女性画像与男女合像的数量至少达到了运动员与骑手画像的2倍。这些陶瓶有许多是供女性使用的，自然会描绘她们的日常。但它们同时也是男性为女性制作、购买的，也反映了男性对妇女品位的理解。男性可能对女性的日常私人生活越来越感兴趣。两性之间的隔绝可能塑造了男性的某种窥阴癖（voyeurism）。如果韦伯斯特的说法不谬，那么陶瓶画对女性的关注要早于公元前5世纪的文学作品。

1　参见K. J. Dover, "Classical Greek Attitudes to Sexual Behavior"。多沃尔教授提醒我注意到了公元前620年左右来自铁拉岛的盘子上绘制的表现两名女子传统同性恋姿势的罕见图像。相关照片发表于 Arnold von Salis, *Theseus und Ariadne*, p. 10 and Plate 7, 以及 Gisela Richter, *Korai*, p. 24 and Plate 8c。

2　T. B. L. Webster, *Athenian Culture and Society*, pp. 139-40. 这项发现尚未得到充分证实，尚存在诸多争议。感谢安·谢菲尔德（Ann Sheffield）为我提供相关信息线索。

可以佐证希腊男性窥阴癖假说的一个证据在于，公元前475—前450年期间也出现过一些用于公共展示的巨幅画作，其中描绘了身穿透明纱衣或湿衣紧贴在身上的女性形象。[1]实际作品并未保存至今；但一些现存的陶瓶画——它们可能效仿了大型画作的风格——描绘了身穿透明纱衣的女性形象，通常是在纺织或扫墓。因此我们很难判断，这些画作中描绘的究竟是良家妇女还是妓女。女性公民在自己墓碑上的形象非常得体，但她们在家里
145 通常穿着便装。[2]另一方面，妓女（尤其是小妾）也是要承担纺织等家务劳动的。

另一种可能成立的解释认为，这些作品中所画的并非透明衣物，而是以这种手法展示被衣服所掩盖的身体形态。这种手法同样也存在于雕塑作品中。该时期最著名的身穿湿衣的女性形象代表有鲁多维奇宝座的阿佛洛狄忒像、派奥尼奥斯（Paionius）的胜利女神像（Nike）与祖先维纳斯像（the Venus Genetrix）。

公元前4世纪早期的巨幅画作中出现了裸体女性形象。当宙克西斯想要绘制海伦的裸体像时，他在克罗顿城内找到了5位模特，并将每一位模特的优点汇集到自己的画作中。[3]雕塑家们很快加以效仿，开始描绘全裸的女性形象。公元前4世纪中叶，普拉克希特勒斯以他的情妇弗吕涅为原型，雕刻了一座阿佛洛狄忒裸

---

1 Ael. *VH* 4. 3; Pliny, *HN* 35. 58.

2 Paoli, *op. cit.*, pp. 20-23. 埃尔皮尼茜虽然出身于上层阶级，却是一个穷困潦倒、声名狼藉的女子。因此，她为波吕格诺图斯（Polygnotus）担任模特的现象并不寻常（Plut. *Cimon* 4）。

3 Pliny *HN* 35. 61; Cic. *De Inventione* 2. 1. 1.

阿佛洛狄忒的诞生。鲁多维奇宝座的前方镶板，约公元前460年，描绘了阿佛洛狄忒在两位美惠女神的搀扶下从海中升起的场景。现藏于罗马国家博物馆。

像。[1]这座雕像被放置于克尼多斯的一处圣所内，供四面八方的来客景仰。她全身赤裸，正准备入浴。伸出的一只手置于自己的骨盆前方——那是一种表示谦逊的姿势（同时也会吸引观众注意她的私处）。普拉克希特勒斯建立了女性裸像的标准比例：双乳之间、乳房下端至肚脐以及肚脐至胯部的距离是相等的。老普林尼曾讲述过，一名男子对这座雕像十分痴迷，以至于趁着夜晚过去拥抱雕像，在上面留下了污迹。但没有人会否认，这座雕像表现的是一位女神，是值得世人尊敬的。

1 关于普拉克希特勒斯的阿佛洛狄忒像，参见 Pliny, *HN* 36. 20; Ath. 13. 590 等史料。

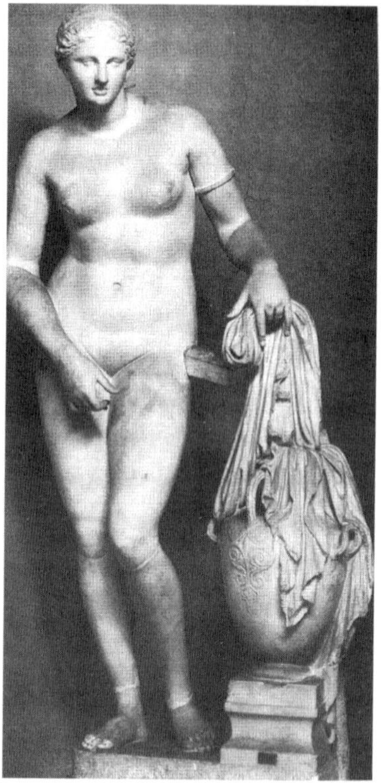

米洛斯的阿佛洛狄忒，约公元前175—前150年。

克尼多斯的阿佛洛狄忒，普拉克希特勒斯希腊原作（约公元前350年）的罗马仿制品。现藏于梵蒂冈博物馆。

此后又出现了其他女性裸像。这些雕像中的大多数都被称为“阿佛洛狄忒式”，都是半裸或全裸状态的女神准备入浴的场景。随着这些雕像的出现，女性裸像最终在希腊雕塑中获得了与男性裸像并列的地位，尽管后者在整个古典时代都更普遍。正如裸体男性雕像融合了同性恋与英雄主义的不同元素一样，女性裸像也具备两个层面的功能：一方面是性吸引力，另一方面承载着许多宗教观念。

希腊化时代的色情陶瓶画也反映了两性关系的变化。较早的陶瓶画展示了一丝不挂的群交场景。希腊化时代的陶瓶画则较少表现男同性恋行为，转而关注私密、雅致环境中夫妻间充满柔情 146
的异性恋情境。雅致环境已成为一种必要条件，因为一种复杂的爱情礼仪正在发展壮大，最终成为关于爱情艺术的指导手册。[1]

裸体还可被解读为对女性情欲及满足其权利的更开放的认可。女性裸像比男性裸像更具色情与诱惑意味：她们蜷曲着，伸展着——惹人怜爱并渴望爱情。

关于两性中哪一方更享受性爱的永恒话题，古希腊人和今人都争论不休。根据希腊化与罗马时代的作家们讲述的一则神话，宙斯与赫拉请先知忒瑞西阿斯来裁决这一争议：宙斯坚称女性享受了更多乐趣，赫拉则坚持认为是男性。他们认为忒瑞西阿斯在这件事上有发言权，因为他的人生中分别有一段是作

---

1 Brendel, *op. cit.*, pp. 41-54.

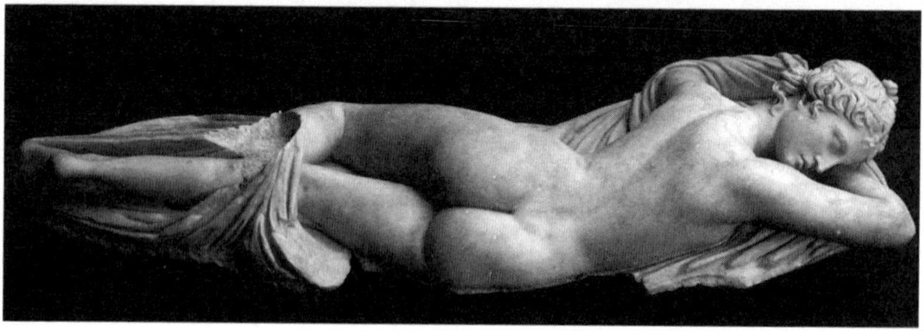

熟睡的赫马佛洛狄忒斯。公元前 2 世纪希腊原作的罗马仿制品。
现藏于罗马戴克里先浴场博物馆。

为男性和女性度过的。忒瑞西阿斯答道："女性对性爱的享受程度是男性的 9 倍。"根据古代作家的说法，忒瑞西阿斯先后经历了"男性—女性—男性"的形态。但艾略特在《荒原》中声称他集两种性别于一身，并将其描述成一个"长着皱巴巴女性乳房的老头"。艾略特的描述反映了另一种双性生物——赫马佛洛狄忒斯（Hermaphrodite）——的存在，那是一位双性神祇，其形象在希腊化时代出现得较为频繁，在具备文学品位与财富的阶层中更加流行。赫马佛洛狄忒斯的雕塑作品有两个来源。有时是少年与女性躯体的结合，在男性的身体上安上女性的乳房，或是在阿佛洛狄忒等女性裸像上装上男性的性器官。赫马佛洛狄忒斯代表着一种完整的人体，超越了两性各自的不完美。这标志着希腊思想中的一种新潮流。在之前的古典时代，男性显然是更优越的性别——赋予他“低等性别”的特征无疑是对其完美性质的破坏。而雕塑作品中对赫马佛洛狄忒斯的色情描绘则提醒我们，在希腊人眼中，少年与少女都是具备性魅力的。古典时代更强调男性的性魅力，希腊化时代的艺术作品则将女性也视为性爱对象。

忒瑞西阿斯的评判显然认识到了女性的性欲望。来自文学作品的证据表明，希腊化时代的人们也开始关注女性的欲望满足问题。亚里士多德曾描述过女性在性爱中的快感，并区分了分泌黏 147
液的部位（可能是阴道）和产生快感的部位（可能是阴蒂）。[1] 受希腊化诗人影响的罗马作家奥维德这样教育恋爱者：

> 相信我，爱情的乐趣不是通过急躁举动，而是凭借气定神闲的慢功夫获得的。当你找到女性喜欢被抚摸的部位后，要比她本人更大胆地去触碰那里。你会看到她的眼睛熠熠发光，犹如清水中倒映的太阳光辉。随后她会充满爱意地呻吟低语，满足地叹气，寻找能够表达自己快乐之情的话语。但你要注意，不要前进得过快而把爱人甩在身后，也不可让她遥遥领先。你们要一起到达目标。当男子和女子筋疲力尽地

---

1 Arist. *Gen. An.* 1. 20 (728a-b).

并排躺下时，他们享受的快乐才是完整的。当你们自由享乐，无需因恐惧而遮遮掩掩时，切记要把握好节奏。如果拖延磨蹭会带来危险，那么你就加快进度，如脱缰野马一般带她到达终点。[1]

希腊化时代的若干文学作品，尤其是短剧（mime），会使用比阿里斯托芬的喜剧更粗野的方式去描写女性的性爱。而另一些文学著作则带着欧里庇得斯式的同情分析坠入爱河的女性心理。后者中的代表作是阿波罗尼奥斯（Apollonius）撰写的史诗《阿尔戈英雄纪》。该诗对美狄亚热恋伊阿宋的心理描写——那种爱情促使她欺骗了自己的父亲，谋害了自己的弟弟——成了后世作家的范本。它也影响了罗马作家维吉尔，后者借用它描写了狄多对埃涅阿斯的毁灭性爱情。

古典时代的希腊人对私人生活里的两性关系问题不感兴趣，但这一主题在希腊化时期的文学与艺术里得到了充分发掘。两性关系的这一变化可归因于本章所讨论的若干因素（当然带有不同程度的猜想性质）：哲学家的影响力、王室女性的政治影响力和女性日益增长的经济实力。雅典等城市实行的城邦体制——它要求丈夫对自己的妻子严加保护——已发生变化。新的社会准则允许男性同良家妇女打交道，尤其是希腊人新近定居下来的地区。与此同时，良家妇女们也获得了另一种宽容。诗人特奥克里托斯

1 Ov. *The Art of Love* 2. 719-32.

（Theocritus，公元前 300—前 260 年）在第 2 首《田园诗》中描
写了一位处女希迈塔，她可能还是个孤儿，在另一位女子的陪伴 148
下前去参加节庆活动，路上遇见了一名少年，并爱上了他。那名
少年与她同床共枕，但后来抛弃了她。在第 15 首《田园诗》中，
特奥克里托斯记述了亚历山大里亚的两位良家妇女前去参加阿多
尼斯节，在那里她们遭到了男子的推搡和言语挑逗。我们在此有
必要追问：造型艺术中的女性裸像是否不仅意味着女性享有了更
多自由，还意味着对妇女的某种轻贱。

第 8 章
共和晚期与帝国早期的罗马贵妇

希腊化世界社会转型的契机与罗马特质融合起来，缔造了约束较少同时又受到尊敬的上层女性阶层。[1] 我们必须在精明狡诈、手握政治权力的希腊化王室女性涌现，女性参与文化事业的机会增加，社会生育率下降的情况下对性行为的鼓励，以及希腊化时代典型的自我意识增强的背景下，去审视共和晚期的罗马贵妇。这幅图景中剩下的部分则主要是罗马的特征：巨大的财富、贵族阶层的奢华与炫耀、允许女性在男人们外出期间行使领导权的实用主义；最后一项因素乃是比希腊人的影响更加古老的历史传统——被罗马人高度理想化的遗产，其中真实的历史事件已与传说混杂在一起难以分辨，而罗马建城时代与共和早期的传说也被共和晚期与帝国早期的罗马人用于道德教育与宣传。其结果是操纵上层政治、主持文学沙龙的罗马贵妇们同时也被要求能纺线织衣，仿佛她们还生活在罗马早期的岁月里。这些社会神 149

1 关于罗马女性，尤其是上层妇女的生活，参见 J. P. V. D. Balsdon, *Roman Women: Their History and Habits*。关于女性参与政治活动（尤其是公元前 60 年至公元 14 年期间）的叙述，参见 R. Syme, *The Roman Revolution*。

话构成了理想与真实的罗马贵妇之间的张力，塑造了对科内莉娅（Cornelia）等公元前 2 世纪罗马女性的赞美方式。

科内莉娅是罗马贵妇的典范。相传她曾拒绝过一名托勒密家
150 族成员的求婚。她为自己的丈夫提比略·森普罗尼乌斯·格拉古生育了 12 个子女，守寡后仍对丈夫忠贞不渝。此后，她继续操持家务，并因费心孩子们的教育而备受赞誉。12 个孩子里，只有 3 个活到了成年。但科内莉娅通过自己的两个儿子——提比略·格拉古和盖约·格拉古——对罗马政治产生了深远影响。有人声称，她坚称自己闻名于世是因为她是西庇阿·阿非利加努斯（Scipio Africanus，战胜汉尼拔的英雄）的女儿，而非格拉古兄弟的母亲，这变相促使了她的儿子们热衷于政治。甚至有流言声称（尽管肯定与事实相去甚远），科内莉娅在自己女儿森普罗尼娅的帮助下，勒死了女儿的丈夫西庇阿·埃米利亚努斯，因为后者反对提比略·格拉古的立法。这一流言蜚语并未损害科内莉娅的声誉。她以坚忍的精神承受了两个成年儿子均被杀害的无情事实，并继续在米塞努姆家中招待来自外邦的旅人或学识渊博的客人。她本人受过良好的教育，出版过自己的书信集。罗马人为纪念她竖立过一座铜像，上面刻有“阿非利加努斯之女、格拉古兄弟之母科内莉娅”的字样。该铜像后来又被元首奥古斯都重建。[1]

---

1 关于科内莉娅，参见 Plut. *Tiberius Gracchus* 1.4 and *Gaius Gracchus* 4, 19, and App. *Civil Wars* 1. 20；关于她的雕像，参见 Pliny *HN* 34. 31，相关铭文参见 A. Degrassi, ed., *Inscriptiones Italiae* 13.3 (“Elogia”), no. 72, pp. 51-52。Plut. *Gaius Gracchus* 4. 3 记录了一则更短的铭文：“科内莉娅，格拉古兄弟的母亲”。

法律文本与现实

在科内莉娅这一性格独立、富有教养，即便在寡居期间仍充满自信的形象之外，我们还能看到一部漫长的对女性影响深远的罗马立法史，尤其是在关于监护人、婚姻与继承权的立法领域。

女性的软弱与性格轻浮（*infirmitas sexus* 与 *levitas animi*）是罗马法学理论要求将所有女性置于男性监护之下的基本依据。在孩提时代，女儿需要接受“家父（*pater familias*）”——家族中男性长辈里最年长者的监管。家父的权力在希腊法律中没有可以与其相提并论的对象。他的权力甚至大到足以决定全体成员生死的程度。家族中的男性子孙，无论年纪多大，都要服从家父的权威。但在成年之后，他们可以在家父去世后自动获得解放。最早的罗马成文法典《十二铜表法》（传统上认为颁布于公元前 451—前 450 年）规定，被父亲 3 次卖为奴隶的儿子可以获得自由。但对女性而言，摆脱家父权力控制的唯一合法途径是担任维斯塔贞 151
女——那是极少数女子才有机会担任的特殊角色。

家父去世后，对女儿及未成年儿子的监护权将转移到血缘关系最近的父系男性亲属手中，除非家父在遗嘱中已指定另一位监护人。理论上来说，对女性的监护权一直到戴克里先在位期间（284—305 年）都是有效的；但各种法律措施、权宜之计与一些妇女希望独立自主的自信逐渐削弱了这项权力。女性在参与重要交易时需要监护人——诸如继承遗产、订立遗嘱、承担契约义务以及所有需要仪式性买卖文契（*mancipatio*）的交易（包括售卖土地与释放奴隶）。如果监护人不赞同这些交易，女性可以请求行政长官强迫监护人同意，或是指定另一位监护人。

到了共和晚期，监护女性的责任已成为男性监护人的负担，这对妇女而言只是轻微的不便。品行卓著的科内莉娅操持着一个大家庭；即便在拒绝托勒密·福斯孔（Ptolemy Physcon）的求婚时，我们也没听说她咨询过哪个男性监护人的意见。同样的，我们手头还有生活在一个世纪之后的西塞罗的妻子特伦提娅（Terentia）的许多财务资料，却从未听说过她的监护人。

奥古斯都的立法为女性彻底摆脱男性监护人形式上的约束提供了途径。根据所谓的“三孩或四孩权（*jus liberorum*）”的规定，生育了 3 个孩子的自由女性或生育了 4 个孩子的被释女奴不再受到监护权的束缚。这条规定同时也颠覆了认为女性天生软弱的法理原则，表达了以下观念：法律应当承认，至少那些通过生育罗马所需要的儿女证明了自己责任感的女性，有资格在没有男性监护人监督的情况下自主活动。

“三孩或四孩权”的规定并不是为了让女性摆脱男性的控制，而且在很大程度上也没有刺激这种需求。正如我们前文所看到的，罗马社会中希望摆脱监护人影响的著名女性们早在奥古斯都统治之前就已经做到了这些，并且无需遵循生育 3 个孩子这一令人生厌的前提条件。此外，来自罗马治下埃及地区（那里的女性
152 受教育程度较低）的纸草材料告诉我们，许多妇女自豪地宣称自己已获得“三孩或四孩权”，但她们仍然会在参与法律事务时寻

求男性的帮助。[1]即便在公元1世纪，克劳狄乌斯的一道法令废除了男性亲属对妇女的自动监护权后，大多数监护人、拥有“三孩或四孩权”的女性进行交易时的在场证人以及代表文盲女性签署文件的人仍是她们的男性亲属。[2]

关于监护权的法令表明，家父的权力是可以超过丈夫的。家父有权决定，自己究竟是要保留对女儿的监护权，还是把他的权力转交给另一名男子，以及具体转交给谁。监护人不一定是女性的亲属，婚后的女儿也不一定要由自己的丈夫进行监护。家父还可以决定，家中的女儿出嫁时是否要履行将她父亲的监护权转交到她丈夫“手上（*manus*）”的法律程序。如果在婚礼上走了这一法律程序，新娘就将成为丈夫家庭的一分子，并在财产权利方面等同于他的女儿。

妻子可以通过三种方式被交到丈夫手上：两种正式的婚礼仪式——“*confarreatio*（分享二粒小麦）”和“*coemptio*（模拟买卖）”，或“*usus*（共同居住一年以上）”。在古代社会中，这种婚姻形式的一个重要特征是家族内宗教关系的相应变化。[3]一个家族的宗教是在其男性成员中间传承的，家父的地位相当于大祭司。在婚

---

1 R. Taubenschlag, *The Law of Greco-Roman Egypt in the Light of the Papyri: 332 B.C.-640 A.D.*, pp. 48-49, 176-77.

2 关于规范监护权的《克劳狄乌斯法案》（Lex Claudia de tutela），参见G. Rotondi, *Leges publicae populi romani*, pp. 467-68；关于识字率问题，参见 Calderini, *op. cit.*, pp. 30-31。

3 哈里卡纳索斯的狄奥尼修斯认为，这是“举行仪式”的婚礼所具备的特征。这一说法表明，即便在罗慕路斯时代，没有将新娘交到丈夫手上的婚姻也是存在的 (*Ant. Rom.* 2. 25)。

礼上，女孩放弃了父亲的家内宗教，转而供奉丈夫家的香火。他的祖先成了女孩的祖先。这个家族要崇拜家父的守护神（*genius*）以及“家母（*mater familias*）”的守护神（*juno*）。相反，没有被交到丈夫手上的女子不是丈夫父系家族的成员，因此在理论上不得参加丈夫和儿女举行的纪念仪式。在这样的情况下，她还会继续参加父亲的崇拜活动。

正如我们已经看到的，家父掌握着女儿们的生杀大权。生活在元首奥古斯都时代的李维讲述了罗马早期的两个故事，可以让我们管窥追求道德完满的父亲们是如何严厉处置自己的女儿们的。一个故事是关于少女霍拉提娅（Horatia）的，她与库里亚提
153 乌斯家族的成员订了婚。当她的三兄弟同库里亚提乌斯三兄弟决斗，并以牺牲两人的代价杀死了对方全部三人后，霍拉提娅为自己未婚夫的死表示了哀悼之情。她幸存下来的兄弟听说之后用匕首刺死了她，并声称：“所有为（罗马的）敌人哀哭的罗马女性都要这样死去。”[1]尽管她的兄弟被迫为自己的鲁莽行为悔过，他的父亲却断言，倘若自己的儿子没有杀死女儿，那么他本人也会行使父亲的权威做出同样的事。另一个故事则是，公元前449年，阿皮乌斯·克劳狄乌斯（Appius Claudius，颁布《十二铜表法》的十人委员会成员）难以自拔地爱上了少女维吉妮娅（Virginia）。维吉妮娅的父亲竭尽全力也无法避免女儿落入克劳狄乌斯之手，于是杀死了自己的女儿，随后宣布既然女儿无法贞洁地活着，他

1 Livy 1. 26.

只有赐给她悲惨但光荣的死亡。[1]

我们可以很有把握地确定，监护人对被监护人并不拥有这种权威。[2]至于丈夫是否通过把新娘交到自己手上的婚姻，取得了对妻子的绝对权威，我们还不得而知。听说在罗马的早期发展阶段，所有妻子都服从丈夫的权威。当时的婚姻十分稳定，妇女们美德卓著。老加图宣称，丈夫们拥有不受限制地审判他们妻子的权力，可以因妻子饮酒或通奸就将她们处死。罗慕路斯本人统治的时代曾出现过这样的案例：一名丈夫因为妻子饮酒而用棍棒打死了她。他并未受到审讯，因为罗马人认为他的妻子树立了一个坏榜样。[3]

我们关于罗马早期丈夫权力的史料源自奥卢斯·格利乌斯（Aulus Gellius）对老加图一篇演说词的引述。[4]格利乌斯在引述前讲道，男性血亲亲吻女性的习俗最初是为了确定她们的呼吸中是否有酒气。[5]但这存在着轻微的逻辑混乱：如果妻子完全服从于丈夫的权威，男性血亲就不应再过问她的事情了。

关于丈夫与妻子血亲的权力孰大孰小的问题，史料中存在着一些分歧。哈利卡纳索斯的狄奥尼修斯（Dionysius of Halicarnassus，

---

1 Livy 3. 44-58; Dion. Hal. *Ant. Rom.* 11. 28-49; Diod. 12. 24.

2 Alan Watson, *The Law of Persons in the Later Roman Republic*, p. 110.

3 Val. Max. 6. 3. 9. 女性不应饮酒的理想观念甚至一直延续到了公元 153 年：一位男性行会的女性赞助人选择接受自己所设立基金的金钱收益分红，但拒绝参加同样由自己出资置办的酒会 (*ILS* 7213. 12)。

4 Aul. Gell. 10. 23; cf. Livy 34. 2. 11. Watson, *op. cit.*, p. 28 接受了老加图提供的证据。

5 *Plut. Roman Questions* 6 也指出，已婚妇女要同她的血亲接吻这一习俗的起源原因之一，在于男性希望保留监督女性饮酒的权力。参见 *Mor.* 265b。

他跟李维一样，都生活在元首奥古斯都统治时期）声称，根据罗慕路斯的法律，已婚妇女只能对丈夫俯首帖耳，因为她们别无选择；丈夫则像支配财产一样支配着自己的妻子。[1] 普鲁塔克则补充
154 了一条信息：根据罗慕路斯的规定，只有丈夫有权提出离婚，并且前提条件只包括妻子与人通奸、给他的儿子下毒或私配了他的钥匙这 3 种情况。如果他以其他原因休妻，那么妻子将获得他的一半财产；另一半财产则要献给谷物女神。[2]

狄奥尼修斯则把该问题进一步复杂化，声称丈夫在与妻子的亲属协商后，可以对犯下通奸或饮酒罪（因为饮酒会引起通奸）的妻子处以极刑。[3] 老普林尼曾讲述过一则故事：一名已婚妇女在家人的逼迫下饿死，因为她偷了酒窖的钥匙。但我们并不清楚，这里的“家人”指的是丈夫还是娘家人。[4]

因此，我们并不清楚，丈夫究竟是有权杀死妻子，还是只有权休弃她，还是能在妻子男性亲属同意的情况下处死她。公元前 186 年，当数以千计的男男女女因参加酒神崇拜而被判处死刑时，其中的女子被交给她们的血亲或拥有其管理权（*manus*）的人，由他们私下处决。但在这个例子中，丈夫只是执行政府下达的处决命令而已。他并未亲自判决妻子死罪。[5]

这一案例倒确实体现了狄奥尼修斯所说的妻子们别无选择的

---

1 Dion. Hal. *Ant. Rom*. 2. 25. 4.

2 Plut. *Romulus* 22. 3.

3 Dion. Hal. *Ant. Rom*. 2. 25. 6.

4 Pliny *HN* 14. 89-90.

5 Livy 39. 18. 6.

社会现实。正如老加图所言，当妻子完全处于丈夫的权威之下时，婚姻是更稳固的。丈夫对妻子的权力——如果它确实普遍存在于早期罗马——被理想化了，且构成了斯多葛学派与奥古斯都时代的作家们（二者均关注着同时代婚姻制度的改善问题）关于婚姻意识形态的一部分。

在许多社会中，女性一旦成年，父亲的控制权即宣告终止，由丈夫的权威取而代之，令人惊讶的是，这一局面在罗马被颠倒了过来——丈夫的权威比父系血亲更脆弱。即便是在新娘的监护权转交到丈夫手上的婚姻中，新娘的血亲仍然参与着对她的监护，保护其利益。对女性饮酒的监督只是其中一方面。一些传说似乎表明，父亲可以继续插手对已婚女儿的监护事务。这些传说包括：被强暴的卢克莱提娅（Lucretia）同时向父亲和丈夫呼吁，之后二人决定联手为她复仇；萨宾父亲们在索取他们有孕在身的 155
已婚女儿时被后者告知，她们不愿被迫在父亲和丈夫中做出非此即彼的选择。

没有移交监护权的婚姻源远流长。《十二铜表法》对这种婚姻进行过规范，它在共和晚期已成为惯例。由于移交监护权能让妻子拥有对丈夫财产的一部分权力，新郎的家人可能不会做此要求。如果妻子非常富有，她的家人同样也不希望移交监护权，以便她的财产能够继续归血亲家族所有。因此，公元前 2 世纪罗马人财富的增加，可能与同时期移交监护权婚姻数量的下降有关。不移交监护权的婚姻是一种试验性的安排，在很大程度上导致了共和晚期显而易见的婚姻不稳定的局面。因此，关于罗慕路斯时代的妻子不得不俯首帖耳，因为她们别无选择的说法有一定真实性。如果妻子能够随时回到自己父亲身边避难，那么她就不大可能对自己的丈夫唯命是从。

不移交监护权的婚姻为女性提供了更多自由。对她有管束权的父亲或监护人住在另一个家庭，而朝夕相处的丈夫虽然可以每天监视她，却无正式管束她的权威。此外，即便她被移交了监护权，父亲和其他血亲的持久干预也可被视为保护妻子和嫁妆免受丈夫侵犯的积极手段。在思考罗马妇女为何不会像希腊妇女那样嫁给自己的近亲时，普鲁塔克认为她们需要保护：如果丈夫冤枉了她们，还有亲戚能伸出援手。[1] 除感情与保护的需要外，男性也可持续不断地从女性血亲身上获得利益，因为他们之间的纽带并不会因为女方的出嫁而被一刀斩断。

上层社会圈子里的订婚、结婚与离异往往是由男性操持的，通常是出于家族政治与经济利益的考量，而非情感因素。男人的子女越多，他同其他家族可能建立的纽带就越多。托勒密向
156 科内莉娅求婚无疑是为了与若干有影响力的罗马家族建立联盟。一旦男性之间的联盟关系转为敌对，婚约与婚姻关系也会被废止。庞培休弃了自己的第一任妻子，迎娶了苏拉的继女埃米莉娅（Aemilia）。[2] 埃米莉娅当时已经怀孕，跟丈夫一起生活。她在嫁给庞培不久便死于难产。

---

1 Plut. *Roman Questions* 108.

2 Plut. *Pompey* 9.

史料记载了共和晚期的大量婚姻联盟关系。恺撒试图讨好庞培，便安排自己女儿尤利娅同庞培订婚，尽管尤利娅之前已跟塞尔维利乌斯·凯皮奥订了婚。作为补偿，庞培把自己的女儿嫁给了凯皮奥，但他女儿之前已同苏拉之子福斯图斯订了婚。[庞培娅（Pompeia）最后确实嫁给了福斯图斯。] 恺撒本人迎娶了卡尔普尼娅（Calpurnia），随后安排她的父亲皮索当上了执政官。[1] 小加图虽然也曾利用妻子去巩固自己同霍腾修斯（Hortensius）的友谊，却反对利用女性来稳固政治联盟。[2] 然而，在恺撒遇刺之后，政治联姻依然存在，并在安东尼、雷必达与屋大维的后三头同盟中继续发挥作用。

屋大维取消了同塞维莉娅（Servilia）的婚约，转而与安东尼的继女克罗狄娅（Clodia）订婚。但他随后再次悔婚，以便迎娶斯克里波尼娅（Scribonia）——后者是屋大维从前的敌人塞克斯图斯·庞培（Sextus Pompey）的亲戚。我们并不清楚，这桩婚姻是否为两人和议的条件之一。屋大维反过来又安排了自己姐姐屋大维娅与安东尼的婚事。当安东尼成为自己的对手后，屋大维敦促自己的姐姐离婚。屋大维娅没听他的话，甚至在安东尼死后，还抚养了丈夫同第一任妻子以及与克利奥帕特拉的子女。如果整个局面不完全是一场政治游戏，那么屋大维娅的不顺从可能意味着，她不想再充当弟弟纵横捭阖的工具，或者她对安东尼仍怀

1 Plut. *Caesar* 14. 4-5.

2 Plut. *Pompey* 44.

有些许爱意。普鲁塔克如实记述了这些政治联姻，有时还会描述夫妻之间逐渐培养起来的忠贞爱情——那可能是因为他忍不住要赞美婚姻的哲学家立场。更接近事实真相的可能是维吉尔的《埃涅阿斯纪》——作者在诗中记述了埃涅阿斯在特洛伊失去了第一任妻子克瑞乌萨，随后又抛下决意自杀的狄多（事实上他从未正式迎娶后者），以便同意大利一位国王的女儿拉维妮娅缔结政治联姻。拉维妮娅其实对他毫无感情可言。

157 男性利用女性亲属缔结政治联姻的做法在古代屡见不鲜。荷马史诗中的国王、古风时代的希腊僭主与希腊化时代的君王都做过同样的事情。但在罗马人中间出现了一个新现象：共和晚期的女性有时也会为了家族的利益主动组建婚姻联盟，精心挑选自己的配偶。贵族瓦勒里娅（Valeria）便是这些野心勃勃的女人之一。她在同独裁官苏拉一起观看一场角斗士表演时俘获了对方的心。

> 她在经过苏拉身旁时，把手搭在他身上，从苏拉的袍子上取下了一点绒毛。随后，她走到自己的座位上就坐。苏拉吃惊地看着她。她说："独裁官大人，我没有别的意思，只是希望能够分享一点点您的好运。"听了这句话，苏拉并未发火动怒，显然他已被这名女子吸引。他派人去打听了她的姓名、家世与背景。随后他们不断眉目传情、相视而笑。最后苏拉决定向她正式求婚。[1]

1 Plut. *Sulla* 35.

这桩姻缘在很大程度上扭转了瓦勒里娅家族的命运。[1]

当政治形势相对稳定，人们不必再通过婚姻联盟去实现抱负时，我们认为离婚的情况似乎较少。然而，一旦涉及到元首大位的继承，婚事安排仍会成为棘手难题。克劳狄乌斯之女屋大维娅在 1 岁时便同卢奇乌斯 · 希拉努斯（Lucius Silanus）订了婚——后者是一位很有价值的伴侣，因为他是奥古斯都的四世外孙。但帝国早期的动荡局势导致希拉努斯自杀。于是屋大维娅在 13 岁时嫁给了当时 16 岁的尼禄（Nero）。

订婚与结婚需要男女双方都同意。但新娘只能在证明未婚夫道德不端的情况下，才能拒绝婚事。[2] 一名 12 岁的女孩——奥古斯都规定的女孩最低婚龄——事实上是不大可能抵制一场包办婚姻的。在父亲缺席或已故的情况下，部分女性确实可以在长大成人后选择自己的丈夫。西塞罗为自己的女儿图莉娅（Tullia）安排过两次婚姻。但她的第三任丈夫——外表英俊但品行不端的多拉贝拉（Dolabella）——却是西塞罗不在的情况下由图莉娅和她的母亲挑选的。这桩婚事具有法律效力。心怀不满的西塞罗一度 158
打算不为女儿准备嫁妆，以图搅黄这门亲事。

离婚手续很容易办理，理论上需要婚姻中的一方或双方提出意愿。大部分情况下，离婚的权力掌握在男性手中。自共和晚期起，一些女性因主动跟丈夫离婚而出了名。父亲可以为尚未脱离

1 T. P. Wiseman, *Cinna the Poet*, p. 181.

2 Ulp. *Digest* 1. 12.

自身权威的已婚儿女提出离婚要求。古典时代的雅典法律中也有类似的现象——父亲保留着解除女儿婚姻关系的权利。一直到安东尼·庇护统治时期，这种举动才被确定为非法行为。[1] 如果新娘在婚礼中被交到了丈夫手上，那么离婚时丈夫的监护权也必须被废止；但这种情况并不多见。跟雅典古典时代与希腊化埃及的情况类似，退还嫁妆是人们重点关注的问题。如果丈夫因为妻子的不道德行为而休弃她，那么他有权保留她的一部分嫁妆，具体比例取决于妻子过失的严重程度。一些丈夫确实能够借此获益。[2]

夫妻离婚后，儿女们会留在父亲身边，因为按照父系原则来算，子女是属于他的。不过，血缘亲情也是割舍不下的重要纽带。斯克里波尼娅在同奥古斯都离婚 37 年后，自愿与女儿尤利娅一起被流放。[3] 西庇阿·埃米利亚努斯在父母离异、自己已被另一个家族收养的情况下，仍同生身母亲分享着家财。[4] 玛尔奇娅（Marcia）曾同小加图离婚，因为小加图希望自己的朋友霍腾修斯与她生儿育女。但在霍腾修斯去世后，她又同小加图复婚了，可能是希望在小加图加入庞培阵营的情况下，照料两人所生的女儿们。[5] 当里维娅与克劳狄乌斯·尼禄（Claudius Nero）离婚，以便嫁给屋大维时，她的儿女们同前夫一起生活。但在父亲去世后，

1 Paulus *Sententiae* 5. 6. 15.

2 Val. Max. 8. 2. 3.

3 Vell. Pat. 2. 100. 5; Dio 55. 10-14.

4 Polyb. 31. 26.

5 Plut. *Cato the Younger* 25. 52. Cf. Hattie Gordon, "The Eternal Triangle, First Century B.C."

他们回到了母亲身边。

我们在史料中看到的大多数离婚案例都是出于政治或个人因素离的婚。法律上并没有要求必须要有离婚理由，但婚后没有子女往往是其中一个原因，并且婚后不孕会被视为是妻子的问题。苏拉因为克洛伊莉娅（Cloelia）“无法生育”而休弃了她。[1] 我们还从墓碑上得知，公元 1 世纪末，一位女性得到了丈夫的赞誉，因为她在婚后 43 年未能生育的情况下，主动提出与丈夫离 159
婚。她被称为“图莉娅（Turia）”，我们并不知道她的真实姓名。[2] 墓碑上的颂词赞美了她在历次内战期间为丈夫做出的英雄举动，随后称赞了她本着自我牺牲的精神向丈夫提出了离婚请求——她（带着其财产）继续像姐妹一样生活在丈夫身边，照料丈夫未来的子女，视若己出。但丈夫义正辞严地拒绝了她的请求，坚持维护与她的婚姻关系，宁可因此断绝了自己家族的香火。这只是那份文献诸多引人注目之处的一个方面。丈夫认为自己重视妻子与婚姻胜过传宗接代的举动是不合传统的；但就那个时代的道德观念而言，他的做法其实可以接受，甚至是值得称赞的。

一些男子因丢人现眼的通奸行为而休弃了妻子。如庞培休弃了穆奇娅，卢库鲁斯（Lucullus）休弃了克劳狄娅（Claudia）。恺撒之所以休弃庞培娅，是因为后者在良善女神（Bona Dea）的纪念仪式场合中同普布利乌斯·克罗狄乌斯（Publius Clodius）臭

---

1 Plut. *Sulla* 3. 2.

2 “Turia”: *CIL* 6. 1527, 31670 = *ILS* 8393 (in Marcel Durry, ed., *Eloge funèbre d’une matrone romaine*).

名昭著的通奸行为引发了种种流言蜚语——该仪式是只准许女性参加的。恺撒当时担任着大祭司长（*pontifex maximus*）的职务，并宣称"大祭司长的妻子在品行方面必须是无可指摘的"。我们很少听说妻子以通奸的理由要求与丈夫离婚的。也许是因为双重标准，也许是因为通奸的丈夫小心翼翼，也许是因为社会上层的男子有机会同下层女性寻欢作乐——这种同居关系可以得到宽容，不被视为对合法婚姻的威胁。

奥古斯都仅将女性的通奸行为视作公开的冒犯。依据家父所拥有的权力，如果父亲保留着对通奸女性的监护权，那么他是可以杀死女儿的。[1]我们在罗马法其他领域也会看到，丈夫的权力范围比父亲更小。丈夫必须休弃他的妻子，并由他本人或其他人对她提出指控。[2]如果罪名成立，女方将失去她的一半嫁妆，与她通奸的男性也将损失自己的一部分财产；两人将被流放到不同的地点。根据奥古斯都的立法，妻子可以因丈夫通奸而向他提出离婚；但她不一定非要这样做，并且她的丈夫也不会受到刑事审讯。法律规定必然比真实情况更加严厉，因为法学家乌尔比安（Ulpian）日后曾评价道："丈夫要求妻子具备他自己也达不到的道德标准，那是一种不公正的做法。"[3]斯多葛哲学学说也对夫妻双方的通奸行为一视同仁地予以谴责。[4]信奉斯多葛哲学与罗马道德

---

1 *Digest* 48. 5. 21 (20); 关于规定婚姻与通奸罪问题的《尤利乌斯法案》，参见 Rotondi. *op. cit.*, pp. 443-47。

2 *Digest* 48. 5. 1-4.

3 *Digest* 48.5. 14 (13). 5.

4 *Stoicorum Veterum Fragmenta* 244.

准则的小加图将这一原则又向前推进了一步：他相信性行为的目的仅仅是为了生儿育女。由于他本人拥有足够多的子女，并且玛尔奇娅饱受生育之苦，两人之间的复婚其实是无性的。[1]毫无疑问，内战时长期的在外漂泊，客观上使他更易于在5年复婚期内同妻子保持克制的婚姻生活。 160

跟奥古斯都时期对通奸行为的规定一样，这一时期关于奸淫罪（*stuprum*）的法令也沿袭了这一套双重标准。所有男子都不得同未婚或寡居的上层阶级女性发生性关系，但他们可以同妓女发生关系；上层阶级的女性则不得在婚外发生任何性关系。[2]在若干元首治下，违反这些规定的惩罚措施是相当严厉的。奥古斯都本人便以私通罪的名义流放了他的女儿和外孙女，并禁止她们死后安葬在自己的墓地里。[3]一些上层妇女抵制这种限制其自由的做法，于是便跑到营造官（该官吏的职责包括管理市场与贸易）那里注册为妓女。这样一来，她们就不再受到奸淫罪法令的约束了；但这些女子也因此丧失了继承或留下遗产的资格。无论如何，这种法律上的小把戏很快被杜绝了——奥古斯都的继承人提比略宣布，禁止其父亲、祖父或丈夫为罗马骑士或元老的妇女注册为妓女。[4]

根据关于刑事伤害（*iniuria*）或暴力（*vis*）的法律条款，强奸罪可由受害女性的监护人提起诉讼。君士坦丁明确了强奸行为

1 *Lucan Pharsalia* 2. 387-88.

2 *Digest* 48. 5. 6. 1.

3 Suet. *Aug*. 101.

4 Tac. *Ann*. 2. 85. 1.

中女性受害者的罪责。在他对被强暴处女的裁决中，他区分了顺从的女性和不顺从的女性。如果女方顺从，那她就要面临被烧死的处罚；如果她不顺从，也要受到处罚（尽管程度较轻），因为她本应大声叫喊，让左邻右舍前来救援。[1]君士坦丁还具体规定，与奴隶私通的女性自由人应被处以罚金，那名男性奴隶则应被烧死。这一惩罚源于一种长期的担忧，即自由人妇女会像男人一样与奴隶发生不正当关系。这种同居关系确实可能存在。因为跟女性独处一区的雅典情况不同，罗马贵妇们由众多男奴服侍，他们往往是凭借其俊俏外表被选中的。根据奥古斯都时代史家李维的
161 记载，恪守妇道的卢克莱提娅被塔克文（Tarquin）的威胁——他会把她和一名裸体男奴并排杀死在床上——吓住了，只得屈从于后者的淫欲。尽管是被强暴，卢克莱提娅在严格意义上也是通奸者。于是她做出了自杀的高贵决定。[2]

奥古斯都时代的立法鼓励寡妇像离婚后的妇女一样再嫁。元首希望女性多生育子女的想法，同传统罗马观念中将科内莉娅等忠于已故丈夫的妇女理想化的倾向存在着矛盾。铭文始终赞美着从一而终（*univira*）的妇女们，其中一些是因早亡而自然获得了这一身份。“从一而终”与永恒婚姻的理想纯粹是罗马式的，在希腊世界并无对应的概念。奥古斯都时代对上层妇女的两篇长篇颂词——一篇献给“图莉娅”，另一篇献给卢奇乌斯·埃米利乌

1 *Codex Theodosianus* 9. 9. 25.

2 Livy 1. 57-60.

斯·保卢斯之妻科内莉娅（Cornelia）——都强调了这种理想。在这两个例子中，妻子均先于丈夫去世。[1]奥古斯都的遗孀里维娅也因不肯再嫁而受到赞美，尽管她在奥古斯都之前还有过一位丈夫。撰写罗马民族史诗的维吉尔在描述狄多决定不再忠于已故丈夫时设计了毁灭性的高潮情节。与雅典不同，罗马的女性即便没有丈夫，仍能过上有滋有味的生活，就像款待宾客、进行文化消费的格拉古兄弟的母亲科内莉娅那样。但科内莉娅之所以获得赞美，是因为她先生育了 12 个子女，并且终生不再改嫁。

理想化的妻子形象不仅要求女性从一而终，还要求她们不能在丈夫死后继续偷生——尤其是在丈夫即将成为政治迫害牺牲品的情况下。因此，奥鲁斯·凯奇纳·佩图斯的妻子阿里娅（Arria）谴责了丈夫党派中另一名成员的妻子，因为后者坐视丈夫被杀死在自己怀里，选择继续苟活。阿里娅还向自己的女儿建议，如果丈夫死在她之前，她也应当自杀。当阿里娅本人的丈夫在克劳狄乌斯治下被勒令自杀时，她将匕首扎进了自己的胸口以作示范，并说出了那句著名的遗言："这并不痛，佩图斯。"[2]

罗马法十分详尽地规定了财产继承问题。同样一道法律经常会在措辞几乎原封不动的情况下多次颁布。因为世人无视之前的 162
法令，或设法钻法律的空子。尽管法律文本不断修订，但它的解

1 Hor. *Odes* 3. 14.4; Prop. 4. 11. 36; Lattimore. *op. cit.*, p. 296; Durry, *op. cit.*, p. 9; and Gordon Williams, "Some Aspects of Roman Marriage Ceremonies and Ideals", pp. 23-24.

2 Pliny *Ep.* 3. 16; Dio 60. 16. 5-6; Martial 1. 13. Cf. Pliny *Ep.* 6.24: Tac. *Ann.* 6. 29; 16. 10.

释空间仍然存在，这促使后人对这项立法撰写了卷帙浩繁的注疏。在共和时代，对女性的审判权主要掌握在她们的男性亲属手中，因而财产继承权是她们受到公法约束的唯一重要领域。罗马女性继承、馈赠财产的权利存在一定争议，但以下信息似乎是可信的：根据《十二铜表法》，在父亲未立遗嘱就去世的情况下，他的儿女们可以平分其财产；没有被交到丈夫手上的女儿在出嫁后同样可以分到父亲的遗产；但如果她被交到了丈夫手上，她便转而分享丈夫的遗产，如同她是后者的女儿一样。在哈德良立法之前，罗马妇女们立遗嘱的程序十分繁琐，并且她们不能为自己的女儿留下遗产。只有到了公元 178 年，通过《奥菲提亚努姆元老院法令》（Senatusconsultum Orfitianum），母亲和子女们才能在不立遗嘱的情况下彼此继承对方的遗产。此后，母亲的子女在遗产继承方面开始优先于她的兄弟姐妹与其他亲属。结合同时期禁止新娘父亲违背女儿意愿强行解除婚姻的立法来看，公元 2 世纪发生的一个明显变化是，女性不再被视为是父亲的家庭成员，而被认为同她的丈夫和子女属于同一个家庭。

公元前 169 年颁布的《沃科尼亚法》（Lex Voconia），对上层女性的财产继承资格进行了限制。在死者未立遗嘱的情况下，能够继承遗产的只有逝者的姐妹；并且女性也不得被指定为大额遗产的主要继承人。她可以接受遗产中的一部分财富，但数额不得高于主要继承人或其他联合继承人的份额。此前《十二铜表法》规定的女儿平等参与遗产分配的原则，以及允许在遗嘱中偏向女性的自由，加上小规模家庭日益流行的趋势，使得相当多的财富落入了女性手中。此外，无论对女性还是男性而言，公元前2世纪都是一个奢侈风气与财富积累日益兴盛的时代。波利比乌斯声称，科内莉娅的母亲埃米莉娅（Aemilia）因分享丈夫西庇阿·阿 163 非利加努斯的财产而变得富有。他还描述了埃米莉娅出席妇女们参加的仪式场合时的华贵排场：

> 除了她佩戴的首饰与马车上的装饰品外，她使用的篮子、杯子与其他祭祀用品也都是金银制成的，会在庄严场合下被她带在车上。她身边前呼后拥的男女奴隶同样数目可观。[1]

埃米莉娅并不会在同丈夫或兄弟比较家财时感到窘迫。她的兄弟在公元前160年去世时留下了60塔兰同的遗产。当她的两个儿子希望舅家退还母亲价值25塔兰同的嫁妆时——他们理所当然地认为嫁妆是属于她的财产——舅家一时很难凑齐这笔现钱。[2]而当埃米莉娅本人于公元前162年去世时，她留下了如此庞大的遗产（可能包括一些动产），以至于她的继承人小西庇阿在10个月内便轻松支付了他的两位继姑母各25塔兰同的嫁妆。每位姑母拥有的嫁妆总价值为50塔兰同，她们或许还同科内莉娅共享那座豪华庄园里的财富。[3]

尽管有诸多限制性法令，豪门贵妇们依然掌握着巨额财富，

---

1 Polyb. 31. 26.

2 Polyb. 18. 35; 31. 22; 31. 27.

3 参见 John H. D’Arms, *Romans on the Bay of Naples*, pp. 8-12。

并毫不遮掩地展示出来。科内莉娅的不事张扬在当时极为反常，以至于有人问她为何不佩戴首饰。她给出了一个绝妙的回答：孩子们就是她的首饰。[1]罗马人会钻一些法律上的空子，从而让女性可以继承财产，女性反过来也可以将她们的财富馈赠出去。自共和晚期起，尽管当时的法律明文禁止，一些女性事实上已独立支配着大量财产。例如，生活于公元1世纪的女性洛里娅·波琳娜（Lollia Paulina）拥有大量财富，尼禄之母小阿格里皮娜很可能是为了将她的财产充公才判处流放的。[2]根据奥古斯都时代的婚姻法，无子女的妇女能够继承的财产数额会受到一定限制；母亲的身份则可以让这一额度有所增加。

164

生育、生活与死亡的相关史实

跟希腊的情况一样，结婚与生儿育女也是罗马社会对家道殷实的女性们的期望。未婚女性的数量稀少，大部分女性至少结过一次婚，尽管其中一部分选择过着离异或寡居的生活。

奥古斯都规定，女孩的最低结婚年龄为12岁，男孩为14岁。大多数女孩第一次出嫁是在12—15岁之间。由于女性的月经初潮一般是在十三四岁到来，因此童婚的现象是客观存在的。[3]此

1 Val. Max. 4. 4. 1.

2 Tac. *Ann.* 12. 22; Pliny *HN* 9. 117. Cf. G. Rickman. *Roman Granaries and Store Buildings*, pp. 164-65.

3 参见Amundsen and Diers, “Age of Menarche” 与Keith Hopkins, “The Age of Roman Girls at Marriage”。

外，新娘未满婚龄就提前跟新郎住在一起，这种情况并不少见。早早把女儿嫁出去是为了尽早享受政治或经济联姻的好处。从奥古斯都时代起，这种做法的另外一个动机是为了享受婚姻法所提供的福利——尽管其中一些可以通过订婚而提前获得。一些动机有时会压倒其他方面的考虑。因此，有些没落贵族家庭即便没有陪嫁，也还是能找到那些急于提升自己社会地位的男性，男方甚至会私下里提供嫁妆，以保全女方家族的面子。[1]还有一些动机是希望新娘在出嫁时保持童贞，这可能深受赫西俄德的影响。

大部分罗马上层女性都能找到丈夫，无论是新婚还是再醮。其中一个显而易见的原因是，该社会阶层中的女性少于男性。[2]跟希腊的情况一样，其主要原因在于女性的生命周期更短——她们的数量在生育年龄后断崖式下降。次要原因包括选择性杀婴与抛弃女婴，或许更重要的因素是不动声色但十分普遍的重男轻女态度。我们可以从归在罗慕路斯名下的一则法令中窥见端倪：该法令要求父亲养育自己的全部儿子，但只能养育头生的女儿。我们并不能对这条所谓的罗慕路斯法令做字面意义上的理解，认为每个父亲通常只会养育一个女儿；但它反映了官方的态度，并预示了后世相关立法中重男轻女的倾向。后人有理由批评该政策的 165
短视，因为人力短缺问题长期困扰着罗马。我们可将之与斯巴达

1 David Daube, *Roman Law*, pp. 102-12.

2 不同观点参见 W. den Boer, “Demography in Roman History”。尽管 Joël Le Gall, “Un critère de différenciation sociale” 和 P. A. Brunt, *Italian Manpower 225 B.C.-14 A.D.* 在这方面进行了尝试，我们仍不清楚，女性是否在罗马史上的不同时段里被纳入了人口普查的范围。

的政策（同等重视可以生育人口的女性与充当战士的男性）加以比较。

罗慕路斯的法令无意间向我们透露，用父亲名字（*nomen*）的阴性形式直接称呼女儿并无不妥之处。但如果父亲决定养育两个女儿，这种习俗未免显得有点儿尴尬——因为她们会重名，如科内莉娅和她的姐妹科内莉娅。罗马人解决这一问题的办法是加上“大（*maior*）”与“小（*minor*）”的称谓。而在养育了多个女儿的家庭里，人们还会加上在古老的时代里或许代表了出生顺序的序数词［如克劳狄娅·特尔提亚（Claudia *Tertia*）与克劳狄娅·昆塔（Claudia *Quinta*）］。[1] 富有家庭也有可能会弃婴，理由是不希望过多后裔分配家财，从而减少下一代成员的个人财产。殉道者查士丁（Justin Martyr）等基督教作家无疑夸大了同时代多神教教徒杀婴的普遍程度。[2] 但从另一方面而言，古代世界肯定也悄无声息地实行着控制家庭人口的手段。天生孱弱的男女婴儿都有可能被遗弃。公元 2 世纪的医生索拉努斯（Soranus）在《妇科学》中列举了一系列标准，以便帮助接生婆确定，哪些新生儿该抛弃，哪些是值得养育的。在决定是否遗弃女婴时，能否提供嫁妆也是一个额外的考虑因素。但如上所述，对新娘的需求始终存在，以至于没有嫁妆的新娘偶尔也是可以被接受的。

另一个证明上层阶级中缺乏女性的证据在于，生活在共和晚

1　关于罗马女性的名字，参见 Iiro Kajanto, “Women’s Praenomina Reconsidered”。

2　Justin Martyr *Apology for the Christians*, “To Antoninus Pius”, 27. 约安·麦克纳玛拉（JoAnn McNamara）为我提供了这条文献。

期的一些男子会迎娶较低阶层的女子；我们并未听说那个时代有终身未嫁的女性，也没听说过上等阶层的女性嫁给较低社会阶层的男性的例子。对墓碑史料的研究总体上可以证明，拥有墓碑的男性在数量上远多于女性。[1]对这种比例失衡的常见解释是，当时的社会观念认为男性比女性更值得竖碑纪念。[2]这一因素确实可能会减少社会下层女性墓碑的数目。但至少在相对富裕的阶层内部（小规模家庭已成为趋势），我们有理由设想，只要决定养育一个女儿，父母就会纪念她的去世。就目前所掌握的知识而言，我们还无法确定，罗马女性在数量上已达到前工业化社会所应具备的人口平均水平，而她们的墓志铭数量稀少的原因完全在于其社会 166
地位被边缘化。但我们同时也应认识到，认为存在着大量没有被铭文记录下来的妇女的观点，充其量只是一种假设而已。

罗马监察官们努力维护的传统原则，是男性应当结婚，并且婚姻的目的在于生儿育女。[3]但希腊化时代的希腊所树立的榜样——男性拒绝结婚，从而逃避生养后代——对该理想构成了一种颠覆，尽管斯多葛主义肯定了这一理想。生育率的下降早在公元前2世纪已初见端倪：当时科内莉娅生下12个子女的行为已被视为奇迹（也许是由于她的儿子盖约反复提及此事）。公元前131年，监察官麦特鲁斯·玛凯多尼库斯（Metellus Macedonicus）发

1 Degrassi, “L’indicazione dell’età nelle iscrizioni sepolcrali latine”, pp. 85-86.

2 基思·霍普金斯在他收集的样本中统计出了149个儿子和100个女儿（“On the Probable Age Structure of the Roman Population”, p. 262）。

3 Watson, *Roman Private Law Around 200 B.C.*, p. 22; Brunt, *op. cit.*, p. 559.

表了一篇演说，敦促男人们结婚生子，尽管他认为妻子是天生难缠的。日后，奥古斯都向元老院宣读了这篇演说，以便证明他本人的立法仅仅是复兴了罗马传统而已。[1]

奥古斯都的立法是为了让尽可能多的女性处于已婚状态，并生儿育女。年满20岁的女性和年满25岁的男性都会因为不婚和无子受到惩罚。只要再婚的丈夫来自体面的社会阶层，离婚并不是什么可耻的事情。但拒绝再婚者必须受到惩罚，因为浪费生儿育女的年龄段是一种罪过。女性逃脱奥古斯都立法制裁的难度要比男性更大。只要同一名年满10岁的女孩订婚，男子就可以享受已婚男性的政治、经济特权;但女性不得同未成年的男性订婚。[2]

即使如此，罗马的低生育率仍未得到扭转。奥古斯都的婚姻立法又被图密善进一步强化，并在公元2—3世纪期间反复颁布。当时的女性与男性似乎都在抗拒扮演自己的生理角色。导致低生育率的原因之一是人们普遍采取了避孕措施。

已婚罗马人会采用杀婴或疏于照料婴儿，以及避孕或流产等手段来限制家庭规模；未婚或已婚通奸的女性也会采用上述手段来避免或终止非法怀孕。[3] 上层阶级已经掌握了避孕的核心手段，他们不想生儿育女。与流产或杀婴相比，避孕无疑是更好的选

---

1 Suet. *Aug*. 89. 2; Livy *Per*. 59; Aul. Gell. 1. 6; H. Malcovati, *Oratorum Romanorum Fragmenta*, p. 107.

2 Dio 54. 6. 7.

3 关于避孕，参见Hopkins, "Contraception in the Roman Empire"与John T. Noonan, Jr., Contraception, pp. 23-46。关于古风时代存在体外射精行为的可能性，参见*P. Coloniensia* 7511中保存的阿基洛库斯作品残篇。

择，因为母亲无需承受怀孕与分娩的负担与危险。关于避孕与流 167
产的医学与科学著作源远流长，我们手头大部分证据主要来自帝国早期的作家们——他们汇总了更古老的知识，并补充了自己的评论。

避孕技术可谓五花八门：其中一些是有效的，另一些其实毫无用处。无用的手段如号称可以暂时或永久性绝经的汤药，它们当然会被不加甄别的人群用来避孕。也有人推荐护身符与魔法。老普林尼讲述过护身符的制作方法——切开一只多毛蜘蛛的头，取出人们认为待在里面的两只小虫子，并把它们系在鹿皮上。埃提乌斯（Aëtius）建议将猫肝放在管子里，随后绑在左脚上；也可以将母狮子宫的一部分存放在象牙管内。[1] 人们还认为，可以借助无法繁殖的柳树或铁块的性质来避孕。

人们也会利用月经周期的原理避孕。但这种方法在当时是无效的，因为医书作者们相信，最容易受孕的时间点是经期刚刚结束时，因为那时的性欲最旺盛。相反，如果女性没有性欲，怀孕的可能性就很小。其他被提及的避孕手段包括在射精时女性要屏住呼吸，或在房事结束后蹲下、打喷嚏或喝凉水。[2] 卢克莱修建议妓女（但不包括妻子）应当扭动腰部，以便躲避犁和种子。[3]

与无效手段混杂在一起的是一些有效手段，如采用工具封闭子宫入口。人们使用的工具包括油、油膏、蜂蜜和柔软的羊毛。

---

1 Pliny *H. N.* 29. 85; Aëtius 16. 17.

2 Soranus 1. 61. Hopkins, “Contraception”, p. 140, note 47.

3 Lucretius 4. 1269-78.

避孕主要是女性的事情，但医书上也推荐了若干男性使用的技术。人们相信，在阴茎上涂抹一些油膏，可以在房事中杀精或封闭子宫入口。山羊的膀胱成了避孕套的前身，但它的价格或许十分高昂。[1]关于男性是否会采用体外射精来避孕存在着争议。相关材料没有提及这点。关于这一空白，存在两种彼此矛盾但同样可信的解释：体外射精的手段之所以未被记载，有可能是因为无
168 人使用，更有可能是因为过于司空见惯而无需提及。

在古代文献中，流产同避孕常常被一同提起，有时还会混为一谈。[2]基思·霍普金斯（Keith Hopkins）认为，混淆流产与避孕的原因在于，古人缺乏关于怀孕周期的精确知识。一些罗马人相信，婴儿可以在怀孕 7 个月或 10 个月后出生，但不可能在怀孕 8 个月后分娩。无法分辨避孕与流产的一个次要原因在于，当时的人们会对这两种做法推荐一些相同的药物。实施流产的手段还包括专业的外科手术工具和某些土方。奥维德指责科瑞娜道：“你为何要用锋利的工具把自己的孩子挖出，给你那未出生的孩子使用可怕的毒药？”[3]

哲学家们关于胚胎何时具备生命以及流产是否合法的思考，我们不在此处赘述。在一个连新生儿都可以抛弃的社会里，胚胎是不可能拥有多少生命权的。不过，在帝国早期，怀孕女性的死

---

1 Hopkins, “Contraception”, p. 135, note 30.

2 关于流产问题，参见 Noonan, *op. cit.*; Krenkel, *op. cit.*; Nardi, *op. cit.*, reviewed by Sheila Dickison in *Arethusa* 6 (1973): 159-66。

3 Ov. *Loves* 2. 14. 27-28.

刑确实会拖延到婴儿出生后才执行。来自塞涅卡、朱文纳尔和奥维德的文本证据表明，一些男性会对流产行为表示惊恐，也有一些上层女性和妓女们确实使用过这种手段。[1]一直到塞普蒂米乌斯·塞维鲁统治时期，约束流产行为的法令才得以颁布，并且其内容也仅仅是对离婚后的妇女在未经前夫同意的情况下实行流产的做法予以惩罚，因为她通过欺骗手段剥夺了前夫的孩子。[2]在卡拉卡拉统治时期，提供流产手段的人会被判处流放（如果病人因此死亡，他们会被判处死刑）；但该法令针对的是贩卖药品与使用巫术者，而非堕胎行为本身。[3]

医书作者们也很关注如何治疗不孕女性以及妇女分娩的问题。公元 2 世纪，医生索拉努斯的作品涉及到妇产科领域的广泛话题。他并未继承《希波克拉底誓言》中不为妇人堕胎的观念，表示自己更倾向于避孕。在一个贵族妇女通常会雇佣乳母的时代里，他旗帜鲜明地指出，如果母亲的身体健康无碍，由她亲自为婴儿哺乳才是更好的选择，因为这有助于增进母婴之间的感情。值得注意的还有他关于减轻女性分娩过程中的痛苦的建议，他对产妇舒适度的关注，以及他毫不犹豫地认定母亲的权益高于婴儿。[4] 在分娩时，大部分具备获取专业服务财力的女性都会请 169

1 Ov. *Loves* 2. 14. 27-28; *Fasti* 1. 621-24; *Her*. 11. 37-42. Juvenal 6. 595-97. Sen. *Helv.* 16. 1.

2 *Digest* 48. 19, 39; 48. 8. 8; 47. 11. 4.

3 *Digest* 48. 19. 38. 5. 参见 Noonan, *op. cit.*, pp. 44-46 与 Hopkins, “Contraception”, p. 137 note 35 的相关讨论。

4 Soranus 2. 17; 4. 9. 关于母亲不为婴儿哺乳的现象，参见 Tac. *Dial*. 28. 4-29。

来一位接生婆。如果分娩中遇到的困难超出了接生婆的能力范围，并且这一家又拥有足够的钱财，他们还会请来一位男医生。在罗马，技术纯熟的接生婆和医生往往都是希腊人。接生婆不仅负责接生新生儿，还可以在人工流产与其他妇科事务中出力。如上所述，她们应该还具备辨别新生儿是否足够健康、值得养育的眼力。

妇女们——即便是那些请得起医生的贵妇——经常会在分娩时去世。早婚和由此带来的过早怀孕，是导致这些悲剧的重要原因。对墓志铭的研究表明，女性在 15—29 岁这一年龄段的死亡比例明显偏高。但基思·霍普金斯声称，由于过分依赖墓志铭证据，分娩时的死亡风险在一定程度上被后人夸大了。[1] 他认为，在 15—29 岁期间去世的妇女更有可能受到纪念，因为她们的丈夫往往还在人世，能够为她们竖立墓碑。根据他对一批样本的统计，妻子去世的平均年龄为 34 岁，丈夫则为 46.5 岁。劳伦斯·安吉尔对罗马治下希腊地区骸骨的统计数据显示，样本中女性的平均寿命为 34.3 岁，男性为 40.2 岁。[2] 继母被提及的频率高于继父；这一点不仅仅反映了母亲去世较早的情况，还印证了儿女会在父母离异后留在父亲身边的事实。

与希腊古典时期的上层阶级妇女相比，罗马贵妇们承担的妻子与母亲角色有所不同。罗马人的财富更可观，因而他们往往拥

1 Hopkins, “Age Structure of the Roman Population”, pp. 260-63.

2 Angel, “Ecology and Population”, Table 28.

有一名以上的得力奴隶。色诺芬为雅典贵族家庭主妇所列举的那些职责，即便在相对传统保守的罗马人那里也都是由一名女奴，即管家的妻子（*vilica*）所承担的。[1]不过，罗马贵妇要总揽庄园的经营管理事宜。尽管她的主要任务是指挥奴隶，她本人也应当具备纺纱织布的手艺。家务管理职责不会在一名妇女的公共形象中占据显著位置：罗马贵妇永远不会被视为雅典家庭主妇。公元前 1 世纪作家科尔奈利乌斯·奈波斯在其著作前言中声称，希腊 170
妇女与罗马妇女的区别在于，前者在深宅大院内独坐，后者陪着丈夫安排酒宴。

从家务琐事中解放出来后，良家妇女们便可以外出拜访、购物、参加节庆与观看演出，以及监督儿女们的教育。帝国早期的作家们有一种倾向：批判那些他们认为十恶不赦的人物的母亲。其中的典型代表如塔西佗对提比略母亲里维娅以及尼禄母亲小阿格里皮娜的描写。正面代表则是像科内莉娅一样堪称全体母亲楷模的可敬的阿古利可拉之母——尤利娅·普罗奇拉（Julia Procilla）。塔西佗声称，她对儿子的教育非常严格，并在儿子研究哲学的兴趣超过了罗马元老应有的程度时，对他进行了约束。[2]

---

1 Columella *On Agriculture* 12, Preface 9-10. Cato *Agr*. 143. 1.

2 Tac. *Agr*. 4. 其他有影响力的母亲如恺撒的母亲奥勒里娅（Aurelia），Tac. *Dial*. 28 提及的塞尔托里乌斯（Sertorius）之母瑞娅（Rhea）和奥古斯都之母阿提娅（Atia），以及 Cic. *Brut*. 211 提及的科内莉娅（Cornelia）。

教育与成就

罗马社会上层的女性接受过足够的教育，可以参与男性群体的文化生活。但关于普通女孩们的受教育情况，我们所知甚少。少女维吉妮娅的故事（见第 225 页）表明，即便是地位低微的平民百夫长，送自己的女儿进入罗马广场上的初等学校也并不是什么罕见的事情。富裕家庭的儿女都会拥有自己的私人教师。公元 1 世纪末至 2 世纪初积极从政的元老、作家小普林尼，在描写一位 13 岁婚前夭折的女孩时写道：

> 她爱为自己服务的保姆、督导与教师。她勤于读书，理解力过人。[1]

罗马女孩们不会像男孩那样出门在外跟随哲学家或修辞学家们学习。因为在男孩们继续接受更高级教育的年龄里，她们已经出嫁。一些女性会受到家庭文化氛围的熏陶。古代作家们会称赞一些女孩的父亲，一如他们赞美出类拔萃的男孩们的母亲那样。我们听说，科内莉娅的文学品位得益于她的父亲——以爱希腊闻名于世的西庇阿·阿非利加努斯（前文已经提到过，她的
171 母亲是以珠光宝气闻名于世的）。作为当时的一流演说家，雷莉娅（Laelia）与霍滕西娅（Hortensia）的口才是她们父亲教育的成果。[2]

---

1 Pliny *Ep*. 5. 16. 3.

2 Quint. 1. 6; Cic. *Brut*. 211.

文化和艺术方面的成就并不会对女性的名声造成负面影响。相反，在世人眼中，教育和成就是可以为她们增色的。在一部业已佚失的作品中，普鲁塔克讨论了女性的教育问题。他用赞赏的笔调描写了众多女性：例如，庞培的最后一任妻子科内莉娅十分迷人，因为她饱读诗书、通晓音律、精通几何与哲学。[1] 小普林尼非常欣慰他那没有受过哲学教育的年轻妻子会背诵他的作品，并将他的诗篇谱上曲，弹着里拉琴演唱它们。[2] 昆体良（Quintilian）指出，为了子女的健康成长，父母双方都要尽可能接受良好教育。[3] 斯多葛学派哲学家穆索尼乌斯·鲁孚斯（Musonius Rufus）断言，女性应接受同男性一样的教育，因为钻研哲学的人身上具备了好妻子的各种品质。[4]

根据鲁孚斯弟子爱比克泰德的记载，生活在罗马的一些女性会随身携带柏拉图《理想国》的抄本，因为她们认为这位哲学家设计了公妻团体的模型。他写道，妇女们会援引柏拉图来为自己的放荡行为辩护；但她们其实误解了柏拉图，以为他先是要求人们缔结一夫一妻制的婚姻形式，随后又允许他们随意交配。[5] 尽管罗马人不认为自由同教育之间有本质联系，但许多有文化的女性显然是享受着性自由的。萨路斯特详细描述了贵族女性森普罗尼娅（Sempronia）——这位女子很可能同时因自己同阴谋家喀提林

1 Plut. *Pompey* 55, 66, 74, 76, 78-80.

2 Pliny *Ep.* 4. 19. 4.

3 Quint. 1. 1.6.

4 Musonius Rufus (ed. Hense), fragment 4.

5 Arrian *Discourses of Epictetus*, fragment 15 = Stob. 3. 6. 58.

的关系以及放纵的生活方式饱受诟病：

> 这些女子中有一人名叫森普罗尼娅，她经常犯下各种本应属于男性的大胆罪行。这名女子在家世和外表方面得天独厚，特别是她的丈夫和儿女都令人羡慕。她饱读希腊与拉丁文学，会弹里拉琴。她的跳舞水平在所有良家妇女中一骑绝尘。除此之外，她还擅长很多放纵生活所需的技艺。但她最不在意的便是规矩和道德。你很难判断，她挥霍更多的究竟是钱财，还是自己的名声。她的性欲如此旺盛，以至于她勾引男人要比男人勾引她频繁得多。早在喀提林阴谋起事之前，
> 172 她已经常食言、抵赖欠款、参与谋杀，因家财有限且大手大脚而陷入了堕落的深渊。但她拥有的智力水平却是不可轻视的：她擅长写诗、讲笑话，用谦逊、温柔或高傲的不同口吻讲话——一言以蔽之，她是一个颇具才智与魅力的女子。[1]

诗人们有时会将自己的作品题献给一些妇女。她们不仅拥有贵妇们常见的魅力，也具备渊博的学识。她们来自各个阶层：高等妓女、被释女奴或上层阶级已婚妇女，抑或是寡妇及已离异的女性。无论如何，她们拥有同自己选定的任何人交往的自由。诗人们受到这些有能力欣赏自己作品（其中充斥着掉书袋式的文学

1 Sallust *The War with Catiline* 25. 关于森普罗尼娅，参见 Syme, *Sallust*, pp. 25-26, 133-35。

比喻）的妇女们的吸引。卡图卢斯用化名莱斯比娅称呼自己的心上人，奥维德的诗篇则献给了科瑞娜。两位诗人都将自己的恋人比喻为受人尊敬的希腊女诗人。提布鲁斯与普罗佩提乌斯对恋人的称呼——德丽娅（Delia）与昆提娅（Cynthia）——则意味着阿波罗式的灵感与希腊的诗歌传统。

另一方面，朱文纳尔的批评也明白无疑地表明，女学者也为数不少：

> 更令人恼火的是那种一坐下来吃饭，就要求谈论诗人和诗歌的女人。她比较着维吉尔与荷马的优劣；教师、批评家、律师、书商——哪怕是另一个女人——统统插不上话。她会喋喋不休，仿佛厨房里的坛坛罐罐都摔在了地上，全城的铃铛都在叮当作响。她凭一己之力制造的噪声犹如整个原始部落在驱赶日食。她着实应当聆听哲学家们的教诲："即便对于学者而言，谦逊也是必不可少的。"倘若她非要证明自己是受过教育的雄辩之士，她何不穿上男装，向男性的神祇献祭，进入男性的浴室洗澡？妻子们不应试图成为公共演说家，她们不应使用修辞技巧，她们也不应阅读所有古典作品——里面有些东西是女性无法理解的。我本人无法相信，女人可以毫无差错地引用语法规则，背诵那些晦涩、早已被人遗忘的诗人作品——好像真的有人在乎这些东西一样。如果她一定要纠正别人的错误，那就让她去纠正自己的女性朋友，放过

她的丈夫吧。[1]

一些女性自己也是作家。散文女作家中有科内莉娅，她出版了自己的书信集（尽管现存残篇很可能是伪作）。还有出版了自
173 己回忆录的小阿格里皮娜。普罗佩提乌斯声称，他爱恋的昆提娅是一位堪与科瑞娜媲美的女诗人。玛提阿尔（Martial）的同时代人苏尔庇奇娅（Sulpicia）也是位女诗人，但相传她为图密善治下哲学家们被放逐出罗马一事所写的讽刺诗很可能是伪作。[2] 另一位苏尔庇奇娅所写的 6 首总共 40 行哀歌体爱情诗，连同提布鲁斯的作品一并流传了下来。

后一位苏尔庇奇娅是西塞罗的朋友塞尔维乌斯·苏尔庇奇乌斯·鲁孚斯（Servius Sulpicius Rufus）的女儿，麦萨拉·科尔维努斯（Messalla Corvinus，与奥维德和提布鲁斯同处一个文学圈子内）的侄女和被监护人。她的诗歌创作于公元前 15 年或公元前 14 年，当时她可能还不到 20 岁。她并非一位出色的文学家；她的作品之所以被关注，仅仅是因为作者是女性。

苏尔庇奇娅将古希腊女诗人们有意为之的简洁风格，同哀歌体的某些传统结合了起来。我们并不清楚，她在写哀歌时是否已婚。但她会毫不犹豫地公开宣布自己的爱情：

1 Juvenal 6. 434-56.

2 Martial 10. 35. 38 提及了该作品。

爱情已然降临，与其深藏，

我宁愿让它昭告天下。

库特瑞亚，被我的虔诚呼唤所感动，

将他带到我身旁，拥入我怀中。

维纳斯已兑现她的承诺。我的喜悦，

就让那些不曾拥有的人去谈论吧。

我不愿再将心事偷偷写就，

唯恐在他之前，便被他人窥探。

我乐于犯错；虚假的姿态令我作呕：

愿我，也愿他，配得上这份真情。[1]

跟其他男性诗人的恋人一样，苏尔庇奇娅的恋人也拥有一个希腊化名——克林苏斯（Cerinthus）。这位恋人的真实身份尚无法断定，有可能是文学虚构。苏尔庇奇娅的诗篇完全没有对他进行描述，但声称自己对他的感情是直白的。她唯一使用过的神话比喻——卡麦涅（Camenae，即缪斯女神）与库特瑞亚（Cytherea，即维纳斯）——用意很明显，模仿了男诗人的隐晦称谓。遵循哀歌体作品的传统，她提到了爱情的胜利、自己的生日（2 次）、病痛、分别的伤感和奴役一般的爱情：

1　[Tibullus] 3. 13. 关于苏尔庇奇娅，参见 Esther Bréguet, *Le roman de Sulpicia* 与 G. Luck, *The Latin Love Elegy*, pp. 107-16。

克林苏斯，你降临到我生命里的那一天，
将永远是我的圣日，我的节日。
174 你诞生时，命运之神便吟唱着，
为女孩们带来新的束缚，并将无上荣光加冕于你。
我比旁人燃烧得更猛烈。我的烈焰，克林苏斯，
若你也能从我这儿引燃火焰，便是一种欢愉。
愿你也能感受爱，借着我们偷来的甜蜜时光，
借着你的眼眸，借着你的生灵之神，我恳求你。
伟大的生灵之神啊，请垂怜倾听我的誓言——
只要他思及我时，心中亦有光芒。
但若他为别人而热烈，那么，神圣的您啊，
我祈求您，离弃这不忠的祭坛。
维纳斯，请您莫要不公：让我们一同
受缚于您，或将我的镣铐解开；
但更愿我们二人，被一条坚韧的锁链紧紧相系，
永世不曾解。
男孩所渴望的，正是我所愿，尽管他
藏于内心——羞于启齿。
然而，生灵之神啊，作为神祇你洞悉一切，
请应允此愿：他无言之祈，又有何妨？[1]

1 [Tib.] 3. 11.

像所有哀歌体诗歌的作者那样，她痛斥了恋人的不忠，坚称自己是更高贵的，尤其是在下面的著名诗句里：“你竟偏爱妓女的袍子和提着一篮子羊毛的荡妇，而非我，塞尔维乌斯之女苏尔庇奇娅。朋友们担忧我会让位于一个出身低贱的情妇。”[1]

我们也可以通过麦萨拉圈子里一位无名诗人的 5 首哀歌了解苏尔庇奇娅和克林苏斯。他并未直接提及苏尔庇奇娅的诗篇，但赞扬了她的美貌，声称她是诗人们的灵感。他有时会直接以苏尔庇奇娅的口吻讲话，并像她一样鲜明地表达自己的情感。

相传，莱斯比娅、两位苏尔庇奇娅和元首夫人尤利娅·多姆娜（Julia Domna, 公元 217 年去世）都组织或参加过文学沙龙。[2]这是女性思想史上最重要的发展之一：罗马女性的文化面貌，从共和晚期莱斯比娅那群不拘一格、放荡不羁的贵族形象，逐步演变为弗拉维王朝宫廷女性的卓越与高雅，最终变为尤利亚·多姆娜圈子里那种稳定受人尊敬，即便不算显赫，也自有其体面的形象。尽管没办法详述这些文学沙龙的连贯历史，我们没理由认为，这只是一些例外。当时应该也存在着其他沙龙。 175

希腊古典时代早已存在着女诗人，但女演说家是罗马才有的特例。[3]瓦勒里乌斯·马克西穆斯（Valerius Maximus）介绍了生活于公元前 1 世纪的 3 位女演说家。第一位是梅西娅·森提娅

---

1 [Tib.] 3. 16.

2 关于尤利娅·多姆娜的交际圈，参见 G. W. Bowersock, *Greek Sophists in the Roman Empire*, pp. 101-9。

3 Diod. 12. 18. 4 提及一位并非演说家，但被迫公开讲话的希腊女性。

（Maesia Sentia），她在众人的包围之中成功地为自己辩护，摆脱了一项我们目前尚不得知的指控。瓦勒里乌斯称她是“像男人一样的女子”。第二位是一名元老的妻子阿芙拉尼娅（Afrania），因在大法官面前申辩时过于高调而声名狼藉。第三位则是著名演说家霍滕修斯之女霍滕西娅，因她发表于公元前 42 年的演说而备受赞誉。她是丈夫被宣告为公敌，自己还需要向后三头缴纳一笔税款的 1400 名富有女性之一。这些女性向屋大维的姐姐和母亲恳求，并赢得了她们的怜悯；但她们未能说服安东尼的妻子富尔维娅（Fulvia）。在遭到富尔维娅的粗暴驱逐后，妇女们闯入了罗马广场。霍滕西娅代表她们进行了发言。她的发言内容被保留了下来，并得到了公元 1 世纪文学评论家昆体良的称赞。[1] 公元 2 世纪史学家阿庇安提供了她演说内容的希腊文译本。尽管这篇演说很可能是公元 2 世纪创作出来的一篇修辞学练习文稿（其中或许包含了霍滕西娅若干令人难忘的语句），但它仍然值得引起我们的注意，其中一些主题会在现代女性的政治演说中重新出现：

> 你们已经夺走了我们的父亲、儿子、丈夫与兄弟，借口是他们冤枉了你们。但如果你们变本加厉，还要拿走我们的财产，你们将使我们陷入同自己的出身、生活方式和女性身份无法匹配的窘迫境地。

---

1 Val. Max. 8.3; Claudine Herrmann, *Le rôle judiciaire et politique des femmes sous la république romaine*, pp. 100-101, 107-8, 111-15. 关于霍滕西娅，另参见 Quint. 1.1.6。

> 倘若我们像你们指控我们丈夫那样冤枉了你们，那就像对待他们那样，将我们也宣告为公敌吧。但如果我们女人没有将你们当中的任何人宣告为公敌，没有拆毁你们的住宅，没有消灭你们的军队，没有领导任何人去对抗你们，也没有妨碍你们获得官职和荣誉，那么我们为何要为自己不曾参与过的罪行而接受惩罚？
>
> 我们不曾分享过被你们不计后果争夺的官职、荣誉、兵权——一言以蔽之就是政治权力，那么我们为何还要缴纳这笔税款？你们会说："因为现在是战争时代。"但哪个时代不曾有过战争？哪个时代曾向与全体男性存在本质差别的妇女们课过税？当威胁降临到罗马城和整个国家的时候，我们的女性祖先曾超越自己的天性，在对迦太基的战争中做出了贡献。但她们当时是自愿捐赠的，并且提供的不是女性公民为
> 了生存下去而不可或缺的产业、农田、嫁妆或房屋，而仅仅 176
> 是自己的珠宝首饰……
>
> 倘若现在对凯尔特人或帕提亚人开战，在公共安全面临威胁的情况下，我们不会表现得比自己的女性祖先逊色。但就内战而言，我们永远不希望提供捐赠，永远不帮助你们互相残杀。[1]

阿庇安声称，后三头对于妇女们胆敢在男性沉默不语、被迫参军的情况下公开集会并拒绝交钱而感到愤怒。然而，民众似乎

---

1 App. *Civil Wars* 4. 33.

对妇女们的做法表示支持。于是，到了第二天，后三头将需要交税的妇女数目降低为 400 人，转而向拥有 10 万德拉克马以上财产的男性课税。

政治规则：公共生活与地位追求

像霍滕西娅这类女性公共集会，在现实与虚构的世界中都有先例。罗马贵妇们曾参与过罗马早期的政治、宗教活动，这段历史的主要叙述者是李维。与雅典妇女不同，罗马妇女相对自由，并不需要深居简出。因此，我们有理由认为，她们可能会对政治事务产生兴趣。何况，她们原本就习惯于举行完全由女性参加的宗教集会。至于这些事情是否真实发生过，是否同李维的说法一致，并不是我们需要在这里关心的问题。即便只是作为社会上流行的一种传说，它们对于我们评价罗马女性的政治影响力也是有价值的。李维讲述了历史上一系列罗马贵妇们在罗马的生死关头集合起来，采取对国家安危至关重要的行动的例子。最早的一批是早期罗马人的萨宾妻子。她们的干预不仅阻止了丈夫与父亲之间的战争，还促成了双方的有利联盟。之后还有女性使团说服叛徒科利奥兰纳斯（Coriolanus）不要对罗马开战，以及广场上的罗马贵妇们支持维吉尼乌斯对抗实行暴政的阿皮乌斯·克劳狄乌斯的故事。女性经常为了国家利益祈求并赢得诸神的保佑。关于妇女们聚众作恶的记载很少。只有少数几个案例如公元前 331 年，

116 名妇女因聚众调制迷魂药或毒药而被定罪。[1] 战争期间，女性们的聚众哀悼行为会被制止。此类举动情有可原，李维也会借助女性的哀悼来强调灾难的严重性。公元前 195 年，妇女们聚集起来组织了罗马史上第一次妇女示威游行，要求废除业已生效 20 年的《奥庇乌斯法》(Oppian Law)。 177

在《奥庇乌斯法》通过之前的两年里，罗马军队在特拉西梅诺湖（ Trasimene ）与坎尼（ Cannae ）遭受了有史以来最惨痛的失败。根据李维的记述，汉尼拔单在坎尼战役中便杀害了众多罗马人，以至于“没有一位贵妇不曾失去亲人”。公元前 216 年，每年一度的只能由女性参加的谷物女神祭祀仪式被迫取消，因为戴孝者是不得参加该仪式的。由于男性公民短缺，罗马政府被迫紧急征召青年和 8000 名奴隶入伍。[2]

汉尼拔主动提议，让罗马人赎买另外 8000 名罗马战俘。妇女们恳请元老院赎回她们的儿子、兄弟与丈夫。在因坎尼战役或元老院拒绝提供赎金而折损的男子中，有许多出身于上层阶级。许多俘虏跟元老们沾亲带故。到了下一年，纳税人口严重下降，以至于征收上来的税款不足以满足国家的需要。[3]

---

1 萨宾妇女：Livy 1. 13。科利奥兰纳斯：Livy 2. 40。维吉尼乌斯：Livy 1. 26。向诸神的奉献：Livy, *passim.* 卡米卢斯向阿波罗进献的祭品中来自妇女的贡献：Val. Max. 5.6.8。下毒：Livy 8. 18; Val. Max. 2. 5. 5。

2 Livy 22. 56. 4-6; 34. 6. 15; Plut. *Fabius Maximus* 18. 1-2; Val. Max. 1. 1. 15. Sarah Pomeroy, “Women and War”，最早发表了本书中讨论《奥庇乌斯法》的主要内容。

3 Livy 22. 57. 9-12; 22. 60. 1-3; 34. 3. 7; 22. 61. 1; 23. 48. 8-9. 单身女性与孤儿不必交税（ *tributum* ），但需要缴纳“养马费用（ *aes equestre* ）”。

当男子去世后，其财产会分配给家庭成员。受益人中有不少是妇女或儿童。可能有些罗马人在未立遗嘱的情况下去世，根据无遗嘱继承的法律，其儿女会平等地分享其财产。[1]简言之，当她们的父兄被汉尼拔杀害后，妇女们占有的财富比例提升了。

人们很好奇，妇女们是否会用罗马人典型的粗俗方式炫耀自己新获得的财富。正如普鲁塔克所说："许多人相信，如果不能炫耀自己的财富，那就等于失去了它。他们炫耀的是人生中的奢侈品，而非必需品。"[2]女性无疑是很容易犯下这种罪过的。一个例子是小西庇阿的生母帕皮里娅（Papiria），她在埃米莉娅的葬礼后不久便驾着逝者的马车出去兜风——她的亲生儿子、埃米莉娅的继承人把这辆马车送给了她。[3]

178 一方面，我们有理由认为，汉尼拔的幽灵和普遍的不幸在一定程度上抑制了这些炫富行为。另一方面，这个时代也充斥着怪异的预兆和癫狂的迹象。到了公元前215年，即坎尼战役结束后的第2年，罗马政府不仅收走了妇女们手里的大部分钱财，还剥夺了她们沉溺于其他炫富方式的机会。《奥庇乌斯法》得以通过，它规定每名妇女最多只能拥有半盎司黄金，并禁止女性身穿紫色衣物，且不能在距罗马1罗马里之内或在罗马乡间乘坐马车（宗教节庆场合除外）。[4]

---

1 Daube, *op. cit.*, pp. 71-75；参见本书上文第239页。相反观点参见Crook, "Intestacy in Rome"。

2 Plut. *Cato the Elder* 18.

3 Polyb. 31. 26. 6-10.

4 Livy 34. 1-8; Tac. *Ann.* 3. 34; Val. Max. 9. 1. 3; Oros. 4. 20. 14; Zonaras 9. 17. 1.

尽管政府缩短了哀悼的时间，妇女们也无需身穿孝服，但她们的举止和服饰还是需要配合战事不利的低迷氛围。通过这种妥协，宗教与世俗的要求实现了调和。

到了下一年，所有被监护人、单身女性和寡妇的钱财都被政府保存了起来。[1]这便是那些在汉尼拔入侵之际一度富裕起来的女性或未成年人意外之财的最终结局。我们同时还注意到，罗马政府轻而易举地征收了没有男性近亲庇护的女性的财富。战争持续了13年之久。因此，即便在《奥庇乌斯法》通过之后，一些女性仍能通过家族中男性成员的去世而获得意外之财。

阿庇安对第二次布匿战争中女性爱国热情的记载同李维的版本略有差异。霍滕西娅指出，妇女们的贡献是无偿的，但只包括她们的珠宝首饰，而非嫁妆或其他财产。有人认为，在汉尼拔的威胁下，妇女们甚至也会捐献她们的嫁妆。李维指出，妇女们的财富是通过课税征收的。到了公元前207年，她们不得不奉献自己的嫁妆，向天后朱诺（Juno Regina）献祭，祈求她的帮助。他还强调了公元前210年男性所展示出的慷慨的爱国主义精神。当时，元老们和骑士、平民一道捐献了他们几乎所有的金银和铜币。每人只为自己和妻子保留了戒指，为每个儿子保留了1个金盒（bulla），为妻子和每个女儿保留了1盎司黄金。这些攀比着爱国的记述令人生疑，我们几乎可以肯定这些记述掩盖了官方征课（包括妇女们的嫁妆和其他财产）的行为。李维的记述让我们

1 Livy 24. 18. 13-14; 34. 5. 10; 34. 6. 14.

179 想起了霍滕西娅发表演说后后三头的怒火——他们肯定会认为当男人们在军队里实打实地打仗时，妇女们还在想着如何囤积钱财。[1]

人们可能会想，当妇女们的男性亲属去世后，谁来对她们行使监护权。这种情况下，监护人可能是指定的。正如我们业已看到的，监护人对妇德的关注不如男性亲属那样密切——后者将家庭中的女性成员视为自我的延伸。李维评论道："只要她们身边的男性还活着，妇女们的奴役就永远不会终结。"[2]那么，是否有证据表明，她们遭受的奴役在男性亲属去世之后便结束了？在对伯罗奔尼撒战争后期的讨论中，我们注意到妇女们在男子在外期间受到的约束较少。而且，她们也敢于同成群的男性一道混杂在广场上，甚至向元老院提出请求。[3]

男性亲属的死亡可能会导致非法同居现象的增加，政府会尝试对此予以惩罚或限制。公元前 215 年，人们建立了对改变心意者维纳斯（Venus Verticordia）的崇拜。公元前 213 年，保民官们以不道德行为的罪名对几位贵妇提出指控，并将她们流放。[4]对于这些家内事务，妇女们本应接受丈夫和男性亲属的审判。也许她们已无男性亲属在世，于是便由保民官代劳，希望公开惩戒能遏制未来的放纵行为。

汉尼拔战争结束前夕的一起事件表明，即便血统十分高贵的

---

1 Livy 26. 36. 参见 Tac. *Ann*. 3. 33-34 中关于女性悭吝、奢侈的主题。

2 Livy 34. 7. 12; 但参见 34. 7. 13 中的笔锋转换。

3 Livy 22. 7. 7-13; 22. 60. 2.

4 Livy 25. 2. 9-10.

罗马妇女们也会面临道德品行方面的诽谤。当代表着亚细亚地区大母神（the Magna Mater）的石头被带到罗马后，搬运它的任务被交给了罗马贵妇们。出身名门望族的克劳狄娅·昆塔将搬运石头的机会视为证明自己贞洁的考验，因为坊间流言声称她私生活混乱，尽管她尚未（也不可能）被定罪。人们认为，她能成功搬动石头，乃是女神证实克劳狄娅贞洁的明示。[1] 正是战争的混乱局势导致了对克劳狄娅的猜疑，随后又为她提供了公开证明其贞洁的机会。

当汉尼拔于公元前 201 年被击败后，罗马迅速恢复了元气。男性被允许炫耀自己的富足生活。他们身穿紫色服饰，马匹也被装饰得十分奢华。但《奥庇乌斯法》依然禁止妇女们的公开炫 180
耀。这条法令令世人怨声载道，尽管有人暗示，它并不是一直都被严格执行的。[2] 公元前 195 年，有人提议撤销该法令，妇女们则上街游行请愿。[3] 显然，这道法令只跟富人有关，上街抗议的很可能也只有贵妇们。这次游行有可能是男性策划的，或是内部党派纷争的结果。男性自身可能也希望利用家族中女性成员的珠光宝气来炫耀财富。但我们也不能排除妇女们为自己示威的可能性。第二次布匿战争已为她们提供了巩固自身独立地位的机遇。她们 20 余年前在元老院里的辩护已成为女性参政的一次演练。当她们

1 Livy 29. 14. 10-14; Ov. *Fasti* 4. 179-372. Cf. G. Wissowa, *Religion und Kultus der Römer*, p. 318.

2 Livy 26. 36. 5; 27. 51. 9.

3 Livy 34. 1-8. 3.

示威要求废除《奥庇乌斯法》时，其中一些业已失去父亲和丈夫的妇女，可能已处于跟自己相对疏远的监护人的监护之下。这些女性可以更自由地走上街头，向政府提出诉求。

我们还应当关注一个问题，是否所有在战争中丧偶的妇女都找到了新丈夫。老加图反对撤销《奥庇乌斯法》的演说不能被视作公元前 195 年现实形势的证据，因为那些言论出自李维之手；而且我们手头并无证据表明，老加图曾在该场合下讲过话。老加图在这篇演说中宣称，丈夫们应当把自己的妻子关在家里。公元前 195 年，当罗马的兵力在第二次布匿战争中蒙受了惨重损失后，所有妇女都拥有丈夫是一件不大可能发生的事情。公元前 194 年，2000 名被汉尼拔贩卖到希腊为奴的罗马人返回了故乡。[1] 他们会发现自己的妻子已经改嫁了吗？将当时罗马的情况同二战结束后苏联的状态（几乎整整一代女性都无法找到丈夫）相比未免有些极端；但我们肯定无法确信，当时所有的罗马妇女都有丈夫。

在李维提供的演说词中，失去了丈夫与父亲的女性的处境，构成了支持废除法案的论据。我们从中可以辨认出亚里士多德关于男女不平等的观点。相关论点认为，即便没有《奥庇乌斯法》的约束，妇女们也无法充分利用她们理论上享有的自由，"因为她们厌恶失去丈夫和父亲所带来的自由"。演说家还指出，倘若
181 无法在拉丁邻居面前炫耀自己的财富，就连罗马男人们也会感到错愕。自然，那些易被琐事烦恼的弱女子更容易因丧失这样的机

1 Livy 34. 50. 3-7; Val. Max. 5. 2. 6.

会而感到沮丧。

《奥庇乌斯法》生效后的20年，为我们提供了观察旷日持久的战事对女性影响的机会。第二次布匿战争与特洛伊战争并不相同。罗马城从未在这次战争中陷落过，罗马妇女们也没有被贩卖为奴——尽管贫困、饥荒与疾疫同时困扰着军队与民众。[1]随着罗马征服并开始治理遥远的疆土，男人出门在外逐渐成为一种常态，这增强了女性的独立性，也增加了不稳定婚姻的数量。[2]斯巴达也是如此，男子长期外出征战，妇女们被留下来管理家内事务。到了希腊化时代，她们变得十分富有，开始影响政治，尽管自己还不能担任官职。斯巴达妇女们会通过赛马等轻浮举动展示自己的财富，[3]罗马妇女们则通过服饰、昂贵的奴隶和造价不菲的车辆来追求社会地位。当然，罗马男人们同样大手大脚；但他们的奢华宴饮和娱乐活动服务于被社会称许的终极目标——帮助自己在政治仕途中出人头地。

一旦某位罗马妇女能从家族男性成员的约束中解放出来，她的炫富便可以提升自己的声誉。波利比乌斯对埃米莉娅炫富举动的记载表明，随着丈夫的飞黄腾达，埃米莉娅本人也变得富有起来。这段记载还暗示我们，与埃米莉娅的炫富举动密切关联的是她自己的声望。此后不久，帕皮里娅也凭借自己新近采取的奢华生活方式赢得了妇女们的恭维，尽管她们最后的落脚点是称赞帕

---

1 Polyb. 9. 11a; Brunt. *op. cit.*, pp. 67-68.

2 Tac. *Ann.* 3. 34.

3 Plut. *Agis* 4; Plut. *Spartan Sayings* 212b.

皮里娅儿子的慷慨。李维还告诉我们，妇女们会竞相展示自己的奢华服饰，因为她们无法通过官职、祭司职务、凯旋式、礼物或战利品来展示自己的尊荣。[1]因此，与雅典的情况不同，罗马的反奢侈立法中只有很少的内容是针对独立、富有的女性或男性。公元前 184 年，时任监察官的老加图对过分显眼的奢侈品，如部分马车、女性装饰品、价格高昂的奴隶与宴饮餐具进行了价格评估。[2]随后，老加图支持通过《沃科尼亚法》，限制女性的遗产继
182 承。然而，妇女们仍能继续积累财富。公元前 2 世纪又颁布了一项反奢侈法令，其主要目的是限制男性宴饮活动中的奢侈行为。但世人再未尝试限制妇女们的炫富举动。

对于缺少针对妇女的进一步反奢侈立法的一种解释是，当时的女性已经日益脱离了男性亲属的控制。社会上层的贵妇已不再被视为男性的附属物，并且她们的炫富举动提升了自己在其他女性眼中的社会地位。但女性独立于男性之外的举动影响有限。尽管它们构成了对男权的潜在挑战，但对政府而言，终究是无关紧要的。

当男性也开始利用身边女性的服饰来确立自己的社会地位时，政府就有必要出手干预了。贵妇们继续炫耀着自己、父亲或丈夫的财富，直到行为乖张的元首埃拉伽巴鲁斯（Elagabalus）于公元 3 世纪初规范了不同阶层女性的服饰与礼仪。元老与骑士

---

1 Livy 34. 4. 15-18; 34. 7. 8-10.

2 Plut. *Cato the Elder* 18; H. H. Scullard, *Roman Politics 220-150 B.C.*, pp. 156, 260.

的女儿们按照父亲的地位分为三六九等，即便在婚后也要保持自己的地位。女性通常会嫁给门当户对的男子。即便她嫁给了地位更低的男子，现存证据（尽管并不完全一致）似乎也表明，她仍然可以继承父亲的等级地位。[1]

有一则非常有趣的轶事（我们不应将之视为信史），埃拉伽巴鲁斯在母亲尤利娅·索埃米娅斯（Julia Soaemias）的敦促下，召集了女性议事会，以便确定某一特定阶层的女性可以公开穿着什么样的服饰，谁可以坐马车、骑马、乘驮畜或骑驴，谁在坐马车时可以使用坐垫，谁可以使用皮革或骨骼制成的坐垫，以及其他细节等。这一女性议事会于埃拉伽巴鲁斯去世后解散，但又被元首奥勒利安（Aurelian）短暂复兴。[2]

赞美家族中的女性成员，是男性借助女性提升自身社会地位的另一手段。有人批评盖约·格拉古，认为他在赞颂母亲科内莉娅时使用了过多的溢美之词，并借此在政治上获利。[3]自从昆图斯·卢塔提乌斯·卡图卢斯（Quintus Lutatius Catulus，公元前78年执政官）赞美自己母亲的《颂词》(*laudatio*）发表后，为得享高寿的女性发表葬礼演说开始成为一种习惯。[4]公元69年，恺撒为自己的姑姑、马略遗孀诵读的颂词，标志着他政治生涯的转

1 Le Gall, "Critère," pp. 281, 285-86.

2 *Hist. Aug.*: *Elagabalus* 4.4 and *Aurelian* 49.6. 关于可能跟罗马城内元老院功能近似的妇女团体，参见 Angela Donati, "Sull' iscrizione Lanuvina della curia mulierum" 与 J. Straub, "Senaculum, id est mulierum senatus", p. 229。

3 Plut., *Gaius Gracchus* 4. 3-4.

4 Malcovati, *op. cit.*, p. 220.

折点。一年后，恺撒的妻子也去世了。于是他成了为年轻女性朗
183 诵悼词的第一人，并凭此举赢得了民众的极大好感。[1] 后来的元首奥古斯都在 12 岁时已经足够早熟，追随舅爷恺撒的足迹，发表了一篇纪念外祖母尤利娅的演说。当奥古斯都的姐姐屋大维娅去世时，奥古斯都本人和尼禄·克劳狄乌斯·德鲁苏斯（Nero Claudius Drusus）分别发表了纪念她的演说，还宣布为她举行公共默哀。[2] 这种纪念去世的显贵家族女性的习俗十分普遍，我们在讨论对“图莉娅”与卢奇乌斯·埃米利乌斯·保卢斯之妻科内莉娅的颂词时已指出过其中的若干主题。

在罗马帝国时代，一些妇女会在生前死后被授予各种殊荣。那些在活着的时候便受到尊奉的女子肯定享受着特权。但无论是生前还是死后授予的荣誉，尊奉女性的最常见目的都是为了赞美她们的儿子、丈夫或兄弟。帝国时代的钱币清楚地表明，元首家中的女性被视为他的附属者，她们的品质是属于他的。在元首硬币的反面，皇室女性的肖像与形象常常被表现为元首的性格特质或其统治特点的人格化。因此，一些女性被表现为“和谐（Concordia）”“公正（Justitia）”“和平（Pax）”“安宁（Securitas）”或“幸运（Fortuna）”，这些品质其实是属于与她相关的元首的。由于这些抽象品质在拉丁文中用阴性名词表示，并通过女神形象加以纪念，皇室女性便是它们的人格化身。

---

1 Plut. *Caesar* 5. 1-2.

2 Suet. *Aug.* 8. 1, 61. 2; Dio 54. 35. 4-5.

皇室女性也会受到各种荣誉头衔的尊奉。奥古斯都去世后，他的遗孀里维娅被奉为奥古斯塔（Augusta，意为“可敬的”）。因为奥古斯都通过遗嘱继承认可了一项古老习俗：妻子有时被视为丈夫家庭中的一员。元首克劳狄乌斯之妻小阿格里皮娜是第一个丈夫在世时就获此殊荣的女性。此类头衔有时只是有名无实的荣誉。但到了公元 3 世纪初，“奥古斯都之母”“军队之母”与“军队与元老院之母”代表的已是两位非凡女性——尤利娅·索埃米娅斯和尤利娅·麦萨（Julia Maesa）——实实在在的政治权力。

宫廷女性获得的一些至高荣誉暗示她们具备女神的性质。里维娅与尤利娅——首位元首的妻子和女儿——在其有生之年已被行省奉为女神。小亚细亚的各座城市还为里维娅和她的儿子提比略建立了一座神庙。[1] 一些元首的母亲会在死后被神化，以便 184
强化她们后裔（即在任元首）的神圣性。这种神化通常会通过钱币公之于众。将皇室女性视为女神化身的观念也会在硬币上公开展示。由此，女性在传统罗马宗教的复兴过程中发挥了作用，她们也是元首们在面对外来崇拜形式广为流传的局面时大力扶持的对象。农业和丰收女神克瑞斯（Ceres）乃是皇室女性最常见的化身。克瑞斯所象征的丰产、养育等职能也正是元首们希望赋予女性的能力，以便配合提升生育率的官方政策。（克瑞斯肖像周围的谷穗也象征着谷物配给制度，那是帝国赐予罗马城男性人口

1　Ruth Hoffsten, *Roman Women of Rank of the Early Empire as Portrayed by Dio, Paterculus, Suetonius, and Tacitus*, pp. 88-89.

的特权。）维斯塔（Vesta）是仅次于克瑞斯、经常在硬币上被视作皇室女性化身的神祇。这些硬币纪念着维斯塔贞女向皇室家族中的非处女女性授予的特权。妇女们偶尔也会化身为朱诺或维纳斯，最罕见的是化身为狄安娜（Diana）。

人们也会通过建造雕像或建筑物的方式纪念世家大族的女性成员。共和晚期与帝国时代竖立过许多女性雕像，尽管老加图曾强烈反对此类行为，[1]元首提比略也要求对妇女的官方纪念应适可而止。[2]受到这种方式纪念的女性主要是皇室成员和维斯塔贞女。行省也会效仿这一习俗，竖立行省总督妻子们的雕像，并通过一系列法令来尊奉各种女性，包括运动员、音乐家和医生[3]。奥古斯都命名了“里维娅柱廊（Porticus Liviae）”和“里维娅市集（Macellum Liviae）”，以此来纪念自己的妻子。他还将“屋大维娅柱廊（Porticus Octaviae）”献给了自己的姐姐，并在那里放置了科内莉娅的雕像。

科内莉娅所代表的子女成群的理想在帝国时代被进一步巩固。除宣布她们去世和封神的硬币外，关于皇室女性的钱币最常见的主题便是纪念她们的子女众多。当然，她们的儿子是元首宝座潜在的继承者，生育由此具备了某种政治含义。但这些硬币所传达的明确含义在于，所有女性都应当生儿育女。硬币上的铭文

---

1 Scullard, *op. cit.*, p. 156.

2 Tac. *Ann.* 1. 14. 1-3.

3 Statues: Dio 55. 2. 5; 61. 12. 2; Tac. *Ann.* 14. 61. 1; Pliny *H. N.* 34. 31. Inscriptions in Pleket, *passim.*

也反映了罗马人在女性身上寻找的传统美德："虔诚（Pietas）"代表她们对传统宗教的忠诚；"忠贞（Fides）"代表对丈夫的始终不 185
渝（这种感情会延续到他去世后）；还有"贞洁（Pudicitia）"，意味着性行为方面的无可指摘。

政治中的女性

显而易见，如果妇女们确实遵照这一理想来规范自己的行为举止，政府就没必要通过奥古斯都的婚姻立法与帝国时代钱币上的警示语来反复告诫她们了。本书无法在此一一回顾每位著名罗马妇女的命运浮沉，但我们可以对她们进行整体分析，因为对女性的史学叙述呈现出了一定程度上的道德两极化特征。有意思的是，安东尼的妻子们提供了相应的原型：富尔维娅是邪恶妻子的代表，屋大维娅则象征着贤德的妻子，安东尼的最后一任妻子克利奥帕特拉则独具一格。屋大维的政治宣传以及敌视安东尼（因为他是屋大维的竞争对手）的史学家们歪曲了这3位女性的故事。

富尔维娅是安东尼的妻子，之前曾两次嫁给过背景显赫、政治生涯辉煌的丈夫，其中包括普布利乌斯·克罗狄乌斯。富尔维娅没有继承母亲的美貌，但她凭借自己的财富先后吸引了3位丈夫。每一段婚姻里，她都生育了子女。在后人笔下，富尔维娅的女性特质仅仅体现在生理上。她的"男性特质"体现在她敢于涉足专属于男性的领域。她代表历任丈夫的政治举动为他们带来了好处，但她的野心招致了对她本人的怨恨。她所引发的敌意反映了像她这样的女性通过财富或影响力掌控了真实的政治权力。这种反感也有对那些与她们有联系的男性的痛恨。例如，森普罗尼娅对喀提林的帮助、富尔维娅对安东尼的帮助，使世人对这些男性的怨恨迁怒到了她们身上。尽管罗马女性扮演政治角色已有相当悠久的传统，但也存在着自荷马时代以来一脉相承的观念，即女性与男性的社会角色应该是截然不同的。富尔维娅并不关心纺纱织线与管理家务，她甚至会陪同丈夫一道去军营。她在公敌宣告运动期间的心狠手辣与安东尼不相上下，并且我们业已看到
186 她对公敌女性亲属们的粗鲁态度。但这些传说来自充满偏见的材料。普鲁塔克指责道，富尔维娅是导致安东尼走向堕落的起点，为他日后任由克利奥帕特拉摆布埋下了伏笔。因为富尔维娅希望统治一位统治者，领导一位领导者，于是教唆安东尼要服从妇女。当安东尼在东方作战之际，富尔维娅同安东尼的弟弟维护着他在意大利的利益，并同屋大维对抗，直到公元前 40 年在佩鲁西亚战败为止。虽然克利奥帕特拉已开始跟安东尼同居，富尔维娅仍忠于丈夫的事业。公元前 40 年，在自己数次遭到安东尼冷落、克利奥帕特拉生下双胞胎后不久，富尔维娅与世长辞。她的去世为安东尼的第二次婚姻铺平了道路。[1]

屋大维的姐姐屋大维娅新寡，因此能与安东尼建立婚姻联盟。两人的婚姻是屋大维与安东尼于公元前 40 年缔结《布伦狄西乌姆协约》（Treaty of Brundisium）的产物。富尔维娅的策略是

---

1 Plut. *Antony* 10; C. Babcock, "The Early Career of Fulvia"; Vell. Pat. 2. 74. 2.

劝说安东尼对抗屋大维。屋大维娅的策略则是在两人中间斡旋。她的努力赢得了弟弟与后世史家的称许。作为在男性派系斗争里居中调停的女性代表，她的先驱自然是共和早期那些传说中的女子，包括萨宾妇女和说服科利奥兰纳斯不要进攻罗马的女性代表团。屋大维娅在与安东尼共同生活的 3 年里为他生育了两个孩子。但安东尼逐渐开始对她知识女性的古板性格感到厌倦。公元前 37 年，安东尼迎娶了克利奥帕特拉。公元前 36 年，两人的儿子托勒密出生。由于克利奥帕特拉并非罗马公民，屋大维娅像之前的富尔维娅一样，有理由认为这桩婚姻是不合法的。据说她违背弟弟的意愿，继续支持安东尼。公元前 32 年，安东尼正式休弃了屋大维娅。这次侮辱给了屋大维发动战争的理由。屋大维娅被逐出安东尼的家门，并啜泣着希望自己不要被视为导致战争的原因。在安东尼死后，她继续抚养着自己两次婚姻生下的孩子，以及安东尼与富尔维娅、克利奥帕特拉生下的孩子们。唯一的例外只有安东尼与富尔维娅生下的长子安图鲁斯（Antyllus），他被屋大维杀害。我们之后再也没有听说过安东尼与克利奥帕特拉子嗣的情况。屋大维娅并非常见的那种令人憎恨的继母，并且她的名声无可指摘。如前所述，屋大维娅去世之际，世人为她朗诵了两篇颂词，并宣布举行公共哀悼仪式。与此形成鲜明对比的是，屋大维和罗马城为克利奥帕特拉的自杀欢呼雀跃。一些人高兴的
是，关于那位埃及女王将征服罗马，团结亚洲与欧洲，建立充满 187
和平、公正和友爱的黄金时代统治的预言，已因她的死亡不攻自

破。[1]许多人满心欢喜地准备接受屋大维的统治，因为后者针对克利奥帕特拉——一个致命的怪物（*fatale monstrum*）——的政治宣传，使得战胜克利奥帕特拉的屋大维本人俨然成了一位神圣的救星。

公元前41年，安东尼召唤克利奥帕特拉前往奇里乞亚与自己见面。克利奥帕特拉之前未能说服恺撒抛弃自己可敬的罗马妻子，但她成功吸引到了安东尼，促使后者离开了富尔维娅和屋大维娅。在同安东尼初次相见时，她搭乘了一条镀金的驳船，打扮成了阿佛洛狄忒的模样。她不像之前一些马其顿女王或王后那样美貌过人，但拥有神奇的魅力和动听的声音。她受过良好教育，会讲包括埃及语在内的多种语言（这与托勒密王室的许多男性成员不同）。她论文化和血统都是希腊人。由于安东尼并无多少文学品位，克利奥帕特拉为他提供了他渴望的东西。两人的生活极度奢华。作为具备异域情调的伴侣，克利奥帕特拉深得安东尼的欢心。世人扣在她头上的淫荡、酗酒等罪名并不符合希腊化时代女王、王后们的一贯举止；并且据我们所知，她也只跟恺撒和安东尼两人同居过。那些对她不利的叙述肯定来自于仇敌们杜撰的种种传说；因为克利奥帕特拉作为统治者的才华从未受到过质疑，并且埃及也始终对她忠贞不贰。

克利奥帕特拉在忠于国家方面近似于屋大维娅，在像男性一样冷酷、大胆的性格特质上很像富尔维娅，在野心勃勃这一点上

1 W. W. Tarn, “Alexander Helios and the Golden Age”.

酷似之前的希腊化王后们。她的才华和建立世界帝国的野心也很像亚历山大大帝。她对屋大维和罗马构成了严重威胁。因为她控制着恺撒唯一在世的儿子恺撒里昂、安东尼（后三头之一）、在军队和贵族阶层中声望颇高的名将，以及埃及的财富与资源。安东尼正式休弃屋大维娅后，屋大维的最终宣战是向克利奥帕特拉单独宣战的。安东尼确实受到克利奥帕特拉个人魅力的吸引，但他也希望在政治上利用后者的支持。克利奥帕特拉用自己的军队和资源支持着安东尼，但她从未让安东尼随意支配自己的资源。相反，她像之前的希腊化王后一样投入战争，亲自出现在战场之上。她出现在罗马军队中，这给士兵们造成了困扰。罗马人与马 188
其顿人不同，认为战场上不应该有女人的位置。同样困扰罗马人的还有，安东尼从一名罗马士兵转变成了自封的希腊化国王。他们还相信，如果安东尼胜了，地中海世界的中心就要从罗马城迁移到亚历山大里亚去了。众所周知，当安东尼于公元前 30 年被屋大维击败后，他选择自尽并死在了克利奥帕特拉怀里。由于不肯配合屋大维的凯旋式游行，克利奥帕特拉放出一条角蝰噬咬自己的胸膛，从而自杀身亡。

角蝰是埃及太阳神的圣蛇。作为埃及女王，克利奥帕特拉认为自己是太阳神的后裔——但她也不否认自己的马其顿血统。埃及希腊化统治者的神圣性源远流长。克利奥帕特拉与安东尼也被视为阿佛洛狄忒与狄俄尼索斯、伊西斯（Isis）与奥西里斯（Osiris）的化身。作为倡导妇女平等的保护女神伊西斯，当然也是出于自身利益的考虑，克利奥帕特拉曾两次在一些次要的政治争议中站在女性一边，从而为自己赢得了声誉。[1]

维吉尔在《埃涅阿斯纪》中讲述的狄多与埃涅阿斯的故事同克利奥帕特拉与安东尼的经历有几分相似。两位女子凭借东方的奢华与女性的魅力，吸引男子放弃了对罗马有利的政治追求。但狄多与克利奥帕特拉的动机迥异：狄多深爱着埃涅阿斯。尽管她作为一名建立了迦太基城的女王，却在与埃涅阿斯的交往中允许自己的统治分崩离析，甚至提出与他共同治理王国。埃涅阿斯最终放弃了狄多与东方的温柔乡，选择继续自己的使命，他展示了自己的价值，最终促成了罗马城的建立。与埃涅阿斯相反，安东尼受到了克利奥帕特拉与东方生活方式的诱惑，再也无法自拔。克利奥帕特拉本人则更像埃涅阿斯，她忠于祖国，对自己及其子孙极有抱负。她驾驭着安东尼。如果她也爱着安东尼，那么她显然从未让情感破坏自己的计划。罗马人像之前恐惧汉尼拔一样畏惧她，并创造了一直保存至今的关于她的传说。

罗马社会上层阶级的女性显而易见地拥有比雅典古典时代同阶层女性多得多的自由，至少从共和晚期起是这样。罗马女性们
189 拥有选择权，雅典妇女们没有。此时的生活方式已经走向多元化，社会已能够宽容不同的女性角色。罗马贵妇既可以是德行卓著的科内莉娅、屋大维娅或“图莉娅”，也可以跨越道德行为的界限。跟狄多、奥古斯都的女儿或外孙女一样，她们可能不得不

---

1 犹太的亚历桑德拉（Alexandra of Judaea）：Josephus *Jewish Antiquities* 15 [3.1] 40. 奇里乞亚境内奥尔巴的阿巴（Aba at Olba in Cilicia）：Dio 49. 44. 关于克利奥帕特拉，参见 *Cambridge Ancient History*, vol. 10。

为自己的失德行为付出代价；但她们拥有选择的权利。

罗马妇女们没有担任过任何真正的政治公职，只能通过她们身边的男性施展影响力。她们代表着宝座背后的权力，但宝座永远不会属于她们，并且她们参与政治也会引起痛恨。同雅典女性相比，罗马女性是自由的；但她们同罗马男性相比并不自由。

另一方面，罗马女性拥有自身的文化，能够影响她们身处的社会；雅典女性则离群索居，被排除在公共活动之外。罗马妇女们跟丈夫一道出席宴饮，参加上流派对、竞技、展览乃至政治集会。因此我相信，她们生平中那些臭名昭著的部分来自史家们的夸大其词——他们热衷于描写那些缄默不语、内心狂野、受到压抑的女性是如何在反社会的离经叛道、淫荡行为与残酷竞技中宣泄自己的怒火的。[1]罗马妇女们是可以获得钱财与权力的，她们的命运与国家命运联系在一起。男性在那个时代可以飞黄腾达，女性也是如此。

---

1 参见 Finley, “The Silent Women of Rome” 等研究成果。

第9章
罗马下层女性

罗马文学为我们讲述了那个时代的统治阶级尤其是男性的情 190
况。与上一章不同，本章将会简略地介绍与上层女性相对的下层妇女的相关古代材料和现代学术研究。下层女性的人数永远更多，但她们不像名人那样引人注目——名人的举止总能激发史学家们的想象力。我们必须承认罗马史学研究中的一种新趋势：它试图关注社会下层，并将女性纳入其视野。

我们如何能够了解下层女性——奴隶、释奴、劳动女性与穷人——的生活呢？文学材料确实会告诉我们，下层阶级是如何取悦或冒犯上层阶级的。奴隶主或下层阶级成员为亲友或自己刻写的墓葬铭文传递了他们希望传递给后世的信息。因此，一则墓志铭不仅会记录死者的姓名，还会记录主人或前主人的姓名（如果她是女奴或被释女奴，尤其是在她曾为某个显赫家族效劳的情况下），她丈夫的姓名，婚姻年限，家中几个孩子，去世时的年龄以及职业等。

在本章中，我大量引用了韦弗（P.R.C. Weaver）关于皇家奴
隶与释奴的研究成果，其中也包括了对一部分非皇家奴隶的统计 191

数据。苏珊·特雷吉亚里（Susan Treggiari）关于共和晚期与帝国早期奴隶与释奴的研究同样具有巨大价值。[1] 关于在罗马人中做一名女奴究竟是怎样的感受，以及做普通男奴与女奴哪个更糟糕的重要问题，我们还无法给出明确答案。

对奴隶的剥削

罗马人的家庭（*familia*）不仅包括在法律上依附于家主的亲人们，还包括奴隶。当然，奴隶的数量会随着各家财富的差异有所区别，但即便是寒门也可能拥有几名奴隶。关于富人家的记载很多，因此富人家的奴隶也相应留下了更多记载。富有的家族拥有数以千计的奴隶，他们居住在各处地产上；元首的家庭（*familia Caesaris*）可能是其中最大的。奴隶主们会投资购买奴隶，希望后者为自己提供某些服务，从而增加自己的财富，提升自己的生活舒适度。罗马的奴隶制十分复杂，以至于嫁给奴隶的妇女有可能享受比嫁给自由公民更尊贵的地位，奴隶和释奴也有可能比穷苦的自由人拥有更高的教育程度和经济地位。

女奴们承担的工作种类比男奴更受限制。一些女性是在成年后才沦为奴隶的，有些是被绑匪或海盗劫掠为奴，有些是罗马征服地区的随军人员或普通公民。罗马人会从希腊俘虏中找到男性

---

1 P. R. C. Weaver, *Familia Caesaris*; Susan Treggiari, *Roman Freedmen During the Late Republic.*

学者、历史学家、诗人和拥有各种宝贵技艺的人物。由于女性所受教育较少，刚被俘虏的女性至多只能做接生婆、女演员或妓女。大部分女性并未在传统意义上的家务之外接受过任何训练。她们在被奴役和自由状态下都会从事纺织、做衣服、缝补、接生、照看孩子、厨房杂务和一般的家务劳动。罗马女奴所承担的家务与希腊的有所不同。罗马的工程师们设计出了能大量运输水的机械设备，罗马的女奴们不需要像希腊人那样频繁打水。[1]罗马 192
的衣物也不是在家庭内部制作的。此外，罗马富人家的女奴会接受专门训练，担任文秘、侍女、衣物保管员、理发师、镜子管理员、按摩师、阅读者、娱乐项目表演者、接生婆和护士。[2]因此，生在罗马富人家中的奴隶儿童是很有机会接受一些教育的。

跟男奴一样，一些女奴也会担任随从，以便增添主妇出门时的光彩。这些奴隶会在主人身前开道。如果女主人搭乘轿子出行，会有一名女奴为她穿上凉鞋，并在女主人下轿前在轿旁放置一个脚凳。奴隶有时会为散步的女主人撑起遮阳伞。农场或乡间宅邸中奴隶的任务与城市住宅里的奴隶任务自然会有所不同，但我们对乡间女奴的工作了解不多。不过，老加图的确罗列过承担重要监督工作的女奴管家（*vilica*, 其地位仅次于男奴管家）的各

---

1 Columella *On Agriculture* 12, Preface. 9.

2 关于这些职业，参见 Treggiari, “Women in Slavery” and “Domestic Staff at Rome in the Julio-Claudian Period, 27 B.C. to A.D. 68”; Mima Maxey, *Occupations of the Lower Classes in Roman Society*; Le Gall, “Métiers de femmes au *Corpus inscriptionum Latinarum*”。

种职责。[1]

女性一直在承担性服务的职能，无论是作为家内职责的补充，还是作为最主要的职业。家里的男主人可以占有他的全体女奴。西庇阿·阿非利加努斯宠爱一名与众不同的奴隶女孩。在他去世时，他的妻子埃米莉娅非但没有恶意报复，反而赐给了那名女孩自由。作为罗马道德楷模的老加图在妻子去世后，每天晚上都与一名女奴同床。元首奥古斯都和克劳狄乌斯都在得到妻子明确许可的情况下，与多名女奴同居。在主人准许的情况下，家庭中的男奴也可以同女奴发生关系。一向贪财的老加图会在自己的男奴与女奴同床时收取一定的费用。[2]

性交易可以为女奴的主人们带来丰厚的利润。这些性交易场所包括妓院、酒馆或公共浴室。那些被遗弃的女婴或被父母卖掉的女儿就是为了将来能从事这种营生而被抚养长大的。属于同一性质但层次较高的是被训练成为女演员和各种娱乐项目表演者的女性。女演员有时会裸体出场，并在舞台上进行色情表演。不过，并非所有女演员都会提供性服务。一位在去世前获得了自由
193 的 14 岁年轻女演员攸查瑞丝（Eucharis），曾在一个叫作“希腊剧院”的地方从事公共竞技中的歌队表演，墓志铭里的她是“博学的”和“多才多艺的”。[3]

---

1 Cato *Agr*. 143. Cf. Columella *On Agriculture* 12, Preface, 8.

2 埃米莉娅：Val. Max. 6. 7. 1。老加图：Plut. *Cato the Elder* 21, 24。奥古斯都：Dio 54。19. 3; 58. 2. 5; Suet. *Aug*. 71. 1。克劳狄乌斯：Tac. *Ann*. 11. 29。

3 *CIL* 1. 1214.

婚姻、奴隶释放和法律

奴隶身份意味着一个人无法正式缔结罗马式的婚姻。但两名奴隶之间可以建立一种非正式的“共居（*contubernium*）”关系。尽管限制近亲结婚的常规法则也适用于共居关系，但它实际上并无法律效力。共居者生育的子女被视为私生子，女方不会受到通奸罪的指控。[1]但对奴隶们而言，此类婚姻是合法的，双方会在墓志铭中称呼彼此为丈夫和妻子。鼓励自己的奴隶建立家庭关系的做法合乎主人的利益，因为它可以提升奴隶的工作积极性，并生育出奴隶身份的儿女，由主人留在家中或随意处置。[2]奴隶通常会跟其他奴隶结婚，对象很可能就在主人家庭的范围之内。在得到许可的情况下，一名奴隶也可以同来自另一家庭的奴隶或自由人结合。不过，如果一名男奴娶了主人家庭之外的女性，主人便损失了可能从男奴子女身上获得的好处。因为如果母亲是自由人，这些子女便属于她；如果母亲也是奴隶，子女便属于她的主人。因此，这样的婚姻可能不被准许。奴隶之间的婚姻是不稳固的——父母或儿女都有可能被卖给另一个主人，或迁居到原主人的其他产业上。破裂的奴隶婚姻不会留下任何记录。但相关墓葬铭文显示，尽管居住地发生了变化，或夫妻中的一方或双方由奴隶变成了释奴，许多奴隶婚姻还是延续了很长时间。在受制于他

1 *Digest* 23. 2. 8; 2. 14. 2; *Inst*. 1. 10. 10.

2 关于在家中生养奴隶，作为新的奴隶来源的做法，参见 I. Biezunska-Malowist and M. Malowist, “La procréation des esclaves comme source de l’esclavage”。

人意志的生活中，婚姻纽带的稳定性是令人向往的。

对皇家奴隶与释奴的研究表明，在所有提及时间长度的案例中，几乎半数的释奴婚姻都持续了至少 30 年。跟贵族女性一样，女奴也是年纪轻轻就嫁人了。为了将婚姻年限与妻子死亡年龄的
194 统计协调起来，我们需要牢记基思·霍普金斯的假说，即过早夭折的妻子的死亡年龄更有可能被记录在墓碑上（见第 249 页）。在皇室奴隶与释奴的妻子中，超过半数的人都死于 30 岁之前，其中死亡比例最高的年龄段是在 20—25 岁之间。苏珊·特雷吉亚里研究过一个富有家族——斯塔提利乌斯家族（Statilii）——墓地中安葬的 9 名已婚妇女，有 5 人是在 20 岁或 20 岁之前去世的。[1]而更贫困家庭的奴隶，相应的死亡率或许还会更高。

罗马家庭中使用的男奴数量远远超过了女奴。在皇室奴隶与释奴的儿女中，男孩所占的比例达到了 60% 以上，加上精英家族中仆人工作性质的缘故，成年奴隶中的男性比例还要高得多。苏珊·特雷吉亚里对里维娅与沃鲁修斯家族（Volusii）拥有的奴隶与释奴的研究都表明，男女奴隶的比例大致为 3:1。其中，由女性管理的家庭中的女奴比例要略高于男主人麾下的奴隶队伍。在虚构人物特里马乔（Trimalchio）的地产上，一天之内便有 30 个男孩和 40 个女孩出生。这些数据很可能是高度夸张的，类似于《萨蒂利孔》那样的长篇讽刺小说。但无论如何，我们注意到出

1 Weaver, *op. cit.*, pp. 109-10; Treggiari, “Women in Slavery”.

现在特里马乔晚宴上的所有奴隶都是男性。[1] 奴隶男孩会在自己的父亲被释放或去世时接替他的职责，但多余的奴隶女孩会通过各种方式被处理掉。有些女孩会被卖到小户人家担任家仆，更多的可能被送进妓院。有些直接被遗弃，要么死掉，要么被奴隶贩子捡走。还有一些女奴被主人赐给男奴当婚姻伴侣，期待他们生下的子女可以成为主人的财产。一些女孩是男奴动用自己的积蓄购买的。40 岁去世的女性释奴奥勒丽娅・菲勒玛提乌姆（Aurelia Philematium）就是此类女孩之一。她的墓志铭写道，她的释奴丈夫在她 7 岁时“拥抱了她”，对待她如同慈父。[2] 显然，他在女孩进入该家庭时就待她很好，后来迎娶了她。因此，在新娘 7 岁时就完婚并非毫无可能。[3]

奴隶们可以积攒自己的积蓄（*peculium*），并用这笔钱购买其他奴隶。当一名男奴购买妻子后，她便成了丈夫的私人奴隶（*vicaria*）——尽管从严格意义上讲，她跟丈夫的所有财产一样，都是属于丈夫的主人的——并且两人分别被卖给不同家庭的情况不太可能发生。这种安排也为男奴丈夫提供了一条向上爬的捷径，因为主人释放男奴妻子的时间可能会比释放一名很有价值、工作勤勉的男奴更早。 195

根据公元 4 年颁布的《埃利亚・森提亚法》（Lex Aelia

---

1 Weaver, *op. cit.*, p. 172; Treggiari, “Women in Slavery”. 特里马乔：Petron. *Sat.* 53。

2 *CIL* 1.2. 1221.

3 在 Petron. *Sat.* 25 的情节中，一名 7 岁的女孩已经失去了贞操。参见 Durry, “Le mariage des fines impubères dans la Rome antique”, pp. 21, 25。

Sentia），释放奴隶的最低年龄为30岁；但许多男性奴隶在这之前便获得了自由。女奴很可能出于以下原因比男奴更早被释放：依据政府鼓励婚姻的政策精神，法律允许主人释放女奴，以便迎娶她。[1]一些主人可能会释放并迎娶同居的女奴，以确保他们将来的儿女是自由且合法的。对于社会下层阶级而言，同女奴或释奴结婚完全是可以接受的。[2]但这种婚姻可能会在富人中遭到谴责。根据奥古斯都的立法，元老阶层的成员不得迎娶释奴。[3]同样，属于元老阶层的女性也不得嫁给被释男奴。不过，这一限令在公元1世纪并没有被严格遵守。克劳狄乌斯·埃特鲁斯库斯（Claudius Etruscus），一名行政级别很高的皇家释奴，他成功地同很可能出身于元老阶层的特提娅·埃特鲁斯卡（Tettia Etrusca）缔结了合法婚姻。[4]男奴有时会请求主人释放他的女奴妻子（*contubernalis vicaria*），以便让他们的儿女获得自由身份；但由于父亲仍是奴隶，孩子们在理论上其实是私生子。由于释奴仍对自己的前主人（*patrona* 或 *patronus*）负有义务，被释放的妻子继续依附于她的丈夫或主人，不得抛弃他或在未经他许可的情况下再嫁。[5]

女奴也可以通过婚姻之外的途径赢得自由。如前所述，奴隶们可以为了赎身而积攒钱财。从事家务劳动的女性积累财富的机

---

1 Gaius 1. 19; *Digest* 40. 2. 13.

2 Beryl Rawson, "Family Life Among the Lower Classes at Rome in the First Two Centuries of the Empire."

3 *Digest* 23. 2. 44.

4 Statius *Silvae* 3. 3; Weaver, *op. cit.*, pp. 171, 289-94.

5 *Digest* 24. 2. 11.

会要少于担任要职的男奴，因此她们的积蓄增长得很慢——尽管主人宠幸的侍寝女奴能够得到赏赐，女主人的恋人也会向她的女仆提供赏钱。[1]另一方面，年老色衰的女奴的价值将会不断下降，受过良好训练的男奴的价值则会与日俱增。因此，女奴最终可能会有机会赎买自己的自由。于公元1世纪撰写过《农业论》的科鲁美拉（Columella）认为，为主人的产业生育过4个子女的女奴 196
就已经偿清了自己的赎身价格。[2]城市里的一些奴隶或许可以凭借更少的子女数量完成赎身。奴隶的自由往往是奴隶主自愿给予或通过临终遗嘱赐予。女演员攸查瑞丝的被释有可能是基于主人的善意，也许是因为久病不起而被赐予了自由。已婚的奴隶夫妇可能会同时获得自由；又或者被释更早的一方积累起足够的钱财，赎买仍旧为奴的伴侣，为他或她赎身。

如果丈夫和妻子此前都是奴隶，后来妻子成了被释女奴，那么丈夫也有可能通过婚姻被释放。然而，赎买一名男奴并嫁给他的女性自由人会受到非议；塞普提米乌斯·塞维鲁（Septimius Severus, 公元193—211年在位）曾将此类婚姻列为非法。[3]

促使自由女性或被释女奴嫁给男奴的动机，反映了奴隶社会的复杂性。元首或身居要职的罗马显赫家族麾下的男奴担任着受人尊敬、收入丰厚的职务。他们的妻子很有可能在死后被安葬于丈夫的家族坟墓内，而拥有墓穴乃是所有罗马人都很关注的

1 Ter. *The Self-Tormentor* 300-301.

2 Columella *On Agriculture* 1. 8. 19; cf. Varro *On Agriculture* 2. 1. 26.

3 *Code Iust.* 5. 4. 3.

事情。从某种意义上说，当自由人女性嫁给皇室奴隶时，妻子和丈夫都提升了自己的地位。但对于男奴的主人而言，这样的安排其实是对自己不利的，因为男奴婚后生育的子女将成为母亲的财产。此外，针对与奴隶同床的自由人女性的歧视一直延伸到奴隶等级体系中的顶端。因此，公元 52 年颁布的元老院敕令打击了自由人女性与被释女奴嫁给男奴的行为，将缔结此类婚姻的妻子降格为丈夫主人的女奴或被释女奴。这条规定针对的正是皇室男奴。这种对社会地位的贬低使得丈夫的主人（往往是元首本人）在男奴的妻子儿女身上获得了经济收益。[1]

与男奴相反，上层家族中的女奴不大可能会嫁给比自己社会地位更高的男性。即便在豪门大族家里，女奴也只负责家务劳动，不会担任要职。因此，家庭范围以外的男性自由人或释奴缺乏同她们结合的动机。在下层家庭里，女奴可能会在被释后嫁给主人。但在元老家族或皇室中，这条提升社会地位的路径是关闭
197 的。元老阶层的男性不可以迎娶被释女奴，但他们依然可以跟后者同居。

皇室中的一些女性成员会凭借元首被释女奴侍妾的身份身居要职。这些关系尽人皆知，往往持续很久，并且在女方没有不端行为的情况下也不会引起非议。[2] 韦伯芗、马可·奥勒留和安东

---

1 关于《克劳狄乌斯元老院敕令》（Senatusconsultum Claudianum），参见 Crook, *Life and Law*, p. 62 和 Weaver, *op. cit.*, pp. 162-69。

2 Dio 65. 14; Suet. *Vespasian* 3; *Hist. Aug.*: *Antoninus Pius* 8. 关于尼禄的被释女奴阿克忒（Acte），参见 Tac. *Ann.* 13. 12; Suet. *Nero* 28; Dio 61. 7。

尼·庇护——均为口碑良好的元首——都在妻子去世后与侍妾同居。他们已经拥有权力继承人。通过选择与自己不可能迎娶的女性同居，可以主动避免不同妻子所生子嗣之间的矛盾——正如我们之前所看到的，那曾是希腊化诸王国的典型特征之一。

女儿与儿子

奴隶生育的子女身份有三类：同为奴隶的子女、自由人的私生子或自由人的合法子嗣。共居关系所生的子女拥有母亲的社会地位。因此，奴隶母亲生下的子女为奴隶；在她被释后生下的子女为自由人。但子女只有在父亲已成为释奴或自由人的情况下才能拥有合法身份；成为释奴的父母可能会努力找到自己生而为奴的子女，并为他们赎身。

佩特罗妮娅·朱斯塔（Petronia Justa）的案例体现了一位被释女奴对自己私生女的关爱。公元 79 年，维苏威火山的喷发使赫库兰尼姆的一些文书材料留存至今，其中记录了关于朱斯塔自由人身份的一场官司。她的母亲曾是奴隶，后被释放，并将朱斯塔留在了前主人家里。朱斯塔宣称，自己是在母亲被释后出生的，因而拥有自由人身份。并且她的母亲曾返回前主人家中领走女儿，且补偿了前主人把朱斯塔养大的费用。这笔开销注定价格不菲。[1]

释奴们的墓志铭普遍表明，他们组建的多为不超过 2 个儿女

1 Herculaneum Tablets 13-30. A.-J. Boyé, “Pro Petronia Justa”.

的小家庭。上层阶级同样也存在这一趋势。[1] 这一统计数据促使我们怀疑，究竟有多少女性享受过奥古斯都婚姻立法所提供的福利——只有生育了 4 个子女的被释女奴和生育了 3 个子女的自由
198 人女性才能享受包括取消监护人在内的若干特权。而男性自由人享受特权的条件是生育 3 个子女，男奴生育 2 名自由人子女就可以解除对前主人的义务。[2] 对被释女奴而言，享受津贴的门槛是 4 个儿女，但在被释男奴那里只需要 2 个子女。造成这一差异的原因可能是男奴通常在年纪较大后才会被释放，生育自由人子女的机会不多。但女奴同样要等到生育年龄后才有机会被释放，并且她们通常比男奴去世得更早——这意味着她们不大可能会再生育 4 个子女。不过，释奴们在理论上有可能找回自己身为奴隶期间生下的子女，买下并过继他们，将他们算作自己的合法子嗣。这样一来，就有机会满足被释女奴生育 4 个子女、被释男奴生育 2 个子女的特权要求。因此，如果父母的墓志铭中提及了 2 个子女，那并不一定真实反映了他们家中儿女的数目。他们可能还有别的孩子长大成人并结婚，在另一个地方受到自己配偶的纪念。

被释女奴与劳动女性

关于遗赠财产权利的立法适用于拥有至少价值 10 万塞斯特

1 Treggiari, *Roman Freedmen*, p. 214.

2 Brunt, *op. cit.* pp. 558-66.

斯[1]的被释女奴；元首克劳狄乌斯将生育4个子女的妇女所享有的特权，授予了为供应罗马城谷物市场提供一定数额资助的被释女奴。[2]这两条法令告诉我们，当时存在一些富裕的被释女奴。许多被释女奴有能力为自己，有时还为她们的奴隶与释奴兴建墓地，足见她们的富有程度。我们知道一些富裕的被释女奴的名字。元首妻子里维娅的被释女奴莱德（Lyde）至少拥有4名奴隶；[3]小说《萨蒂利孔》中财迷心窍的福图纳塔，或许是对被释女奴的一种讽刺。那些身为高等妓女并在宴会等场合陪伴富有男性出席的被释女奴也有可能为自己积累了一些财富。曾担任过短剧演员的被释女奴沃鲁姆尼娅·库特瑞丝（Volumnia Cytheris）是当时最著名的高等妓女之一。她是刺杀恺撒的布鲁图斯、马克·安东尼和哀歌诗人科奈里乌斯·伽鲁斯（Cornelius Gallus）等人的情妇。库特瑞丝能够主动挑选自己的情人，维吉尔第10首《牧歌》的 199
主题便是她抛弃了伽鲁斯。[4]

不过，富可敌国者只是特例，大多数被释女奴是罗马劳动者阶层的重要组成部分，她们担任店主、工匠或继续从事家务劳

1 塞斯特斯（Sestertius）最早出现在公元前211年左右，当时罗马共和国为了应对第二次布匿战争的巨大军费开支，开始铸造这种货币。它最初是一种青铜币，后来逐渐发展为银币和金币。塞斯特斯在罗马人的日常生活中被广泛使用，主要用于小额交易，如购买食物、支付租金、支付工资等。——译者注

2 Brunt, *op. cit.* p. 565.

3 关于莱德和她的4名奴隶，参见 *Monumentum Liviae* 4237, 4275, 4276 及 Treggiari, “Women in Slavery” 的引述。

4 Plut. *Antony* 9. 5. Servius, on Virgil Eclogue 10. 关于单身汉聚会上的被释女奴，参见 Cic. *Letters to His Friends* 9. 26. 2。

动。她们所从事的职业通常跟身为奴隶时接受的训练有关，跟雅典古典时代劳动妇女们的职业相差不大。在整个古典时代，妇女们都是纺织业中时髦风尚的引领者。

无论在希腊还是罗马，加工羊毛传统上都是女性的职责。纺织带有如此鲜明的性别特征，以至于早在古希腊黑暗时代的墓葬中，锭盘就成了后人辨认女性尸体的重要标志。读者可以回想一下关于女性加工羊毛的早期证据：来自派娄斯的泥板文书、荷马史诗（赫克托耳告诫安德洛玛刻回到自己的织布机旁边）、色诺芬在《回忆苏格拉底》和《家政论》中的描述、为城邦女神雅典娜所织的长袍、埃瑞娜诗篇的标题《纱锭》，以及公元前349—前320年期间雅典被释女奴的名单中大部分都是羊毛女工的史实。[1]我们还应记得希腊作家普鲁塔克对富尔维娅男性特征的评价，声称她“不关心纺织”。维吉尔所塑造的腓尼基女王狄多的形象在很多方面是以荷马史诗中的女王或王后为原型的，但有一点儿不易察觉的瑕疵：维吉尔从未描写过她纺线或织布的场景。

可见在罗马人那里，纺织始终是女性的任务。作为妇德原型的罗马贵妇克劳狄娅，她的墓葬铭文清晰反映了这种联系：

> 路人啊，我要说的话十分简短。请你驻足倾听。这是一位可爱女性的冰冷墓穴。她的父母叫她克劳狄娅。她全心全意爱着自己的丈夫。她生了两个儿子。她将一个儿子留在地

---

1 *IG* 2^2 1553-78. Cf. M. Tod, “Epigraphical Notes on Freedmen’s Professions”, pp. 10-11.

上，将另一个儿子埋在地下。她谈吐迷人，举止适度，勤劳持家，纺织羊毛。[1]

遵循传统的罗马新娘会将羊毛挂在新家的门柱上。当奥古斯都希望向家中那些老于世故的妇女灌输一些传统美德时，他要求她们加工羊毛，并身穿自己织出的衣物。[2]许多社会下层的妇女，无论是奴隶还是释奴，都会在家里或小作坊里加工羊毛。在小作坊里，来自劳动者阶层的男性与女性混杂在一起，担任毛纺工或羊毛称重员。[3]织布仍是专属于女性的工作，但妇女的工作并非只有织布。 200

在雅典古典时代，洗衣服的工作专属于女性。但在罗马时代，这项工作是由女性和男性共同完成的，男性会担任漂洗工和纺织工，这很可能是罗马时代该工作进入小作坊的结果。在庞贝城，一些女性在磨坊中将谷子磨碎；我们还在那里看到了女地主和放贷者。[4]由于被释女奴往往来自东方，她们经常会售卖紫色染料、香水等奢侈品或外来商品，同时也会售卖衣物、食品等更常见的商品，并担任屠户甚至渔夫——之后还会叫卖自己捕获的产品。

---

1 *CIL* 1. 2. 1211. Cf. Durry, *Eloge funèbre*, p. 9.

2 Suet. *Aug*. 73.

3 Maxey, *op. cit*., p. 31. 就目前我们掌握的史料而言，羊毛称重员是上层阶级家庭中唯一能够证实由女奴担任过的监管性职务（Treggiari, “Women in Domestic Service in the Early Roman Empire”）。

4 关于庞贝城，参见 H. H. Tanzer, *The Common People of Pompeii* 及 Michele D’Avino, *The Women of Pompeii*。

庞贝城中女性所从事的职业，为我们提供了当时对女性开放的经济活动类型的绝佳样本。此外，罗马世界的许多女性留下的墓葬铭文，同样记录了妇女们在那个时代的谋生方式。我们可以从中找到上至“大商人”“医生”，下至“卖豆者”“卖钉者”等职业。刻写在水管与砖石上的女性名字也反映了她们同建筑活动之间的关系——从上层阶级女性对造砖、切石工作的管理到下层劳动妇女对建筑材料的制作与土木工程的直接参与。[1]

庞贝城里最著名的女性是攸玛奇娅（Eumachia），一位世代制砖的女商人。她是漂洗工们的庇护人，工人们建造了她的雕像。她还捐建了城镇里的柱廊与一座地下室，并为自己建造了一座壮观的坟墓。

选择一位女性担任男性行会（*collegium*）庇护人（*patrona*）的做法并不稀奇。我们听说过好几位担任行会庇护人的女性。她们有时独自担任庇护人，有时同男性庇护人（通常是她们的丈夫）一道担任。但在整个帝国时代，女性在已知的庇护人中所占的比例不足5%。[2] 作为对行会的感激与赞美的回报，男性与女性
201 庇护人——他们富有且很有影响力——会向行会提供赏赐。女性可以加入宗教与丧葬行会，还有一些妇女在其中担任要职。至少有两位女性当上了会堂的女庇护人。但并无证据表明，妇女可以

1 Helen Jefferson Loane, *Industry and Commerce of the City of Rome (50 B.C.-200 A.D.)*, pp. 103-5, 110-11.

2 参见 J.-P. Waltzing, *Etude historique sur les corporations professionnelles chez les Romains jusqu'à la chute de l'Empire d'occident*, I: 348-49, and 4: 254-57; Guido Clemente, “Il patronato nei collegia dell'impero romano”。

加入男性的职业或手艺行会，即便她们也从事着相同的职业。

许多女性在酒馆里担任服务员，在柜台为顾客分发饮料和食品。这些女性无疑是经过挑选的，以便利用她们的魅力招徕顾客。酒馆有时还会在楼上为妓女和她们的主顾备好房间。庞贝城内的墙上刻写着女服务员和妓女们的名字。这些涂鸦提及了这类女性的缺陷与迷人之处，宣称 2 阿斯（一块面包的价格）就可以买到其中一些女性的服务。但这些文字的用意可能只是为了羞辱，并不是真实价格。文中列出的最高价格为 16 阿斯。[1]

妓女们来自不同族裔。偶尔造访庞贝城的罗马男性以及对异族女子感兴趣的男性认为那些来自其他族裔的妓女颇具魅力。我们无法通过涂鸦提供的信息判断在妓院工作的女性属于哪个社会等级。她们很可能是女奴或被释女奴。卖淫在罗马是合法的，并且需要纳税。有人还将经营妓院视为一种体面生意；但罗马喜剧告诉我们，倒卖妓女的奴隶贩子是令人不齿的。[2] 良家妇女很少会写选举涂鸦。但混杂在人群中的女性——女服务员和妓女们——创作了大量的选举涂鸦（这一事实无意间告诉我们，她们具备书写能力）。例如：“苏库拉（Sucula，意为‘小母猪’）叫你选举玛库斯·克瑞尼乌斯为营造官。”

许多被释女奴在获释后继续为前主人效劳。在家中，专为女性服务的女奴——如贵妇的侍女和接生婆——经常是由女主人释

1 关于妓女的价格，参见 Richard Duncan-Jones, *The Economy of the Roman Empire*, p. 246。

2 Ramsay MacMullen, *Roman Social Relations 50 B.C. to A.D.* 284, pp. 86-87.

放的；男主人则负责释放男仆。根据法律的规定，释奴们在有时间为自己养家糊口的前提下，是有义务为前主人效劳的。妓女在被释后没有继续提供服务的义务，但她们往往也缺乏其他谋生手段。地位较高或已满 50 岁的被释女奴可免于承担此义务。事实上，经主人同意而嫁人的女奴也是如此。[1] 奥古斯都女儿尤利娅的被释女奴尤利娅·福伊贝（Julia Phoebe），在获得自由后继续同
202 女主人保持着密切联系，并在尤利娅遭到流放之际上吊自杀。[2] 里维娅的梳妆仆人（*ornatrix*）多卡丝（Dorcas）是一名被释女奴。[3] 一部分被释女奴更乐意留在主人身边安稳生活，尤其是那些缺乏谋生技艺的家内女仆或贵妇的侍女们，留下来总比出去掉进贫民窟要好。

对于极端贫困的妇女们的命运，我们只能猜想一二。她们的地位很可能还不如奴隶；因为奴隶至少还是财产，主人会按照合乎他们价值的方式加以关照。一些被释女奴同样也能得到前主人的善待。我们有理由猜测，许多缺乏手艺的贫苦女性是靠卖淫养活自己的。其中一些甚至进不去妓院，只能在拱门下露天从事这种营生。[4] 事实上，英语“fornicate（私通）”一词便来自拉丁语中的“arch（拱门）”。

---

1 免除义务的情况包括：成为妓女，*Digest* 38. 1. 38；获得高贵的社会地位，38. 1. 34；年满 50 岁，38. 1. 35；嫁给主人，*Code Iust*. 6. 39；经主人同意后嫁人，*Digest* 38. 1. 48。

2 Suet. *Aug*. 65. 2.

3 *CIL* 6. 8958.

4 Juvenal 11. 172-73. Hor. *Epist*. 1. 14. 21; Sat. 1. 2. 30.

救济金与女性的价值

从共和晚期起，罗马政府推行了若干公共救助项目，但其中大多数是为自由人男性和男孩服务的。发放救济金不是出于人道方面的考虑，而是出于安抚民众、赢得他们好感的政治需求。普布利乌斯·克罗狄乌斯是为了赢得选票实行免费的谷物配给。将女性纳入救济对象在政治家眼中并无太大意义，因为她们即便身为公民也无权投票，也不大可能被饥饿驱使着揭竿而起。此外，将妇女纳入救济范围意味着减少男性的份额，赏赐者可能无法赢得他们试图讨好的那些人的好感。而且，元首提供的谷物配给一般只能养活一名男性。对一些人而言，这只是收入来源的一部分，但对于那些完全依靠谷物配给过活的人来说，他们不可能与妻子儿女分享食物。

类似的因素也影响着救助计划、偶一为之的赏赐和意大利各城镇内私人赏赐者们举办的公餐。如果这些福利包括女性在内，她们获得的份额通常会更少。即便捐赠者本人就是女性，这种歧视也依旧存在，因为贵妇们争取的也是男性的好感。[1]现存史料中仅记载过一次将男性排除在外的妇女公餐：公元2世纪后期或3 203

1　关于救济金与救济计划，参见A. R. Hands, *Charities and Social Aid in Greece and Rome*（其中提供了相关文本的英文翻译）; *Duncan-Jones,op. cit., passim*; and Denis Van Berchem, *Les distributions de blé et d'argent à la plèbe romaine sous l'empire*。后者提及了一位领取公共救济谷物的女性。我们通过《拉丁铭文选集》（*ILS* 9275）得知了这位名叫马利亚·埃米莉娅娜（Mallia Aemiliana）的女子。她或许利用了家族中某位男性成员的权利，或是被授予了某种特权，或是如Van Berchem (pp. 42-43) 所猜想的那样，作为寡妇接受了特别施舍。

世纪初在拉努维乌姆为女性群体（*curia mulierum*）举办过一次宴会，当时城镇里的男性获得了现金赏赐。[1]

儿童可以享受特殊救助计划的支持，这跟国家试图提升意大利地区出生率的政策是一致的。由于这些计划会考虑到未来征兵的需要，它们也总是更重视男孩。奥古斯都将 11 岁以下的男孩纳入他在特殊场合分发赏赐（*congiaria*）的范围内。图拉真则在罗马城享受谷物配给的成年人名单中添加了 5000 名男孩。[2]

图拉真还为意大利境内儿童设立了常规化的津贴项目。根据意大利南部城镇维勒亚的铭文显示，当地每月津贴的金额为 1 名男孩 16 塞斯特斯，1 名女孩 12 塞斯特斯，1 名私生子男孩 12 塞斯特斯，1 名私生子女孩 10 塞斯特斯。男孩或许可以领到十七八岁，女孩可以领到 14 岁，即她们的适婚年龄。在领取津贴的 300 人名单中，只有 36 人是女孩。理查德·邓肯-琼斯（Richard Duncan-Jones）指出，这一比例可能没有真实反映出维勒亚的两性人口比例。[3] 我们无从知晓领津贴（*alimenta*）的具体条件。但如果每个家庭只能领取一份津贴，各家很可能会让男孩去领，因为男孩能领取的额度更高，时间也更久。

私人资助比国家资助出现得更早。有史可考的最早的津贴基金由提图斯·赫尔维乌斯·巴希拉（T. Helvius Basila）个人于

1　关于《拉丁铭文选集》（*ILS* 6199）提及的“女性群体（*curia mulierum*）”，参见上文，第 269 页注 2。

2　奥古斯都：Suet. *Aug*. 41。图拉真：Pliny *Pan*. 26. 28. 1-3。

3　Duncan-Jones, *op. cit*., p. 301.

公元50—75年期间设立。[1]他的资助对象是意大利南部阿提纳地区的儿童，不分性别。至少一个世代之后，小普林尼在意大利北部的科穆姆设立了一项基金，以维持那里自由人男孩和女孩的生活。[2]小普林尼的基金可能资助了75名女孩和100名男孩。我们明确知道公元2世纪塔拉齐纳私人基金为不同性别设定的资助数额。根据政府重男轻女的政策，这项由一位妇女凯丽娅·玛克丽娜（Caelia Macrina）设立的基金为100名儿童每月发放津贴：每名男孩获得20塞斯特斯，每名女孩获得16塞斯特斯。[3]

重男轻女的津贴与救济项目的短视无法鼓励贫穷的父母养育女儿——后者可能会成为下一代士兵的母亲。于是，有人专门为 204
女孩们设立了一些公共与私人基金。为了纪念自己的妻子福斯蒂娜，安东尼·庇护设立了"福斯蒂娜少女基金"。马可·奥勒留又设立了"新福斯蒂娜少女基金"，以纪念自己的妻子小福斯蒂娜。[4]公元2世纪50—70年代，盖约·费边·阿格里皮努斯的一位女儿为奥斯提亚女孩们设立了救济基金，以纪念她的母亲。[5]法比娅（Fabia）的基金可能是对奥斯提亚地区主要以男孩为资助对象的官方救助计划的补充。所有针对女孩的基金资助范围都很小。

在缺乏证据的情况下，读者可以自行想象，大半生身为女

---

1 *ILS* 977.

2 Pliny *Ep*. 7. 18.

3 *ILS* 6278. Cf. Duncan-Jones, *op. cit*., pp. 27, 144-45.

4 *Hist. Aug.: Antoninus Pius* 8. 1; *Marcus Aurelius* 7. 8; 26. 6.

5 *CIL* 14. 4450. Cf. Duncan-Jones, *op. cit*., pp. 228-29, no. 641.

奴，之后几年作为被释女奴或贫穷妇女的境况是怎样的。婚姻和友情当然可以提供些许慰藉，尤其是对业已失去血亲的奴隶和释奴而言。尽管主人们并不总是尊重奴隶之间的共居关系，但下层阶级的婚姻纽带至少跟上层阶级有教养的罗马人之间的婚姻纽带一样牢靠。

充当主人的性工具确实是奴隶制中不可否认的事实，但我们手头并无证据表明，被释女奴比从未做过奴隶的女性更淫乱。[1]被释女奴仍然受到主人的监护，她的主人有时就是她的丈夫或她丈夫的主人。这种监督一方面使女性处于从属地位，另一方面也很可能会巩固婚姻纽带。情感和义务的纽带是如此强大，以至于一些离异后的夫妇还会为自己的前夫或前妻举行葬礼。[2]

下层阶级的婚姻的首要动机可能是爱情。政治联姻并不是下层阶级婚姻中的一个重要因素，除了那些谋求提升自身社会等级的人。我们很难确定，下层阶级的离婚现象是否非常普遍，因为墓志铭是不大可能提到离婚的。但一些墓志铭表明，古老的罗马式理想在非罗马或刚刚罗马化的族群中日渐流行：婚姻应该是长长久久的，从一而终的妻子会得到赞美。

---

1 Treggiari, “Libertine Ladies”, p. 198.

2 Kajanto, “On Divorce Among the Common People of Rome.”

第 10 章
妇女在罗马宗教中的角色

> 亲爱的妻子，我衷心希望能够尽快见到你，在你的怀抱 205
> 中死去。因为你从前虔诚供奉的神明和我一直忠心服侍的凡人，都不曾赐予我们任何恩惠。
>
> ——西塞罗致妻子特伦提娅
>
> 布伦狄西乌姆，公元前 58 年 4 月 29 日[1]

对于任何只熟悉当代意大利风俗的人而言，女性负责宗教事务、男性管理世俗事务的劳动分工都不会让他感到惊讶。但我们同时也有必要指出，西塞罗为了追求修辞学效果而简化了事实：这种二分法更多是理想状态下的，并非真实存在。因为罗马男性的生活同样包含着宗教责任，而特伦提娅这样的女性主要负责的是家政与财务。对于特伦提娅而言，参与宗教事务既是一种责任，同时也是一种乐趣。

罗马宗教大致分为两类：既有支撑着国家政权又得到政府支

1　Cic. *Letters to His Friends* 14. 4.

持的本土宗教崇拜，也有重要的东方崇拜形式——其中包括在所有罗马神祇中最复杂的伊西斯崇拜。宗教为那些生活受到限制的世人提供了港湾。一些崇拜形式（当然是最流行的那些）也提供
206 了娱乐和放松的机会。罗马人会举行与雅典人的地母节相似、仅限女性参加的节庆活动。在那样的场合下，酩酊大醉、隐晦笑话和下流举止都是被默许的。他们也拥有类似埃琉西斯那样的秘仪，为世人提供在神明保佑下复活的慰藉。另一方面，人们也必须维系许多并不能够为崇拜者提供多少乐趣的崇拜形式，以避免受到冷遇的神祇的震怒。这些崇拜形式通常会对崇拜者提出特殊要求，如禁食某种食物或禁止房事，在规定时间内参加某种程式化的仪式（其意义往往无法解释）。

在罗马人为了实用目的祈求神明帮助而发展出的众多崇拜形式中，有一些是旨在规范理想化的女性举止的。罗马人的组织天分在这方面展现得淋漓尽致，他们对妇女及其可贵品质进行分类，并设立与这些范畴相适应的崇拜形式。他们按照以下几个标准将女性分为三六九等：平民还是贵族、良家妇女还是娼妓、年龄大小、奴隶还是自由人。是否已婚也是一项划分标准，主要包括以下几种类别：年轻处女、单身成年女性、妻子、只结过一次婚的妻子（*univira*）和寡妇。

女性好运的守护者

作为女性的人生守护神，幸运女神的几种崇拜形式可以为我

们揭示罗马人是如何运用宗教准则来鼓励受到赞许的社会举止的。[1]幸运女神在罗马万神殿中的标志物是她持有的船舵、命运之轮和丰饶之角。最后一件象征物集中体现了幸运女神对于女性的重要意义——她掌管的不仅仅是大地的丰产，还有女性的生理成熟与生育能力。

少女（Virginalis 或 Virgo）幸运女神是即将步入成年的女孩们的保护神。进入青春期的姑娘们会将自己在少女时代穿过的小袍子献给这位女神。[2]完成进献仪式后，女孩们会披上外套（stola）——一种区分良家妇女与穿袍子的妓女的服饰。男孩们的仪式则是穿上成年男子的长袍（*toga virilis*）并进献自己的第一绺 207
胡须，这显然是一种成人礼仪式，与婚姻并无直接关系。但进献少女时代的衣物可能同时蕴含着婚姻之义，因为对女孩来说，成年通常意味着要结婚了。

结婚之后，新娘转到了普雷尼斯特（Praeneste）的头生（Primigenia）幸运女神的保护之下。后者是母亲和生育的保护女神，同时也负责发布神谕。不过，普雷尼斯特的幸运女神崇拜并不仅限于女性，男性也同样关注自身的男子气概、物质成功以及经济上的富足。普雷尼斯特的幸运女神有好几座神庙：位于奎里

---

1 关于各式各样的幸运女神崇拜——其中许多并不仅仅适用于妇女——参见 W. H. Roscher, *Ausführliches Lexikon der griechischen und römischen Mythologie;* Wissowa, *op. cit.*; Jean Gagé, *Matronalia*; and Robert E. A. Palmer, "Roman Shrines of Female Chastity from the Caste Struggle to the Papacy of Innocent I"。

2 Arn. 2. 67; 奥古斯都和平祭坛（Ara Pacis）上的一座浮雕，呈现了一名在仪式场合身披长袍的少女。

纳尔山上的神庙是在公元前 204 年对汉尼拔发动的一次战役前许愿修建的，于公元前 194 年同诸多神祇的不同神庙一道落成。那是妇女们群情激愤要求废除《奥庇乌斯法》的第二年。尽管该法令已被废除，神庙的兴建仍然确认并宣扬了罗马人对妇女一如既往的行为规范。

一些幸运女神崇拜同其他专属于女性的崇拜形式有关，其中许多只向仅结过一次婚的妻子开放。一座少女幸运女神神庙建于牛市（Forum Boarium）的马图塔圣母（Mater Matuta，也就是曙光女神）神庙旁边。[1] 两座神庙都被认为兴建于遥远的过去，因为有传说声称，它们是由罗马城的第六王塞尔维乌斯・图里乌斯建造的。由于位置毗邻，两座神庙经历了同样的焚毁与重建。位置相邻、均在 6 月 11 日举行奉献仪式且只对结过一次婚的妻子开放的事实表明，这两种崇拜之间确实存在某种相似之处。只有良家妇女才有资格参加曙光女神节（Matralia）的庆祝活动。有一次，有人在庆祝仪式上带来了一名女奴，结果这名女奴被打了一顿之后又被赶了出去。对这次驱逐行动给出的书面解释是，曙光女神的崇拜者必须是良家妇女。在另一种崇拜中，强调了女性作为姑母的家庭角色，因为妇女们将兄弟姐妹正处于青春期的孩子们托付给这位女神保护。牛市的幸运女神庙也被人同贵族贞洁女神（Pudicitia Patricia）混为一谈（或联系起来）。贵族贞洁女

1　关于马图塔圣母，参见 Ov. *Fasti* 6. 475-768; Plut. *Roman Questions* 16. 17; *Mor.* 492d; and Robert E. A. Palmer, “Cupra, Matuta, and Venilia Pyrgensis”, pp. 295-96。

神庙里有一座戴面纱的雕像，只有仅结过一次婚的妻子才可以触摸它。关于这座雕像所代表的形象，学界存在若干争议。有人相信它是该崇拜的创立者塞尔维乌斯·图里乌斯的雕像，也有人认为它代表着幸运女神，还有人认为是代表贞洁女神（Pudicitia）。208
根据李维作品中的一则轶事，一名贵族妇女维吉妮娅（Verginia）被排除在贵族贞洁女神的崇拜仪式之外，因为其他妇女认为她嫁给了一名平民，玷污了她自己。[1]公元前296年，为了回应这一侮辱，维吉妮娅为平民贞洁女神（Plebeian Chastitiy）捐赠了圣所与祭坛。该崇拜只允许平民阶层中仅结过一次婚的妻子参与，声称平民女性跟贵族妇女秉持着同样的婚姻理想。但在下一年（公元前295年）里出现了许多不祥的预兆，其中包括数位妇女的通奸罪行败露。她们被课以罚金；这笔钱被用来建造了一座抱怨者维纳斯（Obsequens）神庙，以永久告诫妇女们的不忠行为。[2]

声名狼藉的科利奥兰纳斯的母亲与妻子的光荣举动，促成了妇女幸运女神（Fortuna Muliebris）崇拜的确立。公元前491年，叛徒科利奥兰纳斯准备带领沃尔西人（Volsci）攻打罗马。这时他的母亲和妻子率领了一群妇女使团来到他的营帐，成功地劝阻了他。[3]双方会见的地点位于罗马城外约4罗马里处，后来成为该崇拜仪式的设立地点。妇女幸运女神的崇拜活动也仅限于只结过一次婚的妻子参加。

---

1 Livy 10. 23; Prop. 2. 6. 25.

2 Livy 10. 31. 9.

3 Livy 2. 40. 12.

阳刚幸运女神（Fortuna Virilis）崇拜是关于妇女们的性生活的。每年4月1日，会有成群的女性聚集在男性公共浴室里参加纪念阳刚幸运女神的仪式。因此，这位女神也有可能是浴室幸运女神（Balnearis）。根据传统解释，浴室乃是性生活崇拜的适宜场所，因为男性会在那里暴露私处。我们并不清楚在仪式举行期间，男子是否不得进入浴室，以及该仪式的参拜人员是否只有平民阶层的女性、高等妓女和下层妓女（*humiliores*）。但很可能在汉尼拔战争期间——设立改变心意者维纳斯崇拜，以便对通奸者公开告诫之后——良家妇女就不再参加该仪式了。[1] 世人开始尊奉改变心意者维纳斯，以祈求家庭生活和谐、婚姻生活忠诚稳固。良家妇女们会在4月1日（也是阳刚幸运女神的圣日）参加崇拜仪式。这样一来，良家妇女与娼妓之间的二元对立就被进一步强
209 化了：前者崇拜的是婚姻理想的化身，后者则崇拜与婚姻无关的性关系。

即便是多神教史料中对于早期相关崇拜发展史的叙述也不是客观的。例如，李维关于宗教的叙述，包括他笔下那些共和早期高尚女性的传说，都受到了他认为罗马社会已经道德退化的观点的影响。他指出平民贞洁女神的祭坛遭到道德败坏的女人们的辱没——不只是已婚妇女，而是所有阶层的女性——最终被人遗忘。[2] 在社会史领域，李维的目的不仅仅是记录过去的事件，还要

1 Val. Max. 8. 15. 12; Pliny *H. N.* 7. 120; Solinus 1. 126.

2 Livy 10. 23; Festus 270L.

创造性地呈现它们，以便宣传奥古斯都的婚姻立法。奥古斯都公开利用宗教来宣扬自己的社会理想。他修缮了许多神庙，强化了同生育、贞节与家庭等密切相关的崇拜形式。一些女性，尤其是皇室家族中的女性，会遵守这些宗教仪式提出的规范要求。但同婚姻立法一样，这种宗教上的复古行为似乎并未对公共道德产生显著影响。公元 1 世纪末，讽刺诗人朱文纳尔对图莉娅与莫拉在贞洁祭坛处的同性恋行为的描写，说明奥古斯都的政策并未对社会风气产生持久性的影响（这里我们必须牢记，朱文纳尔必然对他决意谴责的行为进行了夸大其词的描绘）：

> 你是否思考过，一些女子为何在路过贞洁神庙时讲话粗俗、手势下流？因为那是她们每天晚上驻足纵欲，并向女神尿溺的地方。随后她们在雕像身上套上阳具，轮流骑在上面。第二天早上，某个出去工作的丈夫便从尿液上踏过。
>
> 神明啊！这种崇拜良善女神的神圣秘仪早已不是什么秘密了！女人们沉溺于美酒和狂野的音乐，陷入疯狂的状态。这些阳具与性爱的崇拜者们扭腰尖叫。贪欲促使她们呻吟颤抖，两腿之间流下液体。贵族妇女向职业娼妓发起挑战——并且战而胜之。那不是什么逢场作戏，而已成了正经行当。她们可以跟一切老男人寻欢作乐，哪怕是普里阿摩斯或涅斯托尔。她们的欲望已无法忍耐，于是丢掉了自己的所有伪装。神庙里回荡着“带男人们进来”的叫喊声。她们很快就需要另一批男人代替。前一批跑掉后，她们就把男仆叫进来；如 210

果男仆不在身边，她们就随便拉来哪个年老的乞丐；如果一个男人也找不到，她们就会把马厩翻个底朝天，拉来驴子供自己享乐。

但愿我们公共崇拜中的古老仪式可以免于这些淫荡行为的玷污！但克罗狄乌斯曾乔装打扮成女性，参加从前那种连公耗子也不敢在场，甚至男性的图画也要被遮掩起来的“神圣”仪式。于是这种崇拜已受玷污的事情就变得尽人皆知了。在从前的时代里，谁又敢玷污神圣的仪式与圣物并轻蔑诸神呢？如今，每座神庙里都有克罗狄乌斯式的人物。我们甚至无法把妇女们锁起来看管。如果真的这样行事，又有谁来监督监督者呢？[1]

朱文纳尔指出，早在公元前63年，妇女们已不再尊重专门为自己设立的古老崇拜仪式。在那一年里，一个名叫普布利乌斯·克罗狄乌斯的男子出现在了良善女神的崇拜仪式上，而只有女性才有资格参与对该女神的崇拜。恺撒在这桩丑闻发生后休弃了妻子庞培娅。因为有流言声称，是她怂恿克罗狄乌斯玷污了该仪式。朱文纳尔敢在其对邪恶女性的罗列中加入一位皇室女性，却不敢批评维斯塔贞女。因为如果对她们不贞的指控成立，那对国家的影响是非常深远的。

---

1 Juvenal 6. 306-48.

处女的特权

维斯塔（希腊神话中的赫斯提亚）是公共与家庭场合中的灶神。火焰永不熄灭的炉灶象征着家与国的生生不息；因此，灶火熄灭是一件非常严重的事情。管理炉灶是女儿的职责。（弗洛伊德认为，由女性管理炉灶是因为她们的生理特征；她们不会像男性那样想要向炉灶里排尿，从而浇熄了火焰。）[1]

由于处女不属于任何一名男子，她便可以成为集体的城市的象征，也就是说她可以属于所有人。在古罗马早期，国王的女儿们负责管理王室的炉灶；罗马官方的维斯塔灶神崇拜很可能就是由此演化而来的。从某个古老的时间点起，官方维斯塔崇拜的工作开始交由一些处女祭司——维斯塔女祭司——负责。她们的首要职责是管理维斯塔神庙中的灶火，任何把火弄灭的维斯塔贞女都要受到鞭刑处罚。除管理神庙事宜外，维斯塔贞女还活跃于 211
罗马宗教的其他领域。最令人难以理解的或许是她们还参与了农业与丰产仪式。处女身份似乎并不等于禁欲，也不与丰产能力相冲突。纯洁与完整可被视为存储起来的丰产能力，尽管我们无法假定，罗马人在赋予维斯塔贞女多种职责时已明确形成了这种观念。

在罗马的早期时代里，同一时间内可能只有一名维斯塔贞女

1 Freud. *op. cit*., p. 51.

任职，因为打算生儿育女者是不能担任这项宗教职务的。[1]但在罗马整个历史时期里，存在着由6位年龄各异的维斯塔贞女组成的祭司团。所有贞女都是在6—10岁期间加入祭司团的，且必须在此后30年任期内保持童贞。任职期满后，她们会获得一份嫁妆，自由婚配。但其中大多数女子仍会保持未婚状态。

罗马人在宗教事务上是一丝不苟的，错误很难被宽容。然而，在维斯塔贞女存在的近千年里——直到公元394年才被解散——贞洁是很难一直维持的。[2]即便在早期罗马的传说中，也有一位维斯塔贞女成了母亲，她生下了一对双胞胎兄弟，其中一位是受人尊敬的建城者罗慕路斯。[3]到了后来，被认定失贞的维斯塔贞女会被活埋。当时人们认为，如果这名贞女是无辜的，灶神维斯塔本人就会救出被活埋的女祭司。但事实上从未有人这样得救过。就我们目前所知，被这样处死的维斯塔贞女不超过10位。一方面是因为该刑罚的严酷程度构成了一种威慑；另一方面是因为在某些历史时期，人们对古老宗教丧失了兴趣，已不太关注维斯塔贞女的举止。然而，世人的态度是不断变化的。在环境相对宽松的时期加入祭司团的维斯塔贞女，可能会发现在自己任期内突然遭遇政府加强道德控制的情况。在严酷的时代里，人们会把维斯塔贞女的表现同她们为之服务的国家联系起来。一旦发生类

---

1 Robert E. A. Palmer, *The Archaic Community of the Romans*, p. 153 note 1; Kurt Latte. *Römische Religionsgeschichte*. pp. 108-11.

2 Zosimus 5. 38.

3 Dion. Hal. 1. 76-78.

似坎尼之役（公元前216年）之类的灾难事件，维斯塔贞女便有可能受到怀疑：因为人们相信，她们的不端行为或许加速了灾难的发生。[1]

对维斯塔贞女的处罚是一个具体案例，它反映了古希腊罗马思想中根深蒂固的将女性美德同国家福祉联系起来的传统观念。亚里士多德责备妇女导致了斯巴达的衰落；特奥庞普斯 212
（Theopompus）和李维强调，伊达拉里亚妇女们的奢侈生活是加剧伊达拉里亚社会倒退的原因之一；朱文纳尔宣称，罗马妇女的糜烂生活乃是病态社会的征兆；公开抨击罗马统治阶级成员的塔西佗也通过赞美日耳曼人的勇气，隐晦地谴责了罗马女性：[2]

> 日耳曼妇女过着贞洁的生活。她们不会在剧场里或宴席上经受诱惑。男性和女性都不会彼此交换秘密情书。
>
> 在这样一个庞大的族群中，通奸行为是非常罕见的。对通奸罪的处罚雷厉风行，并且是专属于丈夫的一种特权：丈夫会当着亲属的面将赤身裸体、剃光头发的妻子赶出家门，用鞭子驱赶着她走遍整个村子。卖淫行为是不可原谅的：貌美、年轻和家财万贯都不能帮助一名妓女找到丈夫。在那里，没人会对通奸的罪恶一笑了之；不会有人将诱惑和被诱惑称为“这个时代的风尚”。

---

1 Livy 22. 57. 2.

2 亚里士多德：参见本书上文第3章。特奥庞普斯：Ath. 12.517。Livy 1. 57. 6 提及了罗马妇女与伊达拉里亚妇女之间的对比。Juvenal 6. Tac. *Germania* 19.

> 在风气更优良的一些部落里，只有处女才能结婚并订立永不废弃的婚约，宣誓自己愿嫁为人妻。这样一来，她们只拥有一位丈夫，正如自己只有一具身体和一条性命一样。她们不会再有别的念头，不会改变心意；她们对已婚地位的热爱可能还要超过对丈夫的爱。
>
> 在日耳曼人眼中，限制子女数量或在丈夫想要孩子的情况下杀死新生儿的行为都是丑闻。在他们那里，良好风尚比其他地方的优良法律更加流行……婴儿们由母亲亲自喂养，不会被交给侍女或乳母。

与塔西佗和朱文纳尔生活在同一时代的元首图密善（公元81—96年在位），同样观察到了民众道德与女性的堕落之间的联系。图密善改良社会道德的努力包括强制推行奥古斯都的婚姻立法，以及重建平民贞洁女神圣所。他还对维斯塔贞女及其情人进行死刑罪审判，以杀一儆百。[1]

图密善时代的审判案例表明，在审讯维斯塔贞女及其情人的过程中，审判结果受到政治及法官个人偏见的影响。在第一次审判中，维斯塔贞女被准许自尽；她们的情人仅被流放。第二次审
213 判表明，元首的政策已变得更加严厉：被定罪的维斯塔贞女遭活埋，一名骑士等级的情人则按照古代的习俗被鞭刑处死。另一方面，贞女的一名身为元老且担任过大法官的情人则受到了照顾，

1 Suet. *Dom*. 8. 3-5; Pliny *Ep*. 4. 11. 5-16; Robert E. A. Palmer, “Roman Shrines”.

被允许选择流放。[1]许多针对贞女的指控无疑源自男人之间的政治恩怨。公元前73年针对两名贞女与喀提林、克拉苏的指控便是如此。[2]同样，在更早的时代里，党派斗争也会导致检举告发。公元前114年，3名贞女遭到大祭司长的指控（但最后只有1人被定罪）。一名保民官（平民官吏）要求审判世俗事务的法庭对此案进行重审。于是另外两名贞女也在下一年里相继被定罪。[3]对改变心意者维纳斯的崇拜也在此时重新得到了确立。

贞女的生活受到严格规范。但就某些方面而言，她们又是罗马城中最自由的女性。在关于未婚女神的讨论中，我们已经指出，最自由的女性是那些未与男性建立永久性夫妻关系的女子。贞女们的自由是法律规定的，而非第8章所描述的上层社会妇女在事实上（*de facto*）享有的那种自由。《十二铜表法》早已规定，贞女不受家父权力的控制。[4]由于贞女并无法律意义上的家庭，她不得继承无遗嘱亲戚的遗产，或在不立遗嘱的情况下让任何人继承她的遗产。她本人是有权立遗嘱的。大祭司长可以挑选、监督贞女，甚至对她们进行审判、施以鞭刑。但他对贞女们并无监护权（*tutela*）。维斯塔贞女不必起誓，也不受公元前169年《沃科尼亚法》的遗嘱限制。[5]这种自由可能是从对某些男性祭司的

---

1 Peter Garnsey, *Social Status and Legal Privilege in the Roman Empire*, pp. 57-58.

2 Cic. *Cat.* 3. 9; Plut. *Crassus* 1 and *Mor.* 89e.

3 关于公元前114年的事件，最新的研究成果参见 Erich S. Gruen, *Roman Politics and the Criminal Courts*, 149-78 *B.C.*, pp. 127-32。

4 Gaius 1. 145.

5 Aul. Gell. 1. 12. 9-12; Plut. *Numa* 10.3.

管理原则中衍生出来的。拉丁文术语“法律（*lex*）”源自“绑定（*ligare*）”一词。负责宗教事务的罗马人确实会受到一些束缚，但与普通人受到的约束并不相同。

贞女们所享受的若干特权，进一步印证了她们有别于普通妇女的自由。她们是仅有的可以乘坐双轮马车（*carpentum*）穿行于罗马城内的女性，这一待遇意味着乘车人享有很高的社会地位。跟官吏、男祭司和部分要人一样，她们在穿行街头时可以享受护从（*lictor*）开道的待遇。当奥古斯都规定其他女性只能在剧场和
214 竞技场中的上层看台就坐时，贞女们仍旧保留着自己在皇家观礼台上的座位。[1] 这些特权的等级意味极其明显，以至于“维斯塔贞女的权利”经常会被用在皇家女性身上，并且她们在钱币上也往往会被描绘成维斯塔贞女的形象。

尽管可以享受这些特权，维斯塔女祭司的继任者还是越来越难找到。贞女们通常来自上层阶级，但不一定是贵族。上层阶级的成员们生活相对自由，很可能并不愿意强制自己的女儿在 30 年内保持贞操，承担单调乏味的任务。贞女在犯错后可能面临的鞭刑甚至处决刑罚也令人望而生畏。此外，上层阶级的家庭规模很小，一个女儿的命运可能会影响家族世系的延续或消亡。父亲们是如此不愿献出自己的女儿，以至于奥古斯都巧妙地采取了一种自相矛盾的策略来提高生育率，他宣布生育了 3 个孩子的父亲

1 Suet. *Aug*. 44. 2-3; Vitruvius 5. 6.

可以免除此项义务。[1] 他还降低了担任贞女的门槛，使释奴的女儿们也有机会入选。[2] 但这一点其实并无必要。因为在整个帝国时期，负责挑选贞女的大祭司长通常由元首本人担任，很少有人敢违抗他的意志。

掌管生死的女神

谷物女神的女祭司是除维斯塔女祭司外，仅有的可以享受掌管国家宗教特权的女性。

谷物女神是一位农神。她名字的词根与拉丁语中的动词“生产”“增长”（*creare* 和 *cresco*）同源。谷物女神是早期罗马的一位重要女神，因为彼时罗马人主要从事农耕，宗教信仰也致力于农业的繁荣。地母神（Tellus）在农业领域与谷物女神息息相关，两位女神都与粮食生产密切相关。

除了土地丰产，谷物女神和地母神也掌管着人类的生育。两位都是婚姻女神，因为婚姻的主要目的显然是生育。因此，在婚后无子女的情况下被视为责任方的新娘，传统上要敬奉谷物女神与地母神。有一种传统认为谷物女神负责保护妻子们，因为普鲁塔克关于罗慕路斯法令的记载声称，如果一名丈夫以毒害他的子女、私配他的钥匙或通奸之外的理由休弃自己的妻子，他的一半 215

1 Aul. Gell. 1. 12. 9.

2 Dio 55. 22. 5.

财产将属于被休弃的妻子，另一半财产则要奉献给谷物女神；并且任何抛弃妻子的男性都要向这位阴间女神献祭。

普鲁塔克的文本表明，谷物女神对妻子们的保护功能比学者们从前认为的要大。“抛弃妻子”的丈夫应该不仅只是同妻子离婚，而且是卖掉了妻子。他所面临的惩罚将是死刑。卖掉妻子的丈夫需将自己奉献给阴间的神祇，这里的“奉献”通常应被理解为处决。我们只能通过《十二铜表法》时代有丈夫将自己的子女卖为奴隶的事实推断，当时很可能也存在丈夫卖妻的现象。[1]当妻子缔结了使她在法律上处于丈夫“女儿”地位的合法婚姻时，理论上她是有可能被卖掉的。

除生育外，谷物女神也跟死亡有关，因为死者将回归尘土。从人的角度看，女性与葬礼、哀悼等工作的关系十分密切。所有人都由女性生育，并在死后回到女性手里。当罗马家庭中有人去世时，人们会向谷物女神奉献一头母猪。在公共仪式中，谷物女神是死者的守护神。土井被视为谷物女神的圣物（*mundus Cereris*）和前往阴间的通道。井口每年会被打开 3 次，以便死者的灵魂能够造访人间。该井分为两部分，可能也具备储存谷物种子的功能。[2]

公元前 496 年，罗马城经历了一次饥馑。在参考了《西比尔预言书》中收集的预言后，罗马人同意为掌管谷物生长的女神修

---

1 Plut. *Romulus* 22.3; Henri Le Bonniec, *Le culte de Cérès à Rome*, pp. 86-88. 在存在争议的问题上，我遵循了勒波尼克（Le Bonniec）的解释模式。

2 Latte, *op. cit.*, pp. 141-43.

建一座神庙，以便争取她的保佑。该神庙于公元前 493 年在阿文丁山的矮坡上落成。在这座神庙里，谷物女神是同象征着性生殖能力的男女丰产神灵（Liber 与 Libera）联系在一起的。从最早的时代起，谷物女神崇拜是由一名男性祭司（*flamen Cerialis*）负责。由于罗马宗教的保守性，男祭司的角色被保留了下来。但随着阿文丁山神庙的落成，平民营造官的监督职能开始变得重要起来。这座神庙的落成宣告了平民阶层的胜利。因为营造官的职权范围从此兼顾了政治与宗教两方面，而该神庙也成了平民政治活 216
动的中心。因此，阿文丁山的谷物女神仍旧掌管着粮食，但她主要负责用来养活城市人口的土地季节性作物产量（*annona*）。除营造官外，其他政治家也十分清楚，重视谷物的供应与免费配给乃是争取民心的手段。他们所发行的钱币上的谷物女神肖像意在表明，自己是支持民众这一利益诉求的。

罗马的扩张使其宗教同其他宗教建立了联系。就谷物女神而言，这位意大利女神被等同于希腊女神得墨忒耳。古老的谷物女神崇拜形式并未彻底取消；谷物女神的男祭司与营造官们继续扮演着自己的角色，那些历史悠久的仪式——将点着的火把绑在狐狸尾巴上，然后在大竞技场中放生——在早已没有任何卜者理解其含义的情况下仍然延续了很长时间。但到了公元前 3 世纪下半叶，罗马政府开始系统推行希腊化政策。对此类希腊化后的仪式最早的文字记述出现在坎尼战役惨败后相关事件的叙述中。当时的人们质疑是否应当举行每年一度的谷物女神纪念仪式，因为那些被亲人死亡所“污染”的人不得参与该仪式，而几乎每名罗马贵妇都经历了丧亲之痛（见第 261 页）。

希腊化后的谷物女神崇拜完全由女性管理。人们从那不勒斯或维勒亚请来女祭司，由她们监督这一新型崇拜形式。这些女祭司被授予罗马公民权，并身居显要。与得墨忒耳有关的神话和仪式被安插到谷物女神头上。在早期崇拜中，与谷物女神联系紧密的男女丰产神灵则被普罗塞皮娜（Proserpina，得墨忒耳之女珀耳塞福涅的罗马名字）取而代之。相关神话的核心要素是普罗塞皮娜的被劫与婚姻，谷物女神的哭泣和母女的欢喜重逢。罗马人一年一度的神圣庆典（*sacrum anniversarium Cereris*）和秘仪（*initia Cereris*），是对雅典地母节与埃琉西斯秘仪的模仿。就这类完全由女性参与的仪式而言，文献对它们的着墨并不多；并且，秘仪的内容也不应对外透露。因此，具体的细节相当模糊。但我们明确知道，这些仪式包含净化与斋戒的预备仪式，以及将作物的幼苗编织成花环与花篮进献的环节。贵妇与处女们共同参与了
217 对神话传说的再现：谷物女神的角色或许由贵妇扮演，处女则扮演普罗塞皮娜。象征丰产的母猪同时也是谷物女神与得墨忒耳的圣兽，是祭祀仪式的要素之一。

与埃琉西斯秘仪不同的是，谷物女神秘仪是不准男性和出身低微的人参加的。罗马城内对酒神巴库斯（Bacchus）的崇拜仪式一度也只有女性才能参加。自从男性获准参加后，就发生了伤风败俗的事。这桩牵涉到政府的丑闻导致了对数以千计的仪式参与者的处决。随后（公元前 186 年），罗马元老院颁布了一条敕令，男性从此以后再也无法参与酒神崇拜仪式（Bacchanalia）。

有此先例为戒，罗马城内的谷物女神秘仪依然仅限女性参加。因此，这种秘仪从未达到像埃琉西斯秘仪那样的显赫地位。正如西里尔·拜利（Cyril Bailey）所指出的："直到东方崇拜形式兴起，秘仪观念才真正开始在罗马世界站稳脚跟。也许是因为希腊秘仪对于不朽的模糊希望不如东方崇拜中更确切的承诺吸引务实的罗马人。"[1]

占据主导地位的伊西斯：充满爱意的母亲

伊西斯崇拜是同罗马传统宗教信仰尖锐对立的诸多东方秘仪之一。罗马人轻而易举地接受了对希腊女神得墨忒耳的外来崇拜，将之等同于自己的谷物女神。谷物女神崇拜和部分幸运女神崇拜是易于管理的，因为它们仅限于女性崇拜者参加。而且，对谷物女神、幸运女神和灶神维斯塔的崇拜是同国家利益交织在一起的，并不指向任何具体个人的利益。伊西斯崇拜则与我们业已讨论过的其他崇拜形式有所不同。通过它，希腊化与罗马世界中男男女女的宗教与情感需求可以得到表达与满足。伊西斯崇拜在罗马遭到了官方抵制；但与之前我们研究过的一切崇拜形式相比，它最终在宗教观念领域产生了更广泛的影响。[2]

---

1 Cyril Bailey. *Phases in the Religion of Ancient Rome*, p. 197.

2 更多材料参见 J. Leclant, *Inventaire bibliographique des Isiaca (IBIS)*, A-D，以及 "Etudes préliminaires aux religions orientales dans l'Empire romain" (Leiden: Brill, in progress) 系列中的其他著作。

伊西斯是至少可追溯到公元前2500年的古埃及官方神祇。但当她于公元前2世纪末抵达意大利沿岸地区时，伊西斯已是一
218 位融合了许多地区的神话与仪式的女神。伊西斯崇拜席卷了整个地中海世界，并轻而易举地与地方的传统融合在一起。与对崇拜细节和崇拜者类别要求严格的罗马崇拜形式不同，伊西斯崇拜具备无限的灵活性。这位女神可以轻松地兼容各种看似难以调和甚至彼此矛盾的品质。因此，她被等同于许多地中海世界的女神，从腓尼基的阿斯塔特（Astarte）到幸运女神、雅典娜、阿佛洛狄忒、赫斯提亚、赫拉、得墨忒耳与阿耳忒弥斯。她拥有魔力，能够治疗疾病；她还向自己的信徒许诺，将在死后赐予他们复活的福祉。

除了能够合并女性神祇的能力，伊西斯还获得了古典时代属于男性神祇的能力。她拥有在印欧民族中传统上属于天空之神的禀赋：掌管闪电、雷霆与风。她是创世者，因为她分隔了天地，赐予各族群不同的语言，发明了字母，创立了天文学。古代世界流传下来的希腊神话人物传记（aretalogies）详细列举了关于伊西斯女神的冗长属性清单：她的称号不可胜计，她的能力没有边界。

由于亚历山大里亚等港口城市中崇拜者们的影响，伊西斯成了航海与商业的保护女神。对她的崇拜还赋予了这位女神些许哲学解释的意味。普鲁塔克引述了柏拉图的《蒂迈欧篇》来解释伊西斯的创造力。他写道，伊西斯的能力是“成为一切并容纳一切的物质：光明与黑暗、白昼与夜晚、火与水、生与死、开端与结

束”。[1]因此，伊西斯可以成为同所有人有关的一切事物，这种品质大大提升了她的流行程度。她是许多现象背后唯一至高无上的女神。其他女神的禀赋汇集在她身上，并且她也通过多种形式得到崇拜；但她仍然是伊西斯。从这层意义上讲，她的宗教是一神教。但她的崇拜者是多神教教徒，因为他们并不否认其他神祇的存在。一则出土于卡普亚的铭文（由一位罗马元老竖立）直接称伊西斯为“既是一，又是一切的您（*te tibi un aquae es omnia dea Isis*）”。[2]但无所不能的她并不令人畏惧，因为她是充满爱意和慈悲为怀的。

通过对考古与铭文证据的细致研究，我们可以复原该崇拜在
传入意大利之前和之后相当壮观的扩张史。然而，如果从妇女史 219
的角度去审视该信仰，就会提出若干新问题：女性在宗教中所扮演的角色，对至高女性神祇的情感诉求，以及罗马史上一个特定时期内母神地位的提升。

伊西斯崇拜流行于各个地区、各个时代和不同性别当中。唯一没被伊西斯吸引众多信徒的社会群体是罗马军队——对于军人而言，阳刚的密特拉神（Mithras）更具吸引力。相反，伊西斯崇拜对于妇女们尤其具有吸引力。伊西斯是一位妻子和母亲，但她从前也做过妓女。良家妇女与娼妓都能在她身上找到归属感。

---

1 Plut. *Isis and Osiris* 372e-f. 382c.

2 V. Tran Tam Tinh, *Le culte des divinités orientales en Campanie*, p. 77 认为，该铭文撰写于公元 3—4 世纪期间。但 L. Vidman, *Sylloge inscriptionum religionis Isiacae et Sarapiacae*, no. 502 = *CIL* 10. 3800 认为它撰写于公元 1—2 世纪期间，cf. no. 42。

伊西斯也提升了女性的地位。男性神祇有时会在她的神庙里受到崇拜。在希腊化与罗马世界中，伊西斯是埃及神祇中地位最高的。狄奥多鲁斯记载道，由于伊西斯的榜样力量，埃及王后们获得了比埃及国王们更多的荣誉；而在平民阶层中，妻子们统治着自己的丈夫。[1]毫无疑问，克利奥帕特拉驾驭着安东尼的例子仍在狄奥多鲁斯头脑中徘徊——后者正是在恺撒与奥古斯都的时代里写作的。但创作于公元2世纪、出土于埃及奥克西林库斯（Oxyrhynchus）的一首长篇颂诗提到的是平等，而非女性对男性的统治。诗中对那位女神赞美道："她令妇女的权利与男性平等。"[2]

另一方面，对伊西斯的崇拜绝非仅限于妇女当中，它同样对男性产生了吸引力。当时也存在着男性神祇的秘仪；在多神教的语境下，崇拜者是拥有选择权的。在严格的父权制社会中，我们有理由猜想伊西斯的特别魅力在于，她是宽容和慈悲为怀的。充满爱意的母神是世人可以乞求的对象。

伊西斯女神与崇拜者之间的亲密关系本质，在法尤姆的伊西多尔（Isidorus of Fayum）创作于公元前1世纪初的一首颂诗中得到了明确反映。他恳求道："请把您的禀赋分享给我……您的乞援人：幸运，尤其是儿女满堂的幸福。"在自己的署名下面，伊西多尔坦诚地写下了一段附言："听取了我的祈祷与颂诗的诸神，已赐

1 Diod. 1. 27.
2 P. *Oxyrhynchus* 11. 1380. 214-16.

予我可观的福祉。”毫无疑问，他祈求得子的愿望已经实现。跟其他罗列伊西斯禀赋的作品一样，伊西多尔的4篇颂诗反映了诗人同女神之间的个体关系。除了罗列希腊颂诗中反复出现的主题 220
和传统称谓外，崇拜者仅仅描述了女神身上那些对他具有特别含义的品质。[1]

公元2世纪作家阿普列乌斯（Apuleius）在《金驴记》中讲述的卢奇乌斯精神皈依的故事，更全面地反映了伊西斯的温和与平易近人，以及卢奇乌斯回报给她的爱。血统高贵的年轻人卢奇乌斯接触了帖撒利巫师的魔法，结果意外变成了一头驴子。他保留着人类的心智并历尽沧桑——其中包含很多色情与可耻的经历。最后，他在伊西斯的帮助下恢复了人形。伊西斯在他的梦中现身，并邀请他加入自己的秘仪，且终生忠于自己。崇拜者显然同女神建立了一种私人关系，他对伊西斯的崇拜是合乎希腊化与罗马世界的个人主义精神的。个人需要为自己的行为负责；他们可以皈依，被赏赐和原谅，并获得永恒的救赎。与此相反，传统的罗马宗教是建立在公共责任之上的：一名维斯塔贞女的不检点行为便有可能殃及全体民众，而对其罪责的补救便可以恢复诸神对所有人的恩宠。

伊西斯崇拜的核心神话以一种独特的方式将埃及的古老传说同希腊罗马元素结合起来。根据其中一种传说的版本，伊西斯与

---

1 Vera Frederika Vanderlip. ed., *The Four Greek Hymns of Isidorus and the Cult of Isis,* p. 35. lines 33-34.

她的哥哥奥西里斯早在母亲的子宫里就已相爱。二者的婚姻为埃及统治者之间司空见惯的兄妹结合提供了样板。但身为太阳神的奥西里斯被自己的弟弟黑暗之神赛特（Set）杀死并肢解。伊西斯哀悼自己的丈夫和哥哥，四处寻找奥西里斯的残骸。在她的帮助下，奥西里斯得以复活。但在他复活之前，伊西斯生了一个孩子。因此，她在造型艺术中经常以为婴儿哺乳的形象出现。这些形象促使后人去比较伊西斯与婴儿荷鲁斯（Horus），以及童贞女玛利亚与婴儿耶稣之间的相似性。然而，基督教神学家们将玛利亚视为处女怀孕的典型案例；而在伊西斯崇拜中，婴儿荷鲁斯显然是父母结合后生下的后裔。关于伊西斯的神话还提到过，伊西斯寻找奥西里斯的尸体时，未能找回他的阴茎。或许是为了弥补这一关键缺失，奥西里斯经常被表现成阴茎的形象。

一位曾经遭受过巨大损失的女神所具备的情感号召力是毋庸
221 置疑的。崇拜者们会同情伊西斯，感觉同她很亲近；而他们与大多数奥林波斯神祇的关系都很疏远，能感受到的只有敬畏。崇拜者会很自然地自比为奥西里斯——因为奥西里斯在死后复活，伊西斯的忠实信徒们也希望自己能在死后复生。这一诉求在大部分底层社会成员里格外强烈。妇女们也会受到宗教许诺的吸引，朱文纳尔对此轻蔑地谩骂：

> 要当心那些沾染上了宗教狂热的女人：夏天，她会在家中聚集一群古怪的东方神祇的崇拜者。他们的组织者是一个面目可憎的家伙、性格阴暗的阉奴。此人之所以受到尊敬，

仅仅是因为他用一块遍布豁口的玻璃阉割了自己。他会运用自己的先知力量，故作深沉地发布那些老掉牙的警告：

“当心九月的伊达日！

当心十二月的到来！

保护你自己！给我100只

鸡蛋和一件温暖的羊毛披风。”

此人声称一切迫在眉睫的危险都会被这件披风吸收，并承诺在来年继续保佑信徒们。

在寒冬时节的清晨，她会下到台伯河畔，敲碎冰面，虔诚地将自己三次浸入河水中净身。然后，她再用流血的膝盖在罗马城中跪着行走——为自己头天晚上跟丈夫同寝的行为赎罪。这是她所崇拜的神祇本月要求举行的仪式。倘若某位埃及女神让她去尼罗河畔朝圣，她会马上动身，沿着河岸上溯至源头，带回一瓶圣水洒在神庙里（你们明白，这种举动玷污了我们最古老的历史遗迹之一）。她居然真的相信伊西斯对自己讲话了！仿佛真有哪位神明会跟这样的傻瓜闲聊一样。

这样的女人尊敬所有用繁复的仪式和毫无意义的禁忌愚弄信徒的埃及祭司。他诱使她们相信，自己有能力宽恕她们的罪恶。如果她们没有在圣日避免房事，或是触犯了女神的禁忌却并未忏悔，女神便会通过摇头表示自己的不满。祭司则会流着眼泪，嘟囔着空洞的祷文向诸神祈求，以便奥西里斯在收受了肥鹅与糕点的贿赂后原谅她们。[1]

222 这种崇拜混杂着色情与禁欲元素。根据传说，伊西斯本人曾在推罗当过10年妓女，我们也提及过将奥西里斯表现成阴茎的习俗。她的神庙往往位于妓院和市场附近，并且作为妓女们的集会场所而闻名于世。官方对秘密社会与秘仪宗教中可能存在淫乱问题的怀疑由来已久。在罗马人中，关于酒神崇拜仪式的谣言就是一个显而易见的例子。在希腊人中，我们可以举出底比斯国王彭透斯在狄俄尼索斯降临之际的表现为例。在欧里庇得斯的《酒神的伴侣》对该传说的戏剧性描述中，底比斯城的妇女们跟着狄俄尼索斯来到乡间，而彭透斯怀疑这种新宗教为淫乱行为提供了挡箭牌。罗马人的怀疑有着充分理由，彭透斯的怀疑则没有——至少在欧里庇得斯的剧作中如此。然而，从陶瓶画材料、酒神的仆从萨堤尔和宁芙仙女以及欧里庇得斯《伊翁》与《腓尼基妇女》的文献证据来看，狄俄尼索斯与性道德规范之间的联系是一望即知的。但这种秘仪崇拜也为禁欲主义打开了方便之门——禁欲内容包括从某种食物到性生活的各种事项，既有永久性的也有临时性的。一名女子可能会为了伊西斯永远守贞。哀歌诗人普罗佩提乌斯（Propertius）则会在他的恋人昆提娅参加伊西斯女神崇拜仪式的10天内抱怨自己的孤独寂寞。[2]

---

1 Juvenal 6. 511-41.

2 敬奉伊西斯的处女：Vidman, *op. cit.*, no. 62 =*IG* 7. 3426. Prop. 2. 33; cf. 4. 5. 34。

伊西斯信徒们获得的回报包括社会娱乐与感官享受。规模壮观的崇拜者游行队伍与身穿白色亚麻衣服的专职祭司们会在叉铃声与笛声的伴奏下，前往海边护送一条圣船下水。该仪式被称为“伊西斯之船（Navigium Isidis）”，举行于3月5日，以庆祝航海季的到来。对于商人而言，该仪式较罗马宗教中的一些农业仪式更有意义。而在罗马城市居民眼中，该仪式保护着从帝国境内各行省——尤其是埃及——满载着谷物前来的船只。同样十分重要的还有崇拜者们表演伊西斯的哀伤以及她找到奥西里斯尸体时的喜悦的秘仪。在这里，对伊西斯的崇拜仪式同雅典的埃琉西斯秘仪直接构成了对应关系，即对自己心爱之物失而复得的女性的共情。在那个时代，伊西斯的崇拜者们会彼此拥抱，在街头跳舞，并邀请陌生人参加晚宴。[1]

对于奴隶、释奴和其他没有家庭的人而言，这种仪式中的欢 223
乐气氛颇具吸引力。罗马人十分重视社会秩序，但伊西斯对此毫不理睬：她的宗教向所有人开放。伊西斯崇拜中存在着一个由男祭司组成的职业团体，但其他男男女女都可以在崇拜群体内担任要职。在意大利境内现存的26名伊西斯崇拜专职神职人员（*sacerdos*）中，有6人为女性，其中1人为元老阶层的妇女，1

1 关于对相关仪式的详细描述，参见Tran Tam Tinh, *Le culte des divinités orientales à Herculaneum*, pp. 29-49。

人是释奴的女儿。[1]赫库兰尼姆与庞贝的壁画中描绘了全程参与伊西斯崇拜仪式的妇女。与此相反，罗马的官方宗教传统上会将奴隶、释奴，当然还有女性——只有少数例外，包括6名维斯塔贞女和2名谷物女神的女祭司——排除在宗教职务等级体系之外，并特意将事实上参与了宗教仪式的此类人群划分到单独的类别里。

那些将传统生活方式理想化的罗马人，对异族和秘密社会抱有敌意，担心其活动会导致反社会行为。在大批崇拜者根本不在意保存或复兴罗马传统的情况下，伊西斯崇拜者等团体被认为存在造反危险，也就不意外了。他们不被视为是罗马社会与国家的有机组成部分；并且如前所述，这种崇拜追求的乃是个人的福祉。

意大利境内的伊西斯崇拜可追溯至公元前2世纪末至公元前1世纪初，出现于庞贝、赫库兰尼姆和坎帕尼亚（Campania）境内的希腊城市。苏拉时代的罗马城内出现了一个伊西斯祭司团体。[2]女性对该崇拜的确立产生了强大影响。意大利境内相关铭文上近三分之一的崇拜者是女性。[3]该崇拜的建立很可能是在东方奴隶与释奴的推动下实现的，其中一些是财运亨通的商人。一些

---

1 那位释奴的女儿是乌希娅·普瑞玛（Usia Prima），拉比里乌斯·波斯图姆斯·赫摩多鲁斯（Rabirius Postumus Hermodorus）之女。见 *CIL* 6. 2246；参见 Treggiari, *Roman Freedmen*, p. 205。Michel Malaise. *Les conditions de pénétration et de diffusion des cultes égyptiens en Italie*, pp. 127. 136-37 分析了伊西斯崇拜者的社会经济背景。

2 R. E. Witt, *Isis in the Graeco-Roman World*, pp. 70-72, 222.

3 Malaise, *op. cit.*, pp. 94, 99.

奴隶说服自己的主人成了伊西斯女神的信徒。但即便伊西斯崇拜开始在社会上层传播之后，它也从未中断同社会下层成员之间的联系。

罗马是憎恶埃及和它的神祇的。在共和晚期，罗马发起过五次破坏伊西斯圣所的运动。公元前 50 年，由于找不到愿意执行这条命令的工人，执政官亲自拿起一把斧头，开始了破坏行动。[1] 公元前 43 年，这场迫害迎来了一个缓和期：后三头为了争取民众的支持，下令为伊西斯修建一座神庙。但我们不清楚这座神庙最终是否落成了。[2]

克利奥帕特拉与安东尼同屋大维之间的斗争，加剧了罗马人 224
对埃及的敌意。克利奥帕特拉就是伊西斯的肉身。屋大维亲眼见过克利奥帕特拉与埃及。他知道是何种诱惑让安东尼变成了“干瘪阉奴们的奴隶”。[3] 公元前 28 年，成为奥古斯都的胜利者屋大维，禁止在罗马城边界范围之内（*pomerium*）建造伊西斯神庙。7 年后，他又将禁止范围扩展到罗马城周边地区。奥古斯都希望借此减少伊西斯女神的崇拜者——其中罗马城市人口占据了崇拜者中的很大一部分。众所周知，奥古斯都在处置埃及时出于政治与经济方面的考虑，将该地区作为自己的私产，而没有采取帝国其他行省的治理方式。他也有道德方面的理由：像克利奥帕特拉一样，伊西斯也具有诱惑性。埃及的神祇可能会破坏奥古斯都希望通过

---

1 Val. Max. 1. 3.4.

2 Dio 47. 15. 4.

3 Hor. *Epode* 9. 13-14.

立法建立起来的新型社会的道德根基。如果是这方面的考虑，我们倒是有理由认为，倘若奥古斯都并未要求那些老于世故的妇女们去恪守什么干巴巴的古老妇德，而是选择同伊西斯崇拜合作，利用这位女神贤妻良母的形象，那么他可能会取得更大的成功。

提比略延续着奥古斯都的对抗政策。在他的统治下，伊西斯祭司们遭到了迫害。迫害的表面借口是上层贵妇波琳娜（Paulina）同骑士德奇乌斯·门杜斯（Decius Mundus）私通的丑闻。祭司们安排双方在神庙里见面，告诉女方，埃及神祇阿努比斯希望与她结合。为了让他们安排这场骗局，假扮神明的德奇乌斯提供了丰厚的报酬。这一事件表明，伊西斯女神在上层阶级的流行程度有所提升，因为贵妇们造访伊西斯神庙已是稀松平常的事情。根据通奸罪的规定，门杜斯被判处流放。但官方的判决结果对于该罪行的严重程度而言未免有点小题大做：祭司们上了十字架，崇拜仪式被取缔，数以千计的崇拜者们被逐出罗马城。毫无疑问，提比略想让罗马彻底摆脱这位异族神祇。[1]

同其他东方神祇一样，伊西斯崇拜轻而易举地盖过了元首倡导的复兴传统罗马宗教的风头。如此流行的伊西斯崇拜是无法被真正取缔的。相反，罗马人和后来的基督徒吸收了伊西斯崇拜中
225 的元素，选择将她的神力置于贞操、婚姻与母性等传统抽象理想之下。或许是卡里古拉（Caligula）最先做出决定，试图获取民众的好感。他在玛尔斯广场（Campus Martius）上建造了一座伊

1 Tac. *Ann.* 2. 85; Suet. *Tiberius* 36; Josephus *Jewish Antiquities* 18. 65-80.

西斯神庙，大部分后继罗马元首也继续支持这位女神。[1] 到了公元 2 世纪，行政官吏和其他达官显贵都开始为伊西斯建造荣誉纪念物。[2]

伊西斯崇拜显然是在那些很少能够从传统罗马宗教——它们以男性的主导地位或阶级秩序为基础——中获得好处的群体中发展起来的。作为该崇拜的发源地，埃及就是一个以妇女地位较高而闻名的地区。在希腊化时代，该崇拜随着希腊人的迁移传播至地中海世界。有切实证据表明，同古典时代相比，希腊化时代女性所受的束缚相对较少。值得注意的是，希腊化时代最具影响力的两位希腊女性——阿尔西诺伊二世和克利奥帕特拉——都自视为伊西斯女神的化身。此外，共和晚期意大利境内伊西斯崇拜的建立，与女性生活自由程度的提高在时间点上是一致的，这一事实也能让我们得出若干结论。此后，该崇拜在罗马人中——尤其是那些在官方禁令面前仍然我行我素的男男女女——继续蓬勃发展。

但伊西斯崇拜并非在所有群体中都很流行。她最大的竞争对手之一是密特拉——一位仅限男性崇拜的男神。密特拉崇拜强调的是尚武与阳刚的品质。如前所述，它在罗马士兵与军官中最受欢迎。在某些方面，密特拉崇拜的存在强化了伊西斯崇拜的女性

---

1 Witt, *op. cit.*, pp. 223-54; A. Roullet, *The Egyptian and Egyptianizing Monuments of Imperial Rome,* pp. 23-35. 伊西斯神庙毗邻玛尔斯广场（Campus Martius）的布局无疑塑造了密涅瓦之上的圣母玛利亚（Santa Maria sopra Minerva）崇拜，后者的教堂建于大伊西斯神庙旁边的密涅瓦神庙上方。

2 Malaise, *op. cit.*, p. 94.

特征：那些可能会削弱、改变伊西斯崇拜性质的信徒，在现实中被吸引、分流到了属于自己的神明那里。因此，伊西斯的崇拜群体中存在着一批无拘无束的女性——如哀歌体诗人们的情妇，以及某些如今已鲜为人知的官吏或普通信众。

我们应当如何评价这两大迥异神明崇拜的同时盛行，并且它们的秘仪以及许多彼此竞争的崇拜形式，包括犹太教和基督教，
226 都在提供类似的永生不死的许诺呢？

我们必须回到母神作为女性社会地位决定因素的问题上来——那是本书第 1 章结尾处讨论过的。关于那段史前史的信息很少，有学者干脆否认母神曾经存在或流行过。但我们对于确曾崇拜过伊西斯女神的社会的了解要多得多。毋庸置疑，希腊与罗马在其历史时代都并非母权制社会；但伊西斯崇拜发展最快的地区，也正是那些至少有一部分女性获得了部分自由的地方。不过，无论是支持还是否定母权制理论，历史时代伊西斯崇拜的生命力都跟史前时代关系不大。原始文化与希腊人罗马人身处的复杂世界存在着巨大的外部差异，以至于我们很难对二者进行比较。如果说之前的宗教史与社会史还会在后来的时代里重演，那也只是某种惊人的巧合，相关的比较研究其实并无太大意义。我们至多也只能得出这样的结论：凡间的女性形象会持续不断地——至少是在社会内部的某些群体中——唤醒某种带有宗教色彩的心理反应，这种想象超越了具体历史时代中凡俗女性千差万别的社会地位。

从某种意义上讲，更引人注目的是男性对此类崇拜的皈依。

伊西多尔的颂诗和《金驴记》的结尾告诉我们，男性同母神之间的联系是非常明确的。就心理层面而言，对伊西斯女神的需求是可以理解的：在那样一个动荡不安的时代里，渴求纯粹的母神保护是一种本能的冲动。但我们并不清楚，这些社会背景是否有孕育出任何关于男女平等的现实观念——对女神的崇拜并未改善女性崇拜者的处境，也没有提升凡俗女性在男性崇拜者眼中的地位。

伊西斯在这方面有别于其他母神。她确实代表着女性应当享有平等地位的观念。后人禁不住要陷入遐想：倘若伊西斯崇拜最终获得了胜利，那么接下来的西方妇女史将会变成什么样子。

结语

古典时代身处幕后的女性

根据历史学家卡西乌斯·狄奥（Cassius Dio）的记载，公元 227
18 年时，上层社会中的男性多于女性。[1]这一说法符合我对古典时代男女比例的判断——但我的判断针对的不仅仅是奥古斯都时代的罗马上层社会，而是（除少数特例外）适用于古典时代的所有社会结构。

古代社会不同时间地点为我们提供的粗略、偶然的数据表明，男女比例至少达到了 2:1。这些统计数据来自黑暗时代与古风时代的墓葬遗存，对雅典古典时代富人家族的人物志研究，罗马帝国早期奴隶与释奴的墓葬铭文，以及维勒亚地区领取救济金的儿童名单。

古代世界的性别失衡到底是确实存在的，还是只是一种假象？人口学家们指出，在对欠发达国家进行人口统计时，女性人口的统计数据往往会遗漏。毫无疑问，统计数据不能仅以我们前面列举的这类材料为基础。何况，人口学是一个充满风险的领

---

1 Dio 54. 16. 2; 但这里的 *eugeneis* 指的可能是“自由人”，而非“上层阶级”。

域；认定古代社会中男女比例失调程度像上述材料所反映的那样巨大，无疑是一种不谨慎的做法。也许生前未被统计，死后未受纪念的女性数量相当可观；也许女性数量确实少于男性；也有可能这两种因素同时发挥着作用。

倘若在罗马内战与公敌宣告运动（其中遇害的男性远多于女
228 性）过后，且战后有大批老兵作为殖民者被派遣出去（根据卡西乌斯·狄奥的记述）的情况下，罗马城内的男性仍然多于女性的话，那么和平年代里的男女比例失衡现象可能还要更严重。

毋庸置疑，当时存在杀害女婴的习俗，且希腊化时代较希腊古典时代更严重。父母的财力和大的政治环境或许是决定新生女婴是否会被养育的主要因素。此外，比男孩更差的伙食标准所导致的健康状况不佳（如色诺芬的作品、波斯波利斯铭文和罗马城内男女有别的救济金分配标准），以及过早生育的习俗，致使女性的预期寿命比男性短 5—10 年。如果被养育的女婴数量更少，并且女性的寿命也更短，这势必导致性别比例的失衡。

毫无疑问，由于古代社会对男性与女性活动重要性的认识存在差异，大部分女性不大可能被古代史家记述，或被墓志铭纪念。在女性普遍受到忽视的情况下，基思·霍普金斯提供了一个引人注目的反例。他指出，在被墓碑记录其姓名的女性中，那些因分娩死亡以及比丈夫先去世的女性更有可能被纪念。此外，我们往往会忽略一点，尽管文学与艺术成就光彩夺目，希腊与罗马其实都是尚武的社会。即便在当时最重视文治的雅典人眼中，最重要的事业仍是打赢战争与维持帝国的强盛，而这背后是必不可少的军事训练。除了作为未来战士的母亲这一角色，大部分女性与他们关注的这些问题并无密切联系。

我们所了解的那些女性，是对男性所关注的事务产生影响的人。在社会底层，最广为人知的是妓女，而在社会顶层，则是有政治影响力的女性，即在传统上属于男性的活动领域占据了一席之地的希腊化时期的王后、女王与罗马妇女。若干女诗人得以永垂不朽，但其中大部分流传下来的也只是一个名字以及后世批评家的评价而已。克利奥帕特拉是古代唯一一个拥有详尽、完整传 229
记的女性。然而，与亚历山大——她在浪漫和传奇故事中与之匹敌的人物——不同，我们手头关于她的史料基本都对她充满敌意。在罗马，“好女人”的回报很可能是陈词滥调的赞扬；而在雅典，则是被遗忘。

与关于女性的可靠史料严重稀缺的现实情况相反，文学与艺术中的女性形象十分丰富——从新石器时代的女性雕像和陶器上描绘的无名哀哭者与少女吹笛手，到悲剧中的著名女主角和哀歌体诗人笔下虚构的心上人。似乎恰恰是在雅典古典时代，当良家妇女们在理想状态下陷入默默无闻的境地时，艺术家们在创造女性形象时却最多产且富有创意。当女性被排除在男性生活之外，她们又折回了男性的想象、梦境与噩梦中，始终挥之不去。雅典和其他地方的诗人们并非都是仇视女性者。即便在被妖魔化的情况下，女性的文学形象仍然承载着自信、自爱、自尊与对不公的抗争——而且并非所有的女性文学形象都是被妖魔化的。我想不到在其他任何文学传统中，妇女的形象能够像在希腊古典文学中这样鲜明（始自安德洛玛刻与珀涅罗珀）。这些精美的艺术形象（Galateas）是如此富有魅力，以至于学者们把更大的精力放在了研究她们而非有血有肉的女性身上。迄今为止，还没有人全面地解释过，在史诗或雅典戏剧中的女性角色，与跟诗人们生活在同一时代的妇女之间，究竟存在着怎样的关系。现实与虚构之间的鸿沟或许太深，二者之间的联系或许过于晦暗不明，以至于今人已无从洞悉其中的真相。

在本书中，我试图寻找古代女性生活的真实状态，而非仅仅关注男性所构建的女性形象。但同希腊罗马世界的男性论战，写一篇为他们那个时代的女性辩护的小册子，并不是历史学家的真正任务。而如果我们基于现代价值观做出判断，认定尽管希腊与罗马社会父权制的基本框架十分相似，罗马妇女们却过着质量更高的生活——其原因在于婚姻关系的深化，以及由同性恋向异性恋的转变提供了一种更优越的爱情形式，这种古史现代化的看法同样是难以自圆其说的。但愿读者能够原谅我下面的看法，即
230 现代女性如果身处在罗马人中，会感觉更自在。尽管我们相隔约2000年，生活在古典时代的女性仍能激发我们这样的情感回应。古人对女性的看法以及我们对她们真实生活的了解，仍是对现代社会有所启示、有意义的范例。

为了保持本书的立论公允，我们也有必要为古典时代的男性说几句公道话。就我们所知，希腊人是最早反思、质疑过女性社会角色的族群。而在当时或晚得多的时代里，其他社会都没有发生过这种现象。至于他们是否会像构建理论那样真正关注生活在

自己身边的女性，还有待商榷。他们的著作是一种光怪陆离但严丝合缝的混合体，以至于我们无从分辨，其中有多少适用于那个时代真实生活着的女性，又有多少纯粹来自于男性的想象。

在塞蒙尼德斯诗篇中近于禽兽的女性形象，与柏拉图《理想国》中女性城邦管理者形象之间，相隔着一道看似无法逾越的鸿沟。但只要加以分析，我们就会发现，古代社会中最著名的一位厌女者与最伟大的一位爱女者之间，相似性其实要多于差异性。就连柏拉图——古代作家中最同情女性的一位——也认为女性总体上是不如男性优越的，尽管存在着某些例外。而且，柏拉图远远不能代表古希腊思想的主流。亚里士多德的观点更具代表性：他详细列举了女性的种种弱点，从她在生育中的被动作用到有限的智力。关于女性的严肃哲学思考在亚里士多德之后仍在继续：斯多葛主义作为希腊与罗马时代最流行的哲学派别，将女性的活力引导到扮演贤妻良母的角色之上。相关论证十分出色，令人难以反驳。女性被有理有据地限制在家庭领域内，同时诗人与哲学家们将厌女思想系统化，这两者是古典文化遗产中最具破坏性的遗产。

参考书目

Adler, A. *Understanding Human Nature*. New York: Greenberg, 1930.

Ahlberg, Gudrun. *Prothesis and Ekphora in Greek Geometric Art*. Studies in Mediterranean Archaeology, vol. 32. Goteborg: Aströrns, 1971.

Alexiou, Margaret. *The Ritual Lament in Greek Tradition*. London: Cambridge University Press, 1974.

Amundsen, D. W., and Diers. C. J. "The Age of Menarche in Classical Greece and Rome." *Human Biology* 41 (1969): 125-32.

——. "The Age of Menopause in Classical Greece and Rome." *Human Biology* 42 (1970): 79-86.

Angel, J. Lawrence. "Ecology and Population in the Eastern Mediterranean." *World Archaeology* 4 (1972): 88-105.

——. "Geometric Athenians," appendix to *Late Geometric Graves and a Seventh-Century Well in the Agora*, by Rodney S. Young. *Hesperia*, Supplement 2. pp.236-46. Athens: American School, 1939.

——. "Paleoecology, Paleodemography, and Health." Paper delivered at 9th International Congress of Anthropological and Ethnological Sciences, August 28-September 8, 1973, Chicago and Detroit.

Babcock, C. "The Early Career of Fulvia." *American Journal of Philology* 86 (1965): 1-32.

Bailey, Cyril. *Phases in the Religion of Ancient Rome*. Berkeley: University of California Press, 1932.

Balsdon, J. P. V. D. *Roman Women: Their History and Habits*. London: Bodley Head. 1962.

Beauvoir, Simone de. *The Second Sex*. Reprint. New York: Bantam, 1961.

Beazley, J. D. *Attic Red-figure Vase-painters*. 2d ed. Oxford: Clarendon Press, 1963.

Bell, Clive. *Civilization*. New York: Harcourt Brace Jovanovich, 1928.

Berger, A. *Encyclopedic Dictionary of Roman Law.* Philadelphia: American

Philosophical Society, 1953.
Best, E. E. "Cicero, Livy and Educated Roman Women." *Classical Journal* 65 (1970): 199-204.
Biezunska-Malowist, I., and Malowist, M. "La procréation des esclaves comme source de l'esclavage." In *Mélanges K. Michalowski*, pp. 275-80. Warsaw: Panstowe Wydawnictwo Naukowe, 1966.
Birt, T. *Frauen der Antike*. Leipzig: Quelle and Meyer, 1932.
Boer, W. den. "Demography in Roman History." *Mnemosyne*, 4th ser. 26 (1973): 29-46.
Bothmer, D. von. *Amazons in Greek Art*. Oxford: Clarendon Press, 1957.
Bowersock, G. W. *Greek Sophists in the Roman Empire*. Oxford: Clarendon Press, 1969.
Bowra, C. M. *Greek Lyric Poetry*. Oxford: Clarendon Press, 1961.
——. *Sophoclean Tragedy*. Reprint. London: Oxford University Press, 1965.
Boyé, A. J. "Pro Petronia Iusta." In *Mélanges Henri Lévy-Bruhl*, pp. 29-48. Paris: Sirey, 1959.
Braunstein, O. *Die politische Wirksamkeit der griechischen Frau*. Leipzig: August Hoffman, 1911.
Bréguet, Esther. *Le Roman de Sulpicia*. Geneva: University of Geneva Press, 1946.
Brendel, Otto J. "The Scope and Temperament of Erotic Art in the Greco-Roman World." In *Studies in Erotic Art*, edited by T. Bowie and C. Christenson. New York: Basic Books, 1970.
Brenk, Frederick, S.J. "Hesiod: How Much a Male Chauvinist?" *Classical Bulletin* 49 (1973): 73-76.
Brunt, P.A. *Italian Manpower 225 B.C.-A.D. 14*. London: Oxford University Press, 1971.
Burck, E. *Die Frau in der griechisch-römischen Antike*. Tusculum Schriften. Munich: Heimeran, 1969.
Calderini, R. "Gli agrammatoi nell'Egitto greco-romano." *Aegyptus* 30 (1950): 14-41.
Cameron, A. "The Exposure of Children and Greek Ethics." *Classical Review* 46 (1932): 105-14.
Charbonneaux, Jean. *Archaic Greek Art*. New York: Braziller, 1971.
Charlier, Marie-Thérèse, and Raepset, Georges. "Etude d'un comportement social: Les relations entre parents et enfants dans la société athénienne à l'époque classique." *L'antiquité classique* 40 (1970): 589-606.

Clark, Kenneth. *The Nude*. Reprint. Garden City, N.Y.: Doubleday, Anchor, 1956.

Clemente, Guido. "Il patronato nei collegia dell'impero romano." *Studi classici e orientali* 21 (1972): 142-229.

Coldstream, J. N. *Greek Geometric Pottery*. London: Methuen, 1968.

Crook, J. A. "Intestacy in Rome." *Proceedings of the Cambridge Philological Society* 199, n.s. 19 (1973): 38-44.

——. *Law and Life of Rome*. London: Thames & Hudson, 1967.

D'Arms, John H. *Romans on the Bay of Naples: A Social and Cultural Study of Villas and Their Owners from 150 B.C. to A.D. 400*. Cambridge, Mass.: Harvard University Press, 1970.

Daube, David. *Roman Law: Linguistic, Social and Philosophical Aspects*, Edinburgh: Edinburgh University Press, 1969.

Davies, J. K. *Athenian Propertied Families 600-300 B.C.* Oxford: Clarendon Press, 1971.

D'Avino, Michele. *The Women of Pompeii*. Naples: Loffredo, 1967.

Degrassi, A. "L'indicazione dell'età nelle iscrizioni sepolcrali latine." *Akte des IV internationalen Kongresses für griechische und lateinische Epigraphik*, pp.72-98. Vienna: Böhlau, 1964.

——, ed. *Inscriptiones Italiae*.

Desborough, V. R. d'A. *Protogeometric Pottery*. Oxford: Clarendon Press, 1952.

Deubner, L. *Attische Feste*. 1932. Reprint. Hildesheim: Olms, 1962.

Deutsch, Helene. *The Psychology of Women*. Vol. 1. New York: Grune & Stratton, 1947.

Diehl. E. *Anthologia Lyrica Graeca*. 3d ed. Leipzig: Teubner, 1949-52.

Donati, Angela. "Sull'iscrizione Lanuvina della curia mulierum." *Rivista storica dell'antichità* 1 (1971): 235-37.

Dover, K. J. "Classical Greek Attitudes to Sexual Behavior." *Arethusa* 6 (1973): 59-73.

Duff, A. M. *Freedmen in the Early Roman Empire*. Oxford: Clarendon Press, 1928.

Duncan-Jones, Richard. *The Economy of the Roman Empire: Quantitative Studies*. London: Cambridge University Press, 1974.

Durry, Marcel. "Le mariage des filles impubères dans la Rome antique." *Revue des études latines* 47 *bis* (1970): 17-25.

——, ed. *Eloge funèbre d'une matrone romaine*. Paris: Budé, 1950.

Ehrenberg, Victor. *The People of Aristophanes*. Oxford: Blackwell, 1943. Reprint. New York: Schocken Books, 1962.

Ember, M. "Warfare, Sex Ratio, and Polygyny." *Ethnology* 13 (April 1974): 197-206.

Engels, Frederick. *The Origin of the Family, Private Property and the State*. Reprint. New York: International Publishers, 1972.

Erdmann, W. *Die Ehe im alten Griechenland*. Münchener Beiträge zur Papyrusforschung und antiken Rechtsgeschichte, vol. 20. Munich: Beck, 1934.

Farnell, L. *Cults of the Greek States*. Oxford: Clarendon Press, 1896-1909.

Ferguson, W. S. *Hellenistic Athens: An Historical Essay*. London: Macmillan, 1911.

Finley, M. I. "Archaeology and History." *Daedalus* 100 (1971): 168-86.

——. "The Silent Women of Rome." *Horizon* 7 (1965): 57-64. Reprinted in *Aspects of Antiquity: Discoveries and Controversies*, pp. 129-42. London: Chatto & Windus, 1968.

——. "Marriage, Sale and Gift in the Homeric World." *Revue internationale des droits de l'antiquité* 2 (1955): 167-94.

——. *Studies in Land and Credit in Ancient Athens, 500-200 B.C.: The Horos Inscriptions*. New Brunswick, N.J.: Rutgers University Press, 1952.

——. "Utopianism Ancient and Modern." In *The Critical Spirit: Essays in Honor of Herbert Marcuse*, edited by K. Wolff and B. Moore, Jr., pp. 3-20. Boston: Beacon, 1967.

——. "Was Greek Civilization Based on Slave Labour?" *Historia* 8 (1959): 145-64. Reprinted in Finley, *Slavery in Classical Antiquity*, pp. 53-72. Cambridge,England: Heffner, 1969.

Fitton, J. W. "That Was No Lady, That Was ..." *Classical Quarterly* 64 n.s. 20 (1970): 56-66.

Flacelière, R. "D'un certain féminisme grec." *Revue des études anciennes* 64 (1962): 109-16.

——. "Le féminisme dans l'ancienne Athènes." *Comptes rendus de l'Académie des Inscriptions et Belles-Lettres* (1971): 698-706.

——. *Love in Ancient Greece*. New York: Crown, 1962.

Forrest, W. G. *A History of Sparta*. London: Hutchinson, 1968.

Förtsch, Barbara. *Die politische Rolle der Frau in der römischen Republik*. Würzburger Studien zur Altertumswissenschaft, vol. 5. Stuttgart: Kohlhammer, 1935.

Freud, Sigmund. *Civilization and Its Discontents*. London: Hogarth, 1957.

Friedl, Ernestine. "The Position of Women: Appearance and Reality." *Anthropological Quarterly* 40 (1967): 97-108.

Fromm, E. The *Forgotten Language*. New York: Grove Press, 1972.
Gagé, Jean. *Matronalia: Essai sur les dévotions et les organisations cultuelles des femmes dans l'ancienne Rome*. Collection Latomus, no. 60, 1963.
Garnsey, Peter. *Social Status and Legal Privilege in the Roman Empire*. Oxford: Clarendon Press, 1970.
Gernet, Louis. *Anthropologie de la Grèce antique*. Paris: Maspero, 1968.
Gomme, A. W. "The Position of Women in Athens in the Fifth and Fourth Centuries B.C." *Classical Philology* 20 (1925): 1-25. Reprinted in Gomme, *Essays in Greek History and Literature*, pp. 89-115. Oxford: Blackwell, 1937.
Gordon, Hattie. "The Eternal Triangle, First Century B.C." *Classical Journal* 28 (1933): 574-78.
Greer, Germaine. *The Female Eunuch*. New York: McGraw-Hill, 1971.
Gruen, Erich S. *Roman Politics and the Criminal Courts, 149-78 B.C.* Cambridge, Mass.: Harvard University Press, 1968.
Hadas, Moses. "Observations on Athenian Women." *Classical Weekly* 39 (1936): 97-100.
Hallock, Richard T. *Persepolis Fortification Tablets*. Chicago: University of Chicago Press, 1969.
Hands, A. R. *Charities and Social Aid in Greece and Rome*. London: Thames & Hudson, 1968.
Harris, H. A. *Sport in Greece and Rome.* Ithaca, N.Y.: Cornell University Press, 1972.
Harrison, A. R. W. *The Law of Athens: The Family and Property*. Oxford: Clarendon Press, 1968.
Harrison, Evelyn B. "Athena and Athens in the East Pediment of the Parthenon." *American Journal of Archaeology* 71 (1967): 27-58.
Harrison, Jane. *Prolegomena to the Study of Greek Religion*. 3d ed. 1922. Reprint. New York: Meridian, 1955.
Havelock, Christine. "The Nude in Greek Art." Paper delivered at Women in Antiquity conference, April 26, 1973, State University of New York at Buffalo.
Hawkes, Jacquetta. *Dawn of the Gods*. London: Chatto & Windus, 1968.
Herfst, P. *Le travail de la femme dans la Grèce ancienne*. Utrecht: Oosthoek, 1922.
Herington, C. J. *Athena Parthenos and Athena Polias*. Manchester, England: Manchester University Press, 1955.
Herrmann, Claudine. *Le rôle judiciare et politique des femmes sous la républiqué romaine. Collection Latomus*, no. 67, 1964.

Herter, H. "Die Soziologie der antiken Prostitution im Lichte des heidnischen und christlichen Schrifttums.". *Jahrbuch für Antike und Christentum* 3 (1960): 70-111.

Hignett, C. *A History of the Athenian Constitution to the End of the Fifth Century B.C.* Oxford: Clarendon Press, 1952.

Himes, Norman E. *Medical History of Contraception*. 1936. Reprint. New York: Schocken Books, 1970.

Hirvonen, Kaarle. *Matriarchal Survivals and Certain Trends in Homer's Female Characters*. Annales Academiae Scientiarum Fennicae, Series B. vol. 152. Helsinki: Suomalainen Tiedeakatemia, 1968.

Hoffsten, Ruth. *Roman Women of Rank of the Early Empire as Portrayed by Dio, Paterculus, Suetonius, and Tacitus*. Philadelphia: University of Pennsylvania Press, 1939.

Hopkins, Keith. "Contraception in the Roman Empire." *Comparative Studies in Society and History* 8 (1965): 124-51.

——. "On the Probable Age Structure of the Roman Population." *Population Studies* 20 (1966): 245-64.

Jacoby, F., ed. *Die Fragmente der griechischen Historiker*. Leiden: Brill. 1923-58.

Jebb, R., ed. *Sophocles*. Vol. 3, *The Antigone*. London: Cambridge University Press, 1962.

Kaibel, G., ed. *Epigrammata Graeca*. Berlin: Reimer, 1878.

Kajanto, Iiro. "On Divorce Among the Common People of Rome." *Revue des études latines* 47 *bis* (1970): 99-113.

——. "Women's Praenomina Reconsidered." *Arctos* n.s. 7 (1972): 13-30.

Kaser, Max. *Roman Private Law*. 2d ed. London: Butterworth, 1968.

Kiefer, O. *Sexual Life in Ancient Rome*. London: Routledge & Kegan Paul, 1934.

Kitto, H. D. F. *The Greeks*. Harmondsworth, England: Penguin, 1951.

Krenkel, W. A. "Erotica 1: Der Abortus in der Antike." *Wissenschaftliche Zeitschrift der Universität Rostock* 20 (1971): 443-52.

Kühner, R., and Gerth, B. *Ausführliche Grammatik der Griechischen Sprache*. Vol. 2. Hanover: Hahnsche, 1904.

Kurtz, Donna C., and Boardman, John. *Greek Burial Customs*. Ithaca, N.Y.: Cornell University Press, 1971.

Lacey, W. K. *The Family in Classical Greece*. Ithaca, N.Y.: Cornell University Press, 1968.

——. "Homeric *Hedna* and Penelope's *Kurios*." *Journal of Hellenic Studies* 86 (1966): 55-68.

Latte, Kurt. *Römische Religionsgeschichte*. Munich: Beck, 1960.

Lattimore, R. *Themes in Greek and Latin Epitaphs*. Illinois Studies in Language and Literature, vol. 28. Urbana: University of Illinois Press, 1942.

Le Bonniec, Henri. *Le culte de Cérès à Rome*. Paris: Klincksieck, 1958.

Leclant, J. *Inventaire bibliographique des Isiaca (IBIS). Répertoire analytique des travaux relatifs à la diffusion des cultes isiaques, 1940-1969*. Etudes préliminaires aux religions orientales dans l'Empire romain. Leiden: Brill, 1972.

Lefkowitz, Mary. "Critical Stereotypes and the Poetry of Sappho." *Greek, Roman and Byzantine Studies* 14 (1973): 113-23.

Le Gall, Joël. "Un critère de différenciation sociale." In *Recherches sur les structures sociales dans l'antiquité classique*, pp. 275-86. Paris: Centre national de la recherche scientifique, 1970.

——. "Métiers de femmes au *Corpus inscriptionum Latinarum." Revue des études latines* 47 *bis* (1970): 123-30.

Leipoldt, J. *Die Frau in der antiken Welt und im Urchristentum*. 2d ed. Leipzig: Köhler and Ameland, 1955.

Lewis, Naphtali. "On Paternal Authority in Roman Egypt." *Revue internationale des droits de l'antiquité* 17 (1970): 251-58.

Licht, Hans [P. Brandt]. *Sexual Life in Ancient Greece*. New York: American Anthropological Society, 1934.

Liddell, H. G., and Scott, R., eds. *A Greek-English Dictionary*. 9th ed., rev. by H. S. Jones. Oxford: Clarendon Press, 1925-40.

Lilja, Sara. *The Roman Elegists' Attitude to Women*. Annales Academiae Scientiarum Fennicae, Series B. vol. 135, fascicle 1. Helsinki: Suomalainen Tiedeakatemia, 1965.

Loane, Helen Jefferson. *Industry and Commerce of the City of Rome (50 B.C.-200A. D.)*. Baltimore: Johns Hopkins University Press, 1938.

Lobel, E., and Page, Denys L., eds. *Poetarum Lesbiorum Fragmenta*. Oxford: Clarendon Press, 1955.

Luck, G. *The Latin Love Elegy*. 2d ed. London: Methuen, 1969.

McClees, Helen. *A Study of Women in Attic Inscriptions*. New York: Columbia University Press, 1920.

MacMullen, Ramsay. *Roman Social Relations: 50 B.C. to A.D. 284*. New Haven: Yale University Press, 1974.

Macurdy, Grace. *Hellenistic Queens*. Baltimore: Johns Hopkins University Press,

1932.
Malaise, Michel. *Les conditions de pénétration et de diffusion des cultes égyptiens en Italie.* Leiden: Brill, 1972.
Malcovati, H. *Oratorum Romanorum Fragmenta.* 2d ed. Turin: Paravia, 1955.
Maxey, Mima. *Occupations of the Lower Classes in Roman Society.* Chicago: University of Chicago Press, 1938.
Michell, H. *Sparta.* London: Cambridge University Press, 1964.
Mill, John Stuart. *On the Subjection of Women.* 1869. Reprint. New York: Fawcett. 1971.
Moretti, L., ed. *Iscrizioni agonistiche greche.*
Motto, A. L. "Seneca on Women's Liberation." *Classical World* 65 (1972): 155-57.
Mulder, J. J. B. *Quaestiones Nonnullae ad Atheniensium Matrimonium Vitamque Coniugalem Pertinentes.* Utrecht: Bosch, 1920.
Müller, C., ed. *Fragmenta Historicorum Graecorum.* Paris: Didot, 1841-73.
Mylonas, G.E. *Eleusis and the Eleusinian Mysteries.* Princeton: Princeton University Press, 1961.
Nardi, E. *Procurato aborto nel mondo greco-romano.* Milan: Giuffrè, 1971.
Neumann, Erich. *Amor and Psyche: The Psychic Development of the Feminine, A Commentary on the Tale by Apuleius.* Bollingen Series, vol. 54. Princeton: Princeton University Press, 1956.
——. *The Great Mother: An Analysis of the Archetype.* Bollingen Series, vol. 47. Princeton: Princeton University Press, 1955.
Nilsson, M. P. *Geschichte der griechischen Religion.* Vol. I. Munich: Beck, 1955.
Noonan, John T., Jr. *Contraception: A History of its Treatment by the Catholic Theologians and Canonists.* Reprint. New York: Mentor, 1967.
North, Helen. *Sophrosyne: Self-Knowledge and Self-Restraint in Greek Literature.* Ithaca, N.Y.: Cornell University Press, 1966.
Page, Denys L. *Corinna.* London: Society for the Promotion of Hellenic Studies, 1953.
——, ed. *Alcman: The Partheneion.* Oxford: Clarendon Press, 1951.
——, ed. *Literary Papyri: Poetry.* London: Heinemann, 1941.
——, ed. *Sappho and Alcaeus.* Oxford: Clarendon Press, 1955.
Palmer, L. R. *The Interpretation of Mycenaean Greek Texts.* Oxford: Clarendon Press, 1963.
Palmer, Robert E. A. *The Archaic Community of the Romans.* London: Cambridge University Press, 1970.

——. "Cupra, Matuta, and Venilia Pyrgensis." *Illinois Studies in Language and Literature,* vol. 58 (1969): 292-309.

——. "Roman Shrines of Female Chastity from the Caste Struggle to the Papacy of Innocent I." *Rivista storica dell'antichita* 4 (1974): 113-59.

Panofsky, D. and E. *Pandora's Box: The Changing Aspects of a Mythical Symbol.* Bollingen Series, vol. 52. New York: Pantheon, 1962.

Paoli, U. E. *La donna greca nell'antichità*. Florence: Le Monnier, 1953.

Pembroke, Simon. "Last of the Matriarchs: A Study in the Inscriptions of Lycia." *Journal of the Economic and Social History of the Orient* 8 (1965): 217-47.

——. "Women in Charge: The Function of Alternatives in Early Greek Tradition and the Ancient Idea of Matriarchy." *Journal of the Warburg and Courtauld Institute* 30 (1967): 1-35.

Peradotto, John. *Classical Mythology: An Annotated Bibliographical Survey.* Urbana, Ill.: American Philological Association, 1973.

Pleket, H. W., ed. *Epigraphica II: Texts on the Social History of the Greek World.* Leiden: Brill, 1969.

Pomeroy, Sarah B. "Andromaque: Un exemple méconnu de matriarcat?" *Revue des études grecques* 87 (1975): 16-19.

——. "Women and War." Paper delivered at the Sixth International Congress of Classical Studies, 1974, Madrid.

——. "A Classical Scholar's Perspective on Matriarchy." In *Liberating Women's History,* edited by B. Carroll. Urbana: University of Illinois Press, 1975.

——. "Feminism in Book V of Plato's *Republic.*" *Apeiron* 8 (1974): 32-35.

——. "Selected Bibliography on Women in Antiquity." *Arethusa* 6 (Spring 1973): 125-57.

Préaux, Claire. "Le statut de la femme à l'époque hellénistique, principalement en Egypte." Recueils de la Société Jean Bodin. Vol. II, *La femme* (1959): I: 127-75.

Raubitschek, Anthony E. *Dedications from the Athenian Acropolis*. Cambridge, Mass.: Archaeological Institute of America, 1949.

Rawson, Beryl. "Family Life Among the Lower Classes at Rome in the First Two Centuries of the Empire." *Classical Philology* 61 (1966): 71-83.

Richter, Donald C. "The Position of Women in Classical Athens." *Classical Journal* 67 (1971): 1-8.

Richter, G. M. A. *The Archaic Gravestones of Attica*. London: Phaidon, 1961.

——. *Korai: Archaic Greek Maidens: A Study of the Development of the Kore Type in Greek Sculpture*. London: Phaidon, 1968.

Rickman, G. *Roman Granaries and Store Buildings*. London: Cambridge University Press, 1971.

Robert, J. and L. "Bulletin épigraphique." *Revue des études grecques* 76 (1963): 121-92; 81 (1968):420-549.

Robinson, D. M., and Graham, J. Walter. *Excavations at Olynthus 8: The Hellenic House*. Johns Hopkins University Studies in Archaeology, vol. 25. Baltimore: Johns Hopkins University Press, 1938.

Roscher, W. H. *Ausführliches Lexikon der griechischen und römischen Mythologie*. 6 vols. Leipzig: Teubner, 1884-1937.

Rostovtzeff, M. I. *Greece*. 2d ed., revised by E. Bickerman. London: Oxford University Press, 1963.

Rotondi, G. *Leges publicae populi romani*. 1912. Reissued Hildesheim: Olms, 1962.

Rougé, Jean. "La colonisation grecque et les femmes." *Cahiers d'histoire* 15 (1970): 307-17.

Roullet, A. *The Egyptian and Egyptianizing Monuments of Imperial Rome*. Leiden: Brill, 1972.

Ste. Croix, G. E. M. de. "Some Observations on the Property Rights of Athenian Women." *Classical Review*, n.s. 20 (1970): 273-78.

Salis, Arnold von. *Theseus und Ariadne*. Berlin and Leipzig: de Gruyter, 1930.

Samuel, A. E.; Hastings, W. K.; Bowman, A. K.; and Bagnall, R. S. *Death and Taxes*. American Studies in Papyrology, no. 10. Toronto: Hakkert, 1971.

Schaps, David. "Women and Property Control in Classical and Hellenistic Greece." Ph.D. dissertation, Harvard University, 1972.

Scullard, H. H. *Roman Politics 220-150 B.C.* Oxford: Clarendon Press, 1951.

Segal, C. "Sophocles' Praise of Man and the Conflicts of the *Antigone*." In *Sophocles*, edited by T. Woodard. Englewood Cliffs, N.J.: Prentice-Hall, 1966.

Seltman, Charles. "The Status of Women in Athens." *Greece and Rome*, Series 2, 2 (1955): 119-24.

——. *Women in Antiquity*. London: Thames & Hudson, 1956.

Slater, Philip. *The Glory of Hera*. Boston: Beacon Press, 1968.

Smithson, Evelyn Lord. "The Protogeometric Cemetery at Nea Ionia." *Hesperia* 30 (1961): 147-78.

——. "The Tomb of a Rich Athenian Lady, ca. 850 B.C." *Hesperia* 37 (1968): 98-103.

Straub, J. "Senaculum, id est mulierum senatus." In *Bonner Historia Augusta*

Colloquium 1964-65, pp. 221-40. Bonn, 1966.

Syme, R. *The Roman Revolution*. Oxford: Clarendon Press, 1939.

——. *Sallust*. Berkeley: University of California Press, 1964.

Tanzer, H. H. *The Common People of Pompeii*. Johns Hopkins University Studies in Archaeology, no. 29. Baltimore: Johns Hopkins University Press, 1939.

Tarn, W. W., and Griffith, G. T. *Hellenistic Civilization*. 3d ed. London: Arnold, 1952.

Taubenschlag, R. *The Law of Greco-Roman Egypt in the Light of the Papyri: 332 B.C.-640 A.D.* 2d ed. Warsaw: Panstowe Wydawnictwo Naukowe, 1955.

Thesleff, Holger. *An Introduction to the Pythagorean Writings of the Hellenistic Period.* Aabo: Aabo Akademi, 1961.

——, ed. *The Pythagorean Texts of the Hellenistic Period*. Aabo: Aabo Akademi, 1965.

Thompson, W. E. "Athenian Marriage Patterns: Remarriage." *California Studies in Classical Antiquity* 5 (1972): 211-25.

——. "The Marriage of First Cousins in Athenian Society." *Phoenix* 21 (1967): 273-82.

Thomson, George Derwent. *Studies in Ancient Greek Society*. Vol. 1, *The Prehistoric Aegean*. New York: International Publishers, 1949.

Tod, M. "Epigraphical Notes on Freedmen's Professions." *Epigraphica* 12 (1950): 3-26.

Tran Tam Tinh, V. *Le culte des divinités orientales à Herculaneum*. Leiden: Brill, 1971.

——. *Le culte des divinités orientales en Campanie*. Leiden: Brill, 1972.

Treggiari, Susan. "Domestic Staff at Rome in the Julio-Claudian Period, 27 B.C. to A.D. 68." *Histoire sociale; Revue canadienne* 6 (1973): 241-55.

——. "Libertine Ladies." Classical World 64 (1971): 196-98.

——. *Roman Freedmen During the Late Republic*. Oxford: Clarendon Press, 1969.

——. "Women in Domestic Service in the Early Roman Empire." Paper delivered at the Berkshire Conference on the History of Women, October 26, 1974, Cambridge, Mass.

——. "Women in Slavery." Paper delivered at the Women's Caucus of the American Philological Association meeting, December 1973, St. Louis.

Tritsch, F. F. J. "The Women of Pylos." In *Minoica: Festschrift Sundwall*. edited by Ernst Grumach, pp. 406-45. Deutsche Akademie der Wissenschaften zu Berlin, Schriften der Sektion für Altertumswissenschaft, 12. Berlin: Akaderrue Verlag,

1958.
Ucko, Peter J. *Anthropomorphic Figurines of Predynastic Egypt and Neolithic Crete with Comparative Material from the Prehistorical Near East and Mainland Greece*. Royal Anthropological Institute, Occasional Paper No. 24. London: Andrew Szmidla, 1968.
Van Berchem, Denis. *Les distributions de blé et d'argent à la plèbe romaine sous l'empire*. Geneva: Georg et Cie., 1939.
Vanderlip. Vera Frederika, ed. *The Four Greek Hymns of Isidorus and the Cult of Isis*. American Studies in Papyrology, no. 12. Toronto: Hakkert, 1972.
Vatin, Claude. *Recherches sur Ie mariage et la condition de la femme mariée à l'époque hellénistique*. Paris: E. de Boccard, 1970.
Ventris, Michael, and Chadwick, John. *Documents in Mycenaean Greek*. London: Cambridge University Press, 1956.
Vidal-Naquet, Pierre. "Esclavage et gynécocratie dans la tradition. le mythe, l'utopie." In *Recherches sur les structures sociales dans l'antiquité classique*, pp. 63-80. Paris: Centre national de la recherche scientifique, 1970.
Vidman, L. *Sylloge inscriptionum religionis Isiacae et Sarapiacae*. Berlin: de Gruyter, 1969.
Vogt, Joseph. *Von der Gleichwertigkeit der Geschlechter in der bürgerlichen Gesellschaft der Griechen*. Akademie der Wissenschaften und der Literatur in Mainz, Abhandlungen der Geistes und Socialwissenschaft. Wiesbaden: Steiner, 1960.
Waldock, A. J. A. *Sophocles the Dramatist*. London: Cambridge University Press, 1966.
Waltzing, J. P. *Etude historique sur les corporations professionnelles chez les Romains jusqu'à la chute de l'Empire d'occident*. Vols I and 4. Louvain: Charles Peeters, 1895-1900.
Watson. Alan. *The Law of Persons in the Later Roman Republic*. Oxford: Clarendon Press, 1967.
——. *Roman Private Law Around 200 B.C.* Edinburgh: Edinburgh University Press, 1971.
Weaver, P. R. C. *Familia Caesaris: A Social Study of the Emperor's Freedmen and Slaves*. London: Cambridge University Press, 1972.
Webster, T. B. L. *Athenian Culture and Society*. Berkeley: University of California Press, 1973.
Wehrli, C. "Les gynéconomes." *Museum Helveticum* 19 (1962): 33-38.
Weiss. K. *Demographic Models for Anthropology. American Antiquity* Memoir, no.

27, 1973.

Wender, Dorothea. "Plato: Misogynist, Paedophile, and Feminist." *Arethusa* 6 (Spring 1973): 75-90.

Willetts, R. F. *The Law Code of Gortyn. Kadmos*, Supplement I, 1967.

Williams, Gordon. "Some Aspects of Roman Marriage Ceremonies and Ideals." *Journal of Roman Studies* 48 (1958): 16-29.

Winnington-Ingram. R. P. "Clytemnestra and the Vote of Athena." *Journal of Hellenic Studies* 68 (1948): 130-47.

Wiseman, T. P. *Cinna the Poet.* Leicester: Leicester University Press, 1974.

Wissowa, G. *Religion und Kultus der Römer*. 2d ed. Munich: Beck, 1912.

Witt, R. E. *Isis in the Graeco-Roman World.* Ithaca. N.Y.: Cornell University Press. 1971.

Wolff, H. J. "Marriage Law and Family Organisation in Ancient Athens." *Traditio* 2 (1944): 43-95.

Wright, F. A. *Feminism in Greek Literature: From Homer to Aristotle.* 1923. Reprint. Port Washington, N.Y.: Kennikat, 1969.

Wycherley, R. E. *How the Greeks Built Cities*. Garden City, N.Y.: Doubleday, 1969.

补充书目

（1975年以来出版的著作精选目录）[1]

Clark, Gillian. *Women in the Ancient World: Greece and Rome*. New Surveys in the Classics, no. 21. Oxford: Oxford University Press, 1989.

Culham, Phyllis. "Ten Years After Pomeroy: Studies of the Image and Reality of Women in Antiquity." *Helios* 13 (1987): 9-30.

Pomeroy, Sarah B. "Selected Bibliography on Women in Classical Antiquity: Part II." In *Women in the Ancient World: The Arethusa Papers*, edited by J. Peradotto and J. P. Sullivan, pp. 343-72. Albany: SUNY Press, 1984.

——. "The Study of Women in Antiquity: Past, Present, and Future." *American Journal of Philology* 112 (1991): 263-68.

Foley, Helene. The Homeric *Hymn to Demeter*. Princeton: Princeton University Press, 1993.

Humphreys, Sally. *The Family, Women, and Death*. London: Routledge, 1983.

Just, Roger. *Women in Athenian Law and Life*. London: Routledge, 1989.

Keuls, Eva. *The Reign of the Phallus: Sexual Politics in Ancient Athens*. New York: Harper & Row, 1985.

Lefkowitz, Mary. *Women in Greek Myth*. Baltimore: Johns Hopkins University Press, 1986.

Pomeroy, Sarah B. *Women in Hellenistic Egypt from Alexander to Cleopatra*. New York: Schocken, 1984. Reprint with new foreword. Detroit: Wayne State University Press, 1990.

Schaps, David M. *Economic Rights of Women in Ancient Greece*. Edinburgh:

1 关于希腊罗马女性研究的学术史考察，参见 Sarah B. Pomeroy, "Selected Bibliography on Women in Antiquity"。

University of Edinburgh Press, 1979.

Sourvinou-Inwood, Christiane. *Studies in Girls' Transitions: Aspects of the Arkteia and Age Representation in Attic Iconography*. Athens: Kardamitsa, 1988.

Dixon, Suzanne. *The Roman Mother*. Norman: University of Oklahoma Press, 1987.

Gardner, Jane. *Women in Roman Law and Society*. London: Croom Helm, 1986.

Treggiari, Susan. *Roman Marriage: lusti Coniuges from the Time of Cicero to the Time of Ulpian*. Oxford: Clarendon Press, 1991.

Clark, Gillian. *Women in Late Antiquity: Pagan and Christian Lifestyles*. Oxford: Oxford University Press, 1993.

Kraemer, Ross Shepard. *Her Share of the Blessings: Women's Religions Among Pagans, Jews, and Christians in the Greco-Roman World*. New York: Oxford University Press, 1992.

Snyder. Jane McIntosh. *The Woman and the Lyre: Women Writers in Classical Greece and Rome*. Carbondale: Southern Illinois University Press, 1989.

Blok, Josine, and Mason, Peter, eds. *Sexual Asymmetry*. Amsterdam: Gieben, 1987.

Cameron, Averil, and Kuhrt, Amélie, eds. *Images of Women in Antiquity*. Rev. ed. London: Routledge, 1983.

Foley, H., ed. *Reflections of Women in Antiquity*. London: Gordon & Breach, 1981.

Halperin, David M.; Winkler, John J.; and Zeitlin, Froma I., eds. *Before Sexuality: The Construction of Erotic Experience in the Ancient Greek World*. Princeton: Princeton University Press, 1990.

Pomeroy, Sarah B., ed. *Women's History and Ancient History*. Chapel Hill: University of North Carolina Press, 1991.

Fantham E.; Foley, H. P.; Kampen, N.; Pomeroy, S. B.; and Shapiro, H. A. *Women in the Classical World*. New York: Oxford University Press, 1994.

Lefkowitz, Mary R., and Fant, Maureen B. *Women's Life in Greece and Rome*. 2nd ed. Baltimore: Johns Hopkins University Press, 1992.